KB174667

Hello Coding

개념부터 처음 배우는

프로그래밍

Pope Kim 지음

한빛미디어
Hanbit Media, Inc.

Hello Coding 프로그래밍 : 개념부터 처음 배우는

초판 1쇄 발행 2018년 1월 2일
초판 7쇄 발행 2023년 1월 9일

지은이 Pope Kim / **그린이** 김연주 / **펴낸이** 김태헌
펴낸곳 한빛미디어(주) / **주소** 서울시 서대문구 연희로2길 62 한빛미디어(주) IT출판1부
전화 02-325-5544 / **팩스** 02-336-7124
등록 1999년 6월 24일 제25100-2017-000058호 / **ISBN** 979-11-6224-034-2 94000, 978-89-6848-352-3(세트) 94000

총괄 배윤미 / **책임편집** 이미향 / **기획** 조희진 / **편집** 조경숙 / **진행** 윤진호
디자인 표지 김연정 내지 김연정, 이경숙 / **일러스트** YONZ / **전산편집** 이경숙
영업 김형진, 장경환, 조유미 / **마케팅** 박상용, 한종진, 이행은, 고광일, 성화정 / **제작** 박성우, 김정우

이 책에 대한 의견이나 오탈자 및 잘못된 내용에 대한 수정 정보는 한빛미디어(주)의 홈페이지나 아래 이메일로
알려주십시오. 잘못된 책은 구입하신 서점에서 교환해 드립니다. 책값은 뒤표지에 표시되어 있습니다.

한빛미디어 홈페이지 www.hanbit.co.kr / **이메일** ask@hanbit.co.kr

Published by HANBIT Media, Inc. Printed in Korea
Copyright © **2018 Pope Kim** & HANBIT Media, Inc.

이 책의 저작권은 **Pope Kim**과 한빛미디어 (주)에 있습니다.
저작권법에 의해 한국 내에서 보호를 받는 저작물이므로 무단 전재와 복제를 금합니다.

지금 하지 않으면 할 수 없는 일이 있습니다.
책으로 펴내고 싶은 아이디어나 원고를 메일(**writer@hanbit.co.kr**)로 보내주세요.
한빛미디어(주)는 여러분의 소중한 경험과 지식을 기다리고 있습니다.

프로그래밍이 처음이라면
Hello Coding!

Hello Coding?

프로그래밍이 처음인가요? 배운 적은 있지만 재미를 느끼지 못했다고요?

그래서 〈Hello Coding〉 시리즈를 준비했습니다!

이 시리즈의 목표는 '쉽고', '재미있게', '끝까지' 책을 읽는 데 있습니다.

이 책 한 권으로 프로그래밍의 고수가 될 수는 없겠지만 프로그래밍의 재미는

확실하게 느낄 수 있을 겁니다.

이제 시작해볼까요?

👆 누가 이 책을 읽어야 하나요?

+ 프로그래밍을 전혀 경험해보지 못한 비전공자(중·고등학생, 대학생, 일반인)
+ 프로그래밍의 개념을 익히고자 하는 사람
+ 프로그래밍에 관심이 있는 이공계 학생

✌️ 이 책을 읽은 다음 보면 좋을 책

이 책에서 배운 C#을
좀 더 알고 싶어졌다면

비전공자가 프로그래밍을 배워서
프로그래머가 되는 방법이 궁금하다면

이것이 C#이다(개정판)

박상현 지음

프.포.자.를 위한 입문서
Hello Coding
한입에 쏙 파이썬
김왼손, 김태간 지음

비전공자가 궁금해하는
프로그래머 첫걸음
코리 알트호프 지음 한선용 옮김

최근 인기 있는 언어인 파이썬을
기초부터 공부하고 싶다면

✋ 혼자 공부하다 궁금증이 생겼다면?

저자 블로그

저자의 도움이 필요하다면 저자가 운영하는 블로그에 질문을 남겨주세요.

동영상 강의도 만나실 수 있어요.

https://blog.popekim.com/ko

✋ 소스 코드 내려받기

이 책의 모든 코드는 C# 코드이며, 비주얼 스튜디오에서 불러들일 수 있습니다.

다음과 같은 방법으로 내려받을 수 있습니다.

❶ https://github.com/popekim/IntroProgramming (단축 URL https://goo.gl/zNsf8j)에 접속한 다음 녹색 ❷ Code를 누르고 ❸ Download ZIP 을 눌러 내려받으세요.

> 그외 아래에서 내려받을 수 있습니다만 최신 코드는 위의 github 사이트를 이용해주세요.
> + 한빛미디어 (https://www.hanbit.co.kr)의 도서 페이지
> + 저자 블로그 (https://blog.popekim.com/ko)

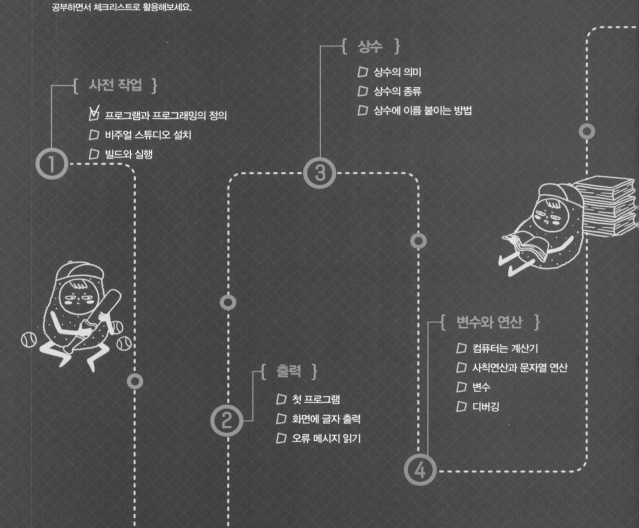

학습로드맵

'쉽고', '재미있게', '끝까지'

이 책의 목표는 프로그래밍의 기초 개념을 익히는 데 있습니다.

읽으면서 다음 목록의 내용을 이해했다면 여러분은 충분히 제대로 학습한 겁니다.

공부하면서 체크리스트로 활용해보세요.

{ 사전 작업 }

1

☑ 프로그램과 프로그래밍의 정의
☐ 비주얼 스튜디오 설치
☐ 빌드와 실행

{ 상수 }

3

☐ 상수의 의미
☐ 상수의 종류
☐ 상수에 이름 붙이는 방법

{ 출력 }

2

☐ 첫 프로그램
☐ 화면에 글자 출력
☐ 오류 메시지 읽기

{ 변수와 연산 }

4

☐ 컴퓨터는 계산기
☐ 사칙연산과 문자열 연산
☐ 변수
☐ 디버깅

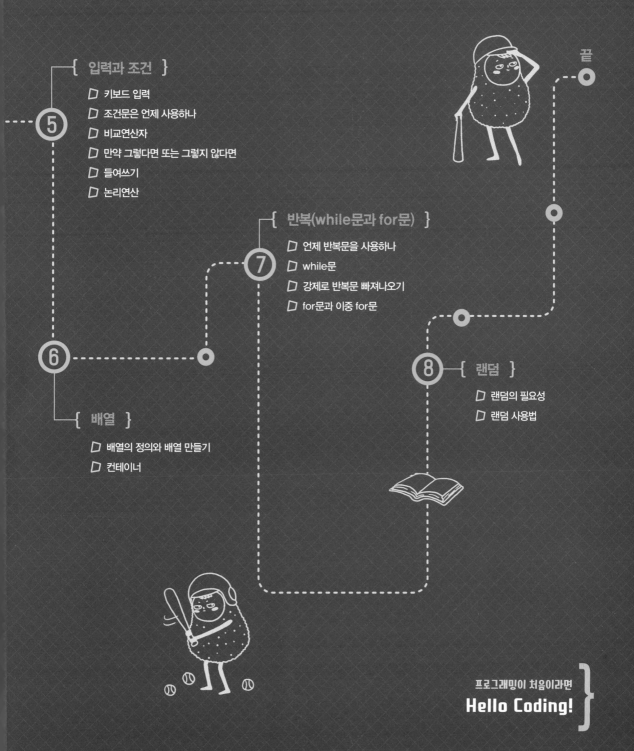

프로그래밍이 처음이라면
Hello Coding! }

이 책의 구성

이 책은 입문자가 쉽게 읽고 따라 할 수 있도록 구성했습니다. 본문 내용은 단계별로 전개되며 새로운 개념이 나오면 바로바로 설명하거나 어느 장에 설명되어 있는지 언급해두었습니다. 또, 핵심 개념을 확실히 익힐 수 있도록 기초·심화 문제나 여러 가지 설명을 보충했습니다.

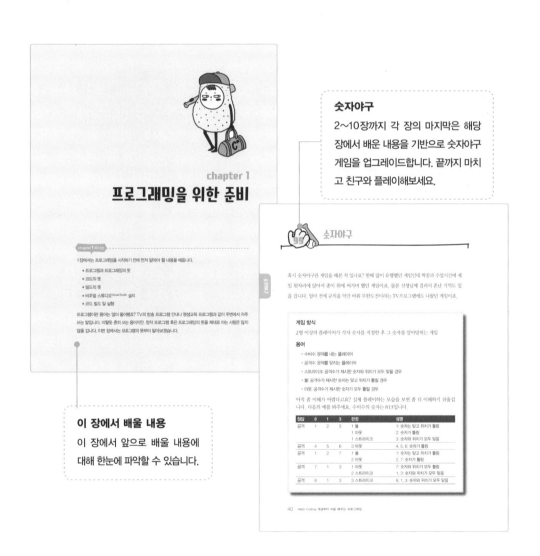

숫자야구

2~10장까지 각 장의 마지막은 해당 장에서 배운 내용을 기반으로 숫자야구 게임을 업그레이드합니다. 끝까지 마치고 친구와 플레이해보세요.

이 장에서 배울 내용

이 장에서 앞으로 배울 내용에 대해 한눈에 파악할 수 있습니다.

기초 · 심화문제

이 장에서 배운 내용을 복습하며
직접 연습문제를 풀어봅니다.
풀이 과정은 이 책의 마지막에서
제공합니다.

명령어의 사전적 정의

비전공자라도 쉽게 이해할 수 있게
개념과 용어 정리를 사전적 정의로
쉽게 풀어 설명합니다.

기초문제

이번 장에서 배운 내용을 복습하는 의미에서 간단한 문제를 몇 개 풀어보겠습니다. 기초문제의 풀이
는 부록에 실려 있습니다.

[기초] 함수를 다섯 번 호출해서 다음 실행 화면처럼 콘솔 창에 네 줄을 출력하세요. 함수는
꼭 다섯 번 호출해야 합니다.
(힌트: Console.Write()와 Console.WriteLine() 함수를 사용하세요)

```
■ 실행 화면
Hello C#
10+10 =20
C#의 세계에 오신 것을 환영합니다.
감사합니다.
```

[기초] 다음 코드를 실행하면 어떤 결과가 나올까요? 실행 화면에 예상 내용을 적어보세요.

```
1   using System;
2
3   namespace ConsoleWrite
4
5     class Program
6     {
7       static void Main(string[] args)
8       {
9         Console.WriteLine("출력문");
10        Console.Write("abcde");
11        Console.Write("가나다라마");
12        Console.WriteLine("qwerty");
13      }
14    }
15  }
```

■ 실행 화면

44   Hello Coding 개념부터 처음 배우는 프로그래밍

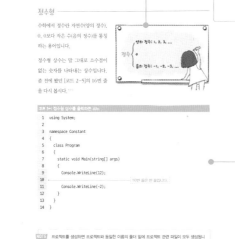

정수형

수학에서 정수란 자연수(양의 정수),
0, 0보다 작은 수(음의 정수)를 통칭
하는 용어입니다.

정수형 상수는 말 그대로 소수점이
없는 숫자를 나타내는 상수입니다.
좀 전에 봤던 [코드 2-5]의 16번 줄
을 다시 봅시다.

양의 정수: 1, 2, 3, ...
정수 {
음의 정수: -1, -2, -3, ...

코드 3-1 정수형 상수를 출력하는 코드

```
1   using System;
2
3   namespace Constant
4   {
5     class Program
6     {
7       static void Main(string[] args)
8       {
9         Console.WriteLine(12);
10                                    10번 줄은 한 줄입니다.
11        Console.WriteLine(-2);
12      }
13    }
14  }
```

[NOTE] 프로젝트를 생성하면 프로젝트와 동일한 이름의 폴더 밑에 프로젝트 관련 파일이 모두 생성됩니
다. 따라서 우리가 생성한 모든 프로젝트는 해당하는 장 밑의 동일한 이름의 폴더에서 불러오게
됩니다.

소스 코드

코드와 관련된 중요한 개념에 대해서도 자세히
설명하였습니다.

NOTE

본문 내용과 관련해서 필요한 정보나 주의해야
할 사항들에 대해 간략히 설명합니다.

chapter 3 값을 바꿀 필요가 없다면 상수(그리고 값의 종류)   51

요즘 초·중·고교에서 프로그래밍 교육이 정규 과목으로 채택되면서 나이와 상관없이 프로그래밍에 관심을 갖는 사람이 많아지고 있습니다. 하지만 여전히 프로그래밍에 대한 막연한 두려움을 느끼는 분들이 많더군요. 설사 용기를 내서 프로그래밍 입문서를 구매했던 분들도 중간에 포기하는 경우를 꽤 봤습니다. 이건 아마 시중에 나와 있는 입문서들이 프로그래밍의 기초를 가르치는 게 아니라 특정 프로그래밍 언어의 문법을 설명하기 때문인 것 같습니다.

저는 언제나 입문서라면 프로그래밍 언어가 아닌 프로그래밍 자체의 기본 개념을 가르쳐야 한다고 믿어왔습니다. 그래서 책을 한 권 써야겠다는 생각을 꽤 오랫동안 해왔는데 지금까지 그러지 못했던 이유는 제 접근법을 충분히 증명할 기회가 없었기 때문입니다. 즉, 확신이 부족했다고 할까요?

이제는 그런 확신이 생겼습니다. 지난 몇 년간 캐나다 대학교에서 학생들에게 프로그래밍을 가르치며 제 접근법을 적용해보니 확실히 프로그래밍에 재미를 느끼는 학생 수가 늘었습니다. 프로그래밍의 이론이나 특정 언어의 문법을 가르치는 것보다는 프로그래밍의 기초 개념을 확실하게 알려주니 학생들이 훨씬 수업을 잘 따라오더군요. 그래서 프로그래밍 언어의 문법보다는 프로그래밍의 기초 개념을 설명하는 프로그래밍 입문서 책을 쓰기로 드디어 결심했습니다. 이름도 〈Hello Coding 개념부터 처음 배우는 프로그래밍〉, 꽤 적절하지 않나요?

감사의 말

이 책을 기획하고 나오기까지 1년이란 시간이 걸렸습니다. 물론 여러 번 내용을 고민하고 고치는 과정도 있었지만 저의 게으름이 책의 출간을 늦춘 것도 사실입니다. 그럴 때마다 다시 한번 저에게 채찍질을 해주시고 물심양면으로 도와주신 분들이 계십니다. 이 기회를 통해 그분들께 고맙다는 말씀을 드리고 싶습니다.

일단 이런 신기한 개념의 책을 쓰겠다고 들고 올 때마다 흔쾌히 동의해주시고 책이 나오기까지 끊임없는 노력을 기울여주신 한빛미디어의 임직원들께 감사의 말씀을 드리고 싶습니다. 특히 저의 모자란 원고에 지속적으로 피드백을 주신 조희진 기획자님께는 언제 기회 되면 선물이라도 사드려야 할 것 같은 죄책감을 느끼는군요.

원고를 처음 탈고했을 때 이 책은 글자와 코드만으로 이루어져 있었습니다. 좀 덜 귀엽기도(?) 했고 접근성도 떨어진다고 느꼈지요. 그때 흔쾌히 삽화를 그려 주시기로 약속해주시고 그걸 또 빛의 속도로 마무리해주신 김연주 님께 감사의 말씀을 드립니다.

마지막으로 일일이 이름을 나열하기엔 너무 많아서 생략할 수밖에 없지만 이 책의 기획 단계부터 탈고까지 책에 들어갈 내용을 같이 고민해주고 검토해주신 여러 지인들께도 감사의 말씀을 드립니다.

| 2017년 겨울, 캐나다 밴쿠버에서_ Pope Kim 올림

이 책의 기본 원칙

언어 입문이 아닌 프로그래밍 기초 개념 입문

이 책은 특정 프로그래밍 언어의 입문서가 아닙니다. 사실 프로그래밍의 기초 개념은 특정 언어에 종속되지 않습니다. 오히려 데이터를 저장하는 법, 데이터의 값에 따라 프로그램의 행동을 바꾸는 법, 동일한 일을 여러 번 반복하는 법 등이 프로그래밍의 기초 중의 기초죠. 이 책은 그런 개념을 가르칩니다. 물론 이 개념을 확실히 이해하려

면 실습이 필요하기 때문에 이 책에서도 프로그래밍 언어 중 하나인 C#을 사용합니다. 하지만 여전히 여러분에게 알려주고자 하는 초점은 프로그래밍의 기초 개념이기에 C#의 문법 등을 자세히 다루지는 않습니다. C#을 비롯한 특정 언어에 대해 좀 더 자세히 알고 싶은 분들은 인터넷을 검색해보거나 다른 언어 입문서를 찾아보시기 바랍니다.

실습 위주

저의 오랜 강의 경험으로는 이론을 먼저 배우고 그걸 코드로 옮기는 것보다, 일단 코드를 작성한 다음 막히는 곳에서 이론을 찾아보고 해결하는 것이 훨씬 더 훌륭한 학습 방법이라 생각합니다. 왜냐하면, 이렇게 문제를 해결하기 위해 찾아본 이론이 더 오래 기억에 남기 때문입니다. 따라서 이 책은 실습 위주로 구성되어 있고 코드를 하나씩 따라 하다 보면 자연스럽게 프로그래밍의 기초 개념을 익힐 수 있을 겁니다. 그래서 이 책에서

는 내용을 설명하기 위한 예제 외에도 아주 간단한 게임을 만드는 방법도 실려있습니다. 각 장에서 새로 배운 내용을 하나씩 추가하다 보면 어느덧 게임이 완성되고 이 게임은 각 장의 내용을 정리하고 복습하는 역할을 할 것입니다.

프로그래밍 명령어의 사전적 의미부터 설명

이 책에서 프로그래밍의 개념을 설명하는 방식은 다른 책들과는 조금 다를 겁니다. 특히 새로운 명령어가 나올 때마다 영어 단어의 뜻부터 설명하는 건 많이 생소할 거 같군요. 하지만 이런 방식을 택한 이유는 간단합니다. 한국어나 영어 같이 프로그래밍 언어도 하나의 언어이기 때문이죠. 단어와 문법이 있고 자주 사용하는 관용구도 있는

그런 언어요. 그럼 왜 굳이 영어 단어를 가지고 설명을 하냐고요? 그건 프로그래밍 언어를 주도적으로 개발해온 주체가 영어권 사용자들이기에 널리 쓰이는 프로그래밍 언어들이 다 영어를 기반으로 하기 때문입니다.

캐나다 대학교에서 학생들에게 프로그래밍을 가르치면서 영어를 할 줄 아는 학생들이 그렇지 않은 학생들보다 프로그래밍 언어를 더 쉽게 이해하는 걸 경험했습니다. 그 이유 역시 특정 명령어의 영어적 의미를 이해하면 프로그래밍 언어에서의 용도를 유추할 수 있기 때문이라고 생각합니다. 그래서 이 책에서도 각 명령어의 사전적 의미를 먼저 설명한 후 명령어를 프로그래밍에서 사용하는 방법을 보여주는 겁니다.

오탈자 및 오류 신고

이 책에 존재하는 오탈자 및 오류를 신고해주시는 분들께는 감사의 뜻으로 포프코인을 드리고자 합니다. 포프코인이란 현재 금전적인 가치는 없지만 저에게 도움을 주신 분들께 감사의 뜻으로 드리는 가상 화폐입니다. 오탈자 및 오류의 신고나 포프코인에 대한 자세한 정보는 제 블로그의 '저서 목록' 페이지를 읽어주세요.

- https://blog.popekim.com/ko

이 책의 내용

이 책은 대부분의 프로그래밍 언어에 공통되는 기초 개념만을 가르칩니다. 그래서 클래스라거나 객체지향프로그래밍OOP 같은 복잡한 내용은 과감히 뺐습니다. 이렇게 잔가지를 쳐서 핵심만 추려놓은 내용은 다음과 같습니다.

- **출력** 26쪽

  화면에 글자를 출력하는 방법을 알아봅니다.

- **입력** 105쪽

  키보드로부터 입력을 받는 방법을 알아봅니다.

- **계산** 73쪽

  사칙연산 등을 비롯한 숫자 계산과 문자열 연산 등에 대해 배웁니다.

- **변수** 79쪽

  변수는 값을 저장할 수 있는 저장소입니다. 변수를 사용해서 값을 저장하고 읽는 방법에 대해서 배웁니다.

- **조건문** 135쪽

  조건문은 데이터의 값에 따라서 프로그램의 행동을 바꿀 때 사용합니다. 조건문을 통해 두 값을 비교하는 방법과 그 조건의 결과에 따라 다양한 코드를 실행하는 방법을 알아봅니다.

- **반복문** 204쪽

  같은 코드를 여러 번 반복하는 방법에 대해 배웁니다. 이 책에서 다룰 반복문은 두 종류입니다. 반복횟수가 정해져 있지 않은 반복문과 반복횟수가 정해져 있는 반복문입니다.

- **랜덤** 279쪽

  랜덤은 주사위를 굴리듯이 무작위로 숫자를 뽑을 때 사용합니다. 랜덤을 이용해서 특정한 범위 안에서 숫자 하나를 뽑는 방법을 배웁니다.

이런 기초적인 내용을 알아야 나중에 다른 어떤 프로그래밍 언어를 배우더라도 쉽게 배울 수 있습니다. 또한, 이런 기초가 없는 상태에서 복잡한 내용을 설명해도 제대로 이해하기 힘들다는 점도 고려했습니다.

대상 독자

이 책의 독자는 프로그래밍 왕초보입니다. 한마디로 프로그래밍을 한 번도 겪어 보지 않은 분들이 대상 독자입니다. 하지만 이 중에도 다양한 부류가 있습니다. 아직 프로그래밍 공부는 하지 않았지만 프로그래머가 되고 싶어 하는 분도 있고, 프로그래머라는 직종이 있다는 건 아는데 이게 내 적성에 맞는지 확인해보고 싶은 분들도 있을 겁니다. 아니면 그냥 취미로 프로그래밍을 맛보고 싶은 분들도 있겠죠? 이런 분들이 모두 이 책의 대상 독자입니다. 스트레스 없이 할 수 있는 코딩 공부, 누구나 따라 하기만 하면 쉽게 배울 수 있는 프로그래밍.

자, 그럼 지금부터 같이 배워볼까요?

{ Contents }

{ Contents }

{ Contents }

{ Contents }

{ Contents }

프로그래밍을 위한 준비

1장에서는 프로그래밍을 시작하기 전에 먼저 알아야 할 내용을 배웁니다.

+ 프로그램과 프로그래밍의 뜻

+ 코드의 뜻

+ 빌드의 뜻

+ 비주얼 스튜디오^{Visual Studio} 설치

+ 코드 빌드 및 실행

프로그램이란 용어는 많이 들어봤죠? TV의 방송 프로그램 안내나 평생교육 프로그램과 같이 주변에서 자주 쓰는 말입니다. 이렇듯 흔히 쓰는 용어지만, 정작 프로그램 혹은 프로그래밍의 뜻을 제대로 아는 사람은 많지 않을 겁니다. 이번 장에서는 프로그램의 뜻부터 알아보겠습니다.

01 프로그램과 프로그래밍이란 무엇인가?

프로그램과 프로그래밍

프로그램program은 어떤 목표를 이루기 위한 계획입니다. 예를 들어 TV 프로그램은 방송되는 콘텐츠의 계획표 같은 거죠. 프로그래밍programming은 '어떤 목표를 이루기 위한 계획'을 뜻하는 동사 program에 행위를 뜻하는 ~ing를 붙여 동명사로 만든 단어입니다. 즉, 어떤 목표를 이루기 위한 계획을 세우는 과정이 프로그래밍입니다.

그렇다면 컴퓨터 프로그램이란 무엇일까요? 뜻을 그대로 풀면 '어떤 목표를 이루기 위해 컴퓨터에 제시하는 계획'이라고 할 수 있습니다. 계획이라고 하니 너무 추상적이고 거창하죠? 그럼 예를 하나 들어보죠. 계산기 프로그램이란 무엇일까요? 계산기 프로그램은

숫자를 계산하기 위해 숫자와 연산자를 컴퓨터에 제시하는 계획이라고 할 수 있습니다. 이렇게 말하니 그리 어렵지 않죠?

모스 부호와 코드

그런데 우리는 프로그래밍을 한다는 말 대신에 '코드^{code}를 짠다'고도 합니다. 코드는 우리말로 암호 또는 부호입니다. 혹시 모스 부호$^{Morse Code}$라고 들어봤나요? 모스 부호에서 '부호'도 똑같이 영어의 code입니다. 요즘에야 문자나 카카오톡 등으로 쉽게 연락하지만

집에 전화기도 없던 시절에는 전신기로 모스 부호를 발생해서 멀리 사는 이에게 전보를 보냈습니다. 뚜~ 뚜뚜~ 뚜뚜~ 뭐 이런 거죠.

그림 1-1 전신기(출처: Smithsonian American Art Museum)

간단하게 전신기의 원리를 보면 버튼을 누르면 전류가 통하고(on) 다시 놓으면 전류가 끊깁니다(off). 전신기의 버튼을 누를 때 얼마나 오래 누르냐에 따라 긴 전류와 짧은 전류를 만들고, 이 두 종류의 전류를 조합해서 글자를 표현한 것이 바로 모스 부호입니다. 모스 부호로 영어 알파벳을 표현하면 다음 그림과 같습니다.

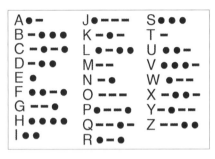

그림 1-2 모스 부호와 자동차 광고에서 사용한 모스 부호

[그림 1-2]의 좌측 모스 부호를 보고 우측 자동차 위의 모스 부호를 해석해볼까요?

이 모스 부호는 2011년 모 자동차 광고에 들어갔던 모스 부호입니다. −·−는 K, ·····는 5입니다. [그림 1-2]의 좌측 모스 부호에는 숫자가 없으니 여러분이 맞추기 어려웠을 겁니다. 광고 시청자 또한 대부분 의미를 몰랐겠지만 모스 부호를 아는 사람은 바로 눈치챘을 겁니다.

https://goo.gl/NzUFqS

그림 1-3 모스 부호가 들어간 광고

그럼 '코드를 짠다'는 무슨 말일까요? 이 말은 컴퓨터가 이해하기 쉬운 암호를 작성하는 행위를 뜻합니다. 마찬가지 맥락에서 프로그램을 작성하는 사람을 보통 프로그래머라고 하지만 코드를 짠다는 의미로 코더coder라고 부르기도 합니다.

컴퓨터 코드와 빌드

하지만 프로그래머가 작성한 코드와 컴퓨터가 이해할 수 있는 코드는 차이가 있습니다. 영어와 한국어의 차이처럼 말이죠. 영어와 한국어를 번역하듯 프로그래머가 작성한 코드를 컴퓨터가 이해하는 코드로 번역해줘야 합니다. 컴퓨터가 이해하는 코드란 결국 우리

가 사용하는 프로그램을 의미합니다. 이렇게 번역하는 작업을 빌드^{build}라고 합니다.

빌드는 프로그래머가 작성한 코드를 컴퓨터가 이해하기 쉬운 형태로 번역해주는 역할을 합니다. 물론 컴퓨터가 이해하는 코드를 프로그래머가 직접 작성할 수도 있겠지만 이 과정은 프로그래머가 실수할 가능성이 높고 다른 사람이 이 코드를 읽고 쉽게 해석하기도 어렵습니다.

예를 들어 우리는 외국인 친구에게 hello라고는 말할 수 있습니다. 하지만 68656c6c6f라고 말한다고 생각해보세요. 어렵겠죠? 컴퓨터는 바로 hello라고 이해할 테지만 사람은 실수할 가능성이 높은 표현입니다.

프로그래밍 환경 설정

코드와 프로그래밍의 정의도 알아봤으니 이제 코딩할 준비가 되었나요? 아뇨, 아직 한 가지 더 준비해야 합니다. 이 책에서 사용할 프로그래밍 언어와 개발 도구를 선택하는 일이죠.

프로그래밍 언어의 종류

우리의 언어가 다양하듯 컴퓨터 세상에서 쓰이는 프로그래밍 언어도 다양합니다. 또한, 우리의 언어처럼 문법도 있습니다. 컴퓨터는 이해하기 쉽지만 우리가 쓰기에는 어려운 언어도 있고, 문법이 느슨해서 우리가 사용하기는 편하지만 그만큼 실수하기 쉬운 언어도 있습니다. 보통 컴퓨터가 이해하기 쉬운 언어를 저급 언어, 우리가 이해하기 쉬운 언어를 고급 언어라고 합니다. 그리고 사용하는 언어에 따라 사용할 수 있는 개발 도구들도 달라집니다.

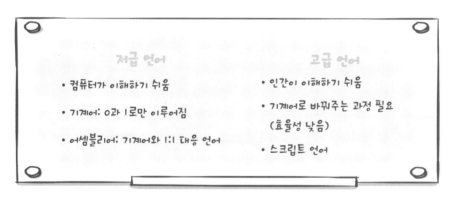

그림 1-4 저급 언어와 고급 언어

저급 언어와 고급 언어는 상대적입니다. 예를 들어 과거에 고급 언어였던 C는 우리가 이해하기 쉬운 언어가 나온 21세기에는 저급 언어로 분류됩니다. 어디까지나 상대적이라는 점을 기억해두세요.

어떤 언어로 시작해야 할까?

그렇다면 프로그래밍에 입문할 때 어떤 언어와 도구를 고르는 게 좋을까요? 책 소개에서도 말했듯이 이 책은 특정 언어의 사용법을 알려주는 책이 아니라 언어와 상관없이 프로그래밍의 기반을 다져주는 책입니다. 그렇다면 다음과 같은 조건을 충족하는 프로그래밍 언어면 좋겠군요.

첫째, 프로그래밍의 기초 개념을 잘 갖추고 있는 언어여야 합니다. 기초 개념의 예로는 변수나 조건문, 반복문 같은 것들이 있습니다.

둘째, 언어의 문법이 너무 느슨하지도 까다롭지도 않아야 합니다. 문법이 까다로우면 학습의 양이 늘어나고, 문법이 너무 느슨하면 실수했을 때 원인을 찾기 힘듭니다.

셋째, 마지막으로 개발 도구가 좋아서 실수를 쉽게 찾거나 고칠 수 있어야 합니다. 좋은 개발 도구는 문법이 틀린 부분을 알려주는 기능이 있습니다.

이 세 가지 조건을 모두 고려해서 이 책에서 사용하기로 한 언어는 C#입니다.

왜 C#인가?

이제 C#이 앞에서 말한 조건들에 얼마나 잘 부합하는지 살펴볼까요?

첫째, C#은 이 책에서 설명하려는 프로그래밍의 기초 개념을 모두 잘 갖추고 있습니다. 또한, 역사가 그리 길지 않은 언어라 구조가 모던하고 깔끔하기에 이 책에서 설명하려는 부분만 정확히 보여주기가 쉽습니다.

둘째, C#은 메모리 관리를 직접 하는 등의 유연성이 있으며 한편 변수형을 반드시 지정해야 하는 문법의 정형성도 있습니다. 이 말이 당장 이해되지 않더라도 걱정하지 마세요.

셋째, C#은 기본 개발 도구로 비주얼 스튜디오를 제공하며 코드를 입력하는 중에 기본 문법에 어긋나면 바로 알려줍니다. 또 자동 완성 기능도 있어 오타를 낼 가능성도 낮춰줍니다.

개발 도구 설치하기

그럼 이제 이 책에서 사용할 C#의 개발 도구인 비주얼 스튜디오^{Visual Studio}를 설치해봅시다. 이 책에서 사용하는 모든 화면은 윈도우 10 기준입니다.*

1 우선 웹브라우저를 열어 ❶ https://www.visualstudio.com/ko/vs/community/ 사이트에 들어갑니다. 아니면 구글이나 검색사이트에서 '비주얼 스튜디오 커뮤니티'로 검색하세요.

그다음 ❷ 'Community 2017** 다운로드'를 눌러 설치파일을 내려받습니다. 파일명이 'vs_community__1118434968.1505823245'란 파일을 받았을 겁니다. 뒤에 숫자는 다를 수도 있습니다.

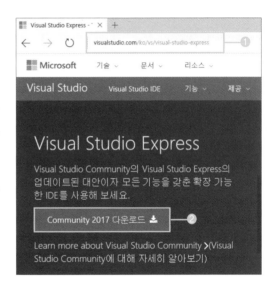

2 이제 내려받은 파일을 실행하면 비주얼 스튜디오 설치 화면이 뜹니다. ❸ '계속' 버튼을 누르세요.

---

* 윈도우 7이나 8 등에서도 설치할 수 있습니다.

** 2017은 일종의 버전입니다. 이 숫자는 바뀔 수 있습니다. 2019 버전을 내려받으신 분은 링크의 문서를 참고하세요. (https://url.kr/fx2op7)

3 옵션을 선택하는 창이 나옵니다. ④ '.NET 데스크톱 개발' 옆에 붙어 있는 체크박스를 선택하고, ⑤ '설치' 버튼을 누릅니다.

4 다음 화면이 보이나요? 설치가 끝났다는 뜻입니다. 이제 ⑥ '실행' 버튼을 눌러 비주얼 스튜디오를 실행합시다. 컴퓨터에 따라서 윈도우를 다시 시작하라는 요청이 있을 수도 있습니다. 이때는 재시작 후 'Visual Studio 2017'을 실행해주세요.

5 계정은 당장 필요하지 않습니다. ❼ '나중에 로그인'을 누릅니다.

6 비주얼 스튜디오의 개발 설정과 디자인을 선택할 차례입니다. 개발 설정은 ❽ '일반'으로 합니다. 그리고 본인의 성격을 잘 대변하는 색상 테마를 선택해주세요. 필자는 스크린샷을 캡처하려고 가장 흐린 ❾ '광원' 테마를 선택했습니다. 모두 다 선택했으면, ❿ 'Visual Studio 시작' 버튼을 누릅니다. [그림 1-5]처럼 뭔가 그럴듯한 프로그램이 열렸죠? 이제 모든 준비가 끝났습니다. 참고로 다음부터는 윈도우 시작 메뉴에서 비주얼 스튜디오 아이콘(❚◄ Visual Studio 2017)을 찾아서 실행하면 됩니다.

그림 1-5 비주얼 스튜디오 시작 페이지

03 프로젝트 생성과 화면 구성

C#으로 프로그램을 작성하려면 제일 먼저 프로젝트를 생성해야 합니다.

1 ❶ '시작 페이지' 창을 보면 오른쪽 아래에 ❷ '새 프로젝트 만들기...'라는 링크가 있습니다. 이 링크를 누르면 '새 프로젝트' 창이 등장합니다.

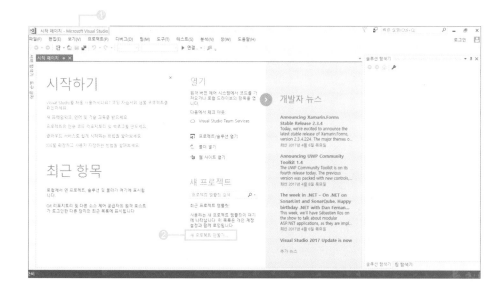

> **NOTE** 비주얼 스튜디오 2019를 설치했다면 다음 주소를 참고해서 프로젝트를 생성하세요.
>
> • 짧은 URL : bit.ly/hello2019vs
>
> • docs.google.com/document/d/e/2PACX-1vQm5HJ0jIlp4DDAEESzLKJ7zc7Zl7yN
>   PGrJ-vXW5yv5UyR5XGzxqg_WYxLzVhmgdcEvZH1_LDqRfoe4/pub

2 왼쪽 메뉴에서 ❸ '설치됨' 〉 '템플릿' 〉 'Visual C#'을 선택한 다음, ❹ '콘솔 앱(.NET Framework)'을 선택합니다.

❺ '이름'은 프로젝트명을 뜻하는데 'ConsoleApp1'이 기본 이름으로 입력되어 있습니다. 여기에 'MyFirstProgram'을 입력하세요. ❻ '위치'는 프로젝트를 저장할 경로입니다. ❼ '찾아보기'를 눌러 경로를 C:\Projects\intro\01\로 지정하세요. 폴더가 없으면 만들어주세요.

❽ '솔루션 이름'도 'MyFirstProgram'으로 바꿔주겠습니다. ❾ '솔루션용 디렉터리 만들기'도 선택해주세요. 모든 설정이 끝났다면, ❿ '확인' 버튼을 누르세요.

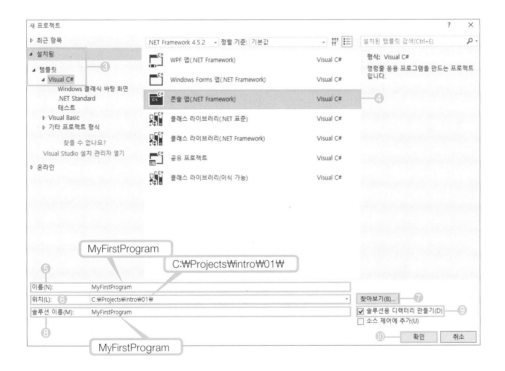

3 프로젝트를 생성하고 나면 [그림 1-6]과 같은 화면 구성이 보일 겁니다. 복잡해보이지만 크게 텍스트 편집기, 솔루션 탐색기, 속성으로 나눌 수 있습니다. 텍스트 편집기는 일종의 MS 워드와 같은 기능을 합니다. 앞으로 텍스트 편집기에 코드를 입력할 겁니다. 나머지 두 가지는 차차 알아가도록 하죠.

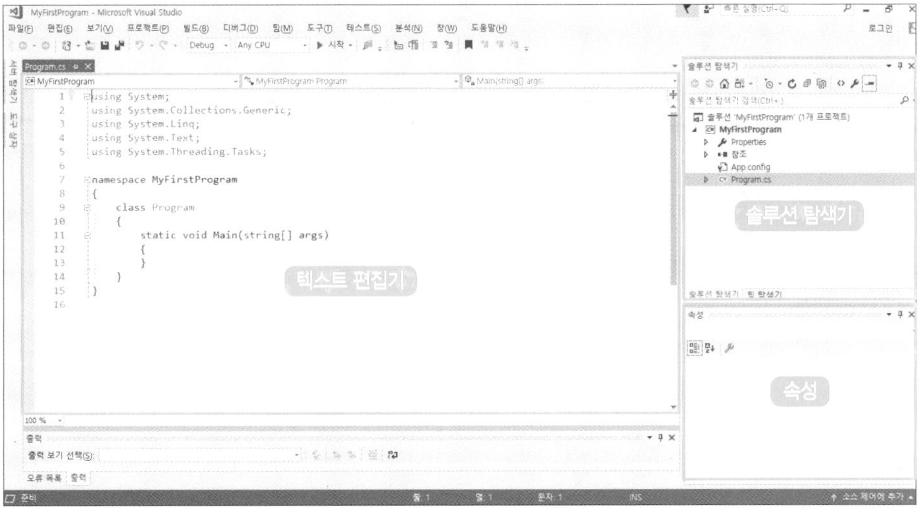

그림 1-6 MyFirstProgram 프로젝트를 생성한 모습

NOTE **실습 폴더와 파일**

우리는 이 책에서 설명하는 예제들을 다음과 같은 규칙으로 생성된 폴더 안에 저장할 예정입니다. 책을 따라 실습하거나 예제를 내려받아 사용할 때 혼란을 최소화하기 위해서는 같은 규칙으로 폴더와 파일을 생성해주세요. 프로젝트를 생성하면 실습하는 장 밑에 프로젝트와 동일한 이름의 폴더가 생성됩니다.

앞의 예제를 잘 따라 했다면 여러분의 컴퓨터에는 C:\Projects\intro\01\MyFirstProgram 폴더가 생겼을 겁니다.

    C:\Projects\intro\[실습하는 장]\

예) 1장 예제의 저장 위치

    C:\Projects\intro\01\

프로젝트와 템플릿, 솔루션

앞서 실습에서 몇몇 생소한 단어들을 보셨을 겁니다. 프로젝트, 템플릿, 솔루션 등 과연 이 것들은 무엇을 의미하는 걸까요? 이 세 단어는 우리가 사용할 개발 도구인 비주얼 스튜디오에서 사용하는 전용 단어입니다.

프로젝트project는 프로그램을 개발하는 데 사용하는 각종 파일을 모아두는 보관함입니다. 우리가 앞으로 작성하게 될 컴퓨터 코드가 담긴 파일이 바로 이곳에 포함됩니다.

템플릿template은 무엇을 말하는 것일까요? 먼저 뜻부터 살펴봅시다. 템플릿은 명사로 '같은 모양과 패턴을 계속 만들 수 있게 금속이나 플라스틱과 같은 재료를 이용하여 만든 틀'을 의미합니다. 우리는 PC용 프로그램을 만들 수도 있고, 핸드폰용 프로그램을 만들 수도 있습니다. 프로그램마다 필요한 기본 코드가 있는데 이러한 코드를 매번 프로젝트를 만들 때마다 추가한다면 시간이 아깝겠죠? 우리 대신 누군가가 이 역할을 해주면 참 좋을 것 같습니다. 바로 그 역할을 템플릿이 맡고 있습니다.

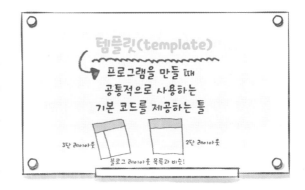

템플릿은 각 목적에 맞는 기본 코드를 미리 포함시켜 놓은 프로젝트 틀로써 프로그래머가 프로젝트를 생성하는 데 들이는 시간을 줄여줍니다.

솔루션solution은 비주얼 스튜디오 창 설정 정보와 하나 이상의 프로젝트를 담고 있습니다. 프로그램을 만들다 보면 여러 개의 프로젝트를 생성하는 경우가 있습니다만, 여러분은 이 부분을 크게 걱정하실 필요가 없습니다. 이 책의 모든 예제는 솔루션 하나에 프로젝트 하나를 가질 예정입니다.

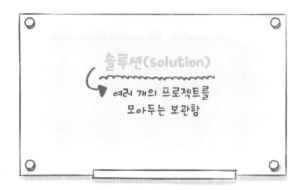

04 빌드 및 실행

그럼 다시 텍스트 편집기를 보겠습니다. 아직 아무것도 안 했는데 코드가 있군요. 앞서 코드는 빌드를 해야만 컴퓨터가 실행할 수 있는 프로그램이 나온다고 말했습니다. 이제 빌드를 해보겠습니다. 네, 아무것도 안 했지만 우린 빌드를 할 겁니다.

1 비주얼 스튜디오 위쪽을 보면 '파일', '편집', '보기' 등의 메뉴가 있습니다. 그중에서 가운데에 있는 ① '빌드' 메뉴를 누르면 오른쪽과 같은 하위 메뉴가 보입니다. 하위 메뉴에서 첫 번째에 있는 ② '솔루션 빌드'를 눌러 빌드를 시작합니다.

2 빌드를 시작하면 프로그램 아래쪽에 ③ '출력' 창이 생깁니다. 출력 창은 빌드한 결과가 나오는 창으로 우리가 만든 코드는 아무 문제가 없기에 '성공 1, 실패 0'이라는 메시지가 나왔습니다.

3 빌드도 무사히 마쳤으니 이제 프로그램을 실행할 차례입니다. 메인 메뉴에서 '빌드' 오른쪽에 있는 ④ '디버그' 메뉴를 누릅시다. 하위 메뉴에서 ⑤ '디버그하지 않고 시작'을 누르면 [그림 1-7]과 같은 화면이 등장합니다.

그림 1-7 MyFirstProgram 프로그램을 실행한 모습

'계속하려면 아무 키나 누르십시오...'라는 메시지가 출력된 검은 창이 나왔죠? 이 메시지는 프로그램의 실행이 끝난 후에 자동으로 나오는 메시지입니다. 시키는 대로 아무 키나 누르면 창이 닫힙니다. 이렇게 메시지를 보여주는 이유는 우리에게 프로그램 실행 결과를 확인할 기회를 주기 위해서입니다. 만약 키 입력을 기다려주지 않고 화면이 닫힌다면 실행 결과를 볼 수 없습니다.

> **NOTE** 아무래도 [그림 1-7]은 가독성이 떨어져 실행 결과를 비교해보기 어려울 겁니다. 이후부터는 스크린샷 대신에 그림으로 실행 화면을 넣겠습니다.

여기까지 잘 따라 했다면 이번 장에서 알아야 할 내용은 다 배운 겁니다. 이 장에서 우리는 C#을 기본 언어로 배우기로 했으며, 이에 알맞은 개발 도구인 비주얼 스튜디오를 설치해서 실습 환경을 갖췄습니다.

혹시라도 프로그래밍 환경 설정과 프로젝트 생성이 힘들다면 블로그에 방문해 문의해보셔도 좋습니다.

그럼 이번 장에서 배운 내용을 짧게 요약해보겠습니다.

chapter 1 에서 배운 내용

* 컴퓨터 프로그램이란 특정 목적을 이루기 위해 컴퓨터에 제공하는 계획입니다.
* 코드는 프로그래머가 프로그램을 만들 때 사용하는 부호(암호)입니다.
* 빌드는 코드를 컴퓨터가 이해할 수 있는 프로그램으로 바꿔주는 과정입니다. 따라서 프로그램을 실행하기 전에 먼저 빌드를 해줘야 합니다.
* C# 프로그램을 작성하려면 새 프로젝트를 만들어야 합니다.

chapter 2

화면에 글자를 보여주려면,
출력문

chapter2에서는

2장의 키워드는 출력입니다. 2장에서 배울 내용은 다음과 같습니다.

+ 화면에 글자를 출력하는 방법

1장에서는 비주얼 스튜디오를 설치하고 C# 프로젝트를 만든 다음 빌드해서 실행까지 해봤습니다. 실행 화면이 기억나나요? '계속하려면 아무 키나 누르십시오…'란 문구만 덩그러니 나왔죠? 이제 이 기본 안내 문구 말고 다른 글자를 출력해보려 합니다. 화면에 글자를 출력하는 일은 프로그래밍에서 가장 기초이면서도 매우 중요한 일입니다. 화면 출력은 프로그램 실행 결과를 보여주는 방법이자 프로그램 실행 도중 발생하는 문제를 보여주는 방법이기도 합니다. 메신저나 문서 작성 프로그램처럼 화면에 글자를 출력하는 것이 주 기능인 프로그램도 있습니다.

자, 그러면 화면에 글자를 출력하는 프로그램을 만들어보겠습니다. 프로그램을 만들려면 먼저 프로젝트를 만들어야 합니다. 1장에서 설명했던 내용입니다. 비주얼 스튜디오를 열고 새 프로젝트를 만들고 프로젝트 이름은 ConsoleWrite로 바꾸세요. 프로젝트를 저장할 경로는 약속대로 C:\Projects\intro\02로 하겠습니다. 프로젝트를 만드는 방법이 기억나지 않는다면 1장을 다시 한번 복습하세요.

프로젝트를 만들었다면 이제 비주얼 스튜디오를 종료하세요. '아니, 그냥 종료할 거면 뭐하러 프로젝트를 새로 만들라고 해?'란 생각이 들겠죠? 실은 미리 만들어놓은 프로젝트를 여는 방법을 설명하려고 만들었던 겁니다.

기존의 프로젝트 열기

다음은 방금 만들었던 ConsoleWrite 프로젝트를 여는 방법입니다. 이 책의 모든 내용은 윈도우 10을 기준으로 설명합니다.

1 ⊞ 키를 누르면 다음과 같은 시작메뉴가 나옵니다. 여기서 ① 'Visual Studio 2017'을 찾아 누르면 비주얼 스튜디오 프로그램이 실행됩니다.

2 비주얼 스튜디오의 '시작 페이지' 화면에서 ② '프로젝트/솔루션 열기'를 누르면 '프로젝트 열기' 창이 나타날 겁니다.

3 방금 만들었던 ConsoleWrite 프로젝트의 위치가 기억나나요? 프로젝트 열기 창에서
❸ C:\Projects\intro\02\ConsoleWrite 폴더로 이동해서, ❹ ConsoleWrite.sln
파일을 선택하고, ❺ '열기' 버튼을 누릅니다. 그럼 아까 저장한 프로젝트가 열릴 겁니다.

> **NOTE** 프로젝트를 생성하면 프로젝트와 동일한 이름의 폴더 밑에 프로젝트 관련 파일이 모두 생성됩니
> 다. 따라서 우리가 생성한 모든 프로젝트는 해당하는 장 밑의 동일한 이름의 폴더에서 불러오게
> 됩니다.

코드 입력하기와 주석

이제 이전에 저장해놓았던 프로젝트를 여는 방법도 알아봤으니 텍스트 편집기 안쪽을 좀
더 자세히 살펴보겠습니다. 현재 텍스트 편집기는 [그림 2-1]처럼 'Program.cs'라는 파일
의 내용을 보여줍니다.

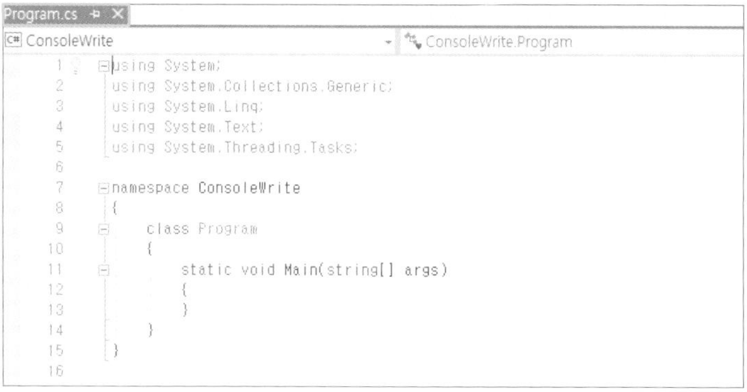

그림 2-1 텍스트 편집기 창

텍스트 편집기 안쪽의 코드를 보니 다음과 같습니다.

코드 2-1 프로젝트를 생성하면 자동으로 따라오는 코드

```
1    using System;
2    using System.Collections.Generic;
3    using System.Linq;
4    using System.Text;
5    using System.Threading.Tasks;
6
7    namespace ConsoleWrite
8    {
9      class Program
10     {
11       static void Main(string[] args)
12       {
13       }
14     }
15   }
```

이 책에서 프로젝트를 생성한 다음 이 부분은 늘 삭제해주세요.

[코드 2-1]은 프로젝트를 새로 만들면 비주얼 스튜디오가 자동으로 만들어주는 코드입니다. 이 코드를 있는 그대로 써도 상관없지만 2~5번 줄의 코드는 필요 없는 내용이니 지우도록 합시다. 아마 줄 번호가 바뀌었을 겁니다. 이제 12번 줄이 8번 줄이 되었을 겁니다.

8번 줄의 {^{중괄호} 오른쪽을 마우스로 클릭해봅시다. 커서가 옮겨졌나요? 그리고 Enter 키를 한 번 누릅시다. 새로운 줄이 생겼나요? 새로 생긴 줄에 다음의 코드를 입력합시다.

```
9              // 여기에 코드를 작성합니다.
```

여러분의 화면도 [코드 2-2]와 같은가요? 앞으로 새로운 프로그램을 만들 때마다 사용할 기본 형태입니다. 잘 기억해두세요. 앞으로는 입력해야 하는 코드의 바탕을 연두색으로 표기하겠습니다. 줄 번호를 잘 찾아서 똑같이 입력하세요.

코드 2-2 앞으로 사용할 코드의 기본 형태

```
1    using System;
2
3    namespace ConsoleWrite
4    {
5      class Program
6      {
7        static void Main(string[] args)
8        {
9          // 여기에 코드를 작성합니다.
10       }
11     }
12   }
```

새로 입력하는 코드는 연두색으로 표기합니다.

아직 9번 줄에 입력한 코드의 의미를 설명하지 않았습니다. 일단은 무시하고 프로그램을 실행해볼까요? 프로그램을 빌드하고 실행하는 방법을 여러분이 기억하고 있으리라 믿습니다. 기억나지 않는다면 1장을 참고하세요.

코드 2-2 실행

```
계속하려면 아무 키나 누르십시오...
```

어라? 1장에서 봤던 결과와 다른 게 하나도 없네요? 분명히 9번 줄에 새로운 코드를 입력했는데 말이죠. 왜 그런 걸까요? 사실 9번 줄의 맨 처음에 입력한 // 뒤에 오는 글자는 코드가 아닙니다.

이렇게 // 뒤에 입력하는 것을 '주석'이라고 하는데 컴퓨터는 이 주석을 무시합니다. 대체 컴퓨터가 무시하는 내용을 왜 입력한 걸까요? 주석은 코드에 대한 설명이나 작성일 등의 간략한 정보를 기입하는 메모의 목적으로 주로 사람들이 코드를 이해하는 데 사용됩니다. //로 시작하면 컴퓨터는 그 줄의 끝까지 주석으로 처리하고 무시합니다. 즉, 9번 줄만 주석이며 10번 줄은 컴퓨터가 이해하는 일반 코드입니다.

02 화면에 글자 출력하기

함수

화면에 글자를 출력할 때는 Console.WriteLine()이나 Console.Write() 함수를 사용합니다. '함수를 사용한다' 대신에 '함수를 호출한다'라고도 합니다. 함수란 '특정 기능을 수행하는 코드 묶음'입니다. 프로그래밍 언어에서는 이렇게 자주 사용하는 기능을 함수로 만들어 가져다 쓰게 합니다. 일종의 관용구와 비슷하다고 생각하세요. 모든 함수는 마지막에 소괄호를 붙여줍니다. Console.WriteLine()이나 Console.Write()처럼 말입니다. 여러분이 이 책을 읽는 동안에는 함수에 대해 이 정도만 알면 됩니다.

여기서 사용하는 Console.Write() 함수는 화면에 글자를 출력하는 기능이 있습니다.

콘솔

함수를 다시 살펴볼까요? 하나는 Console과 Write, 다른 하나는 Console과 WriteLine으로 구성되어 있군요. 콘솔^{console}은 '제어장치나 모니터링 장치'를 뜻합니다. 스타트렉과

같은 영화를 보면 조종석에 온갖 그래프와 숫자가 써 있는 유리판이 있죠? 이 유리판을 건드리는 것만으로 우주선의 여러 가지 기능을 조종하는 모습이 종종 나옵니다. 이런 걸 콘솔이라고 합니다. 콘솔은 우주선을 조종할 수 있다는 측면에서는 제어장치이고,

우주선의 상태를 보여준다는 측면에서는 모니터링 장치인 거죠.

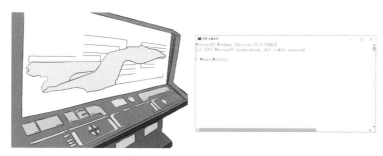

그림 2-2 스타트렉의 우주선 콘솔(출처: Wikimedia Commons)과 Windows 10의 콘솔 화면

컴퓨터의 콘솔도 의미가 비슷합니다. 하지만 제어장치보다는 모니터링 장치에 좀 더 가깝죠. 앞서 봤던 '계속하려면 아무 키나 누르십시오...'란 메시지가 나오는 검은 창이 '콘솔' 창입니다. 지금이야 기본 안내 문구만 뜨지만, 앞으로 여러 가지 문구를 콘솔 창에서 볼 수 있을 것입니다.

Console.Write( )와 Console.WriteLine( )

그럼 콘솔이 뭔지는 알았을 겁니다. 이제 Write와 WriteLine이 무엇인지 알아봅시다.

Write의 뜻은 여러분이 알고 있듯이 '글을 쓰다'입니다. 그럼 WriteLine는 무엇을 의미할까요? 단어를 살펴보면 Write에 Line을 추가했습니다. Line은 '줄'을 뜻하는 단어입니다. 그러면 WriteLine이란 '한 줄의 글을 쓰다'라고 볼 수 있겠네요.

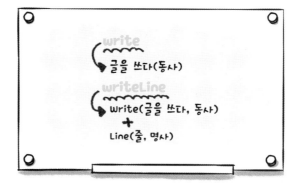

그럼 Console.Write()와 Console.WriteLine() 함수의 기능을 유추해볼까요?

Console.Write() 함수는 콘솔에 글을 쓰고, Console.WriteLine() 함수는 콘솔에 한 줄의 글을 씁니다. 아직 두 함수의 차이를 느끼기 어려울 겁니다. 직접 코드를 작성하면서 차이점을 비교해보겠습니다.

우리가 작성 중인 Program.cs 파일에서 9번 줄에 있는 주석을 지운 뒤 [코드 2-3]의 9~12번 줄을 입력하세요.

코드 2-3 Console.Write()와 Console.WriteLine() 함수의 차이를 보여주는 코드

```
1    using System;
2
3    namespace ConsoleWrite
4    {
5      class Program
6      {
7        static void Main(string[] args)
8        {
9          Console.WriteLine("WriteLine을 쓰면");
10         Console.WriteLine("한 줄씩 나옵니다.");
11         Console.Write("Write는 아닙니다.");
12         Console.Write("이어져서 나오죠?");
13       }
14     }
15   }
```

9번 줄을 지우고 새로 입력한 코드입니다.

모두 입력했나요? 자, 우리가 수정한 내용을 저장합시다.

1 코드에서 마지막으로 저장된 정보와 다른 정보가 있다면 텍스트 편집기 상단의 파란색 탭에서 ＊별표를 볼 수 있습니다. 이때, Ctrl + S 키를 누르거나 비주얼 스튜디오 위쪽에 있는 ❶ '저장' 버튼을 누릅니다.

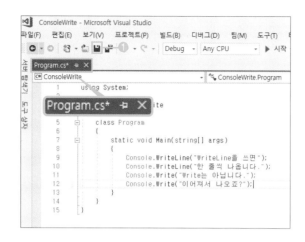

2 텍스트 편집기 상단의 파란색 탭에서 *가 사라졌는지 확인합니다.

이렇게 파일을 자주 저장하는 습관을 가진다면 갑자기 비주얼 스튜디오가 강제 종료되어도 작성 중인 코드를 잃어버리는 사고를 막을 수 있습니다.

이제 우리의 코드도 무사히 저장했으니 프로그램을 빌드할 수 있겠군요. 1장을 복습하는 차원에서 빌드부터 다시 살펴봅시다.

1 비주얼 스튜디오의 메뉴에서 ❶ '빌드'를 누른 후 하위 메뉴에서 ❷ '솔루션 빌드'를 눌러 빌드를 시작합시다.

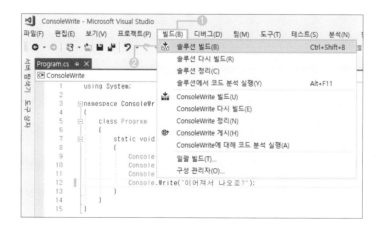

2 출력 창에서 '빌드: 성공 1, 실패 0' 메시지를 확인했나요? 이제 프로그램을 실행할 차례입니다. 비주얼 스튜디오의 메뉴에서 ❸ '디버그'를 누른 후 하위 메뉴에서 ❹ '디버그하지 않고 시작'을 눌러 프로그램을 실행합시다.

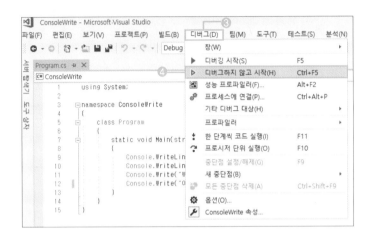

프로그램을 실행하면 [코드 2-3 실행]과 같은 화면이 나옵니다.

> **코드 2-3 실행**
>
> ```
> WriteLine을 쓰면
> 한 줄씩 나옵니다.
> Write는 아닙니다.이어져서 나오죠? 계속하려면 아무 키나 누르십시오...
> ```

실행 결과를 확인했으니 추가한 코드를 자세히 살펴봅시다.

```
9     Console.WriteLine("WriteLine을 쓰면");
10    Console.WriteLine("한 줄씩 나옵니다.");
11    Console.Write("Write는 아닙니다.");
12    Console.Write("이어져서 나오죠?");
```

9~12번 줄의 Console.Write()나 Console.WriteLine() 함수는 ()^{소괄호} 사이에 있는 글자를 출력합니다. 그런데 출력할 문장을 감싼 " "^{큰따옴표}는 콘솔 창에 보이지 않습니다.

이 부분은 3장에서 자세히 설명하겠습니다.^{3장} 지금은 '문자는 큰따옴표로 감싼다'라고만 이해합시다.

이 함수들을 호출하는 코드 줄의 제일 마지막에 있는 ;^{세미콜론}이 보이나요? 세미콜론은 코드 명령어 하나가 끝났다는 의미입니다. 문장 마지막에 마침표를 붙이는 것과 같은 이치지요.

직접 코드를 입력해서 실행해보니 확실히 차이를 알겠죠? Console.WriteLine()이나 Console.Write() 함수 둘 다 소괄호 사이에 있는 내용을 콘솔 창에 출력하는 것은 동일합니다. 하지만 Console.WriteLine() 함수를 호출하면 내용을 출력한 뒤 새 줄이 생기는 반면, Console.Write() 함수는 한 줄에 계속해서 글을 써갑니다. 그럼 Console.Write() 함수를 먼저 호출한 뒤 곧바로 Console.WriteLine() 함수를 호출하면 어떻게 될까요?

이번에는 [코드 2-4]처럼 코드에 13번 줄을 추가해보세요.

코드 2-4 Write()뒤에 WriteLine() 함수를 추가한 모습

```
 1    using System;
 2
 3    namespace ConsoleWrite
 4    {
 5      class Program
 6      {
 7        static void Main(string[] args)
 8        {
 9          Console.WriteLine("WriteLine을 쓰면");
10          Console.WritcLine("한 줄씩 나옵니다.");
11          Console.Write("Write는 아닙니다.");
12          Console.Write("이어져서 나오죠?");
13          Console.WriteLine("Write 뒤에 WriteLine을 썼습니다.");
14        }
15      }
16    }
```

이제 다시 한번 프로그램을 빌드하고 실행합시다. 이번에는 스크린샷 없이 빌드와 실행하는 과정을 설명하겠습니다.

1 메뉴의 '빌드'를 누른 후 하위 메뉴에서 '솔루션 빌드'를 누릅니다.

2 출력 창에서 '빌드: 성공 1, 실패 0'을 확인합니다.

3 메뉴의 '디버그'를 누른 후 하위 메뉴에서 '디버그하지 않고 시작'을 누릅니다.

프로그램을 실행하면 [코드 2-4 실행]과 같은 화면이 보입니다.

```
▣ 코드 2-4 실행
WriteLine을 쓰면
한 줄씩 나옵니다.
Write는 아닙니다.이어져서 나오죠?Write 뒤에 WriteLine을 썼습니다.
계속하려면 아무 키나 누르십시오...
```

[코드 2-4]의 실행 화면을 보면 Console.Write() 함수로 출력했던 '이어져서 나오죠?' 뒤에 바로 'Write 뒤에 WriteLine을 썼습니다'라는 문장이 붙어서 나오죠? 이 정도면 Console.Write() 함수는 출력 뒤에 새 줄을 만들지 않는다는 말을 이해했으리라 생각합니다.

특수문자 출력과 오류 메시지

Console.Write()나 Console.WriteLine() 함수가 한글이나 영어만 출력할 수 있는 건 아닙니다. 숫자나 특수문자도 출력할 수 있습니다. 이번에는 [코드 2-5]처럼 14~21번 줄을 [코드 2-4]에 추가하세요.

똑같이 코드를 입력했다면 프로그램 빌드 과정을 거쳐서 프로그램을 실행해봅시다. 33쪽 아래의 [코드 2-5 실행]과 같은 결과가 나왔나요?

```
1   using System;
2
3   namespace ConsoleWrite
4   {
5     class Program
6     {
7       static void Main(string[] args)
8       {
9         Console.WriteLine("WriteLine을 쓰면");
10        Console.WriteLine("한 줄씩 나옵니다.");
11        Console.Write("Write는 아닙니다.");
12        Console.Write("이어져서 나오죠?");
13        Console.WriteLine("Write 뒤에 WriteLine을 썼습니다.");
14
15        Console.Write("바구니 안에 담긴 사과의 개수: ");
16        Console.WriteLine(12);
17
18        Console.Write("사과 바구니의 무게: ");
19        Console.WriteLine(1.32);
20
21        Console.WriteLine("!!?%$&");
22      }
23    }
24  }
```

코드 2-5 실행

```
WriteLine을 쓰면
한 줄씩 나옵니다.
Write는 아닙니다.이어져서 나오죠? Write 뒤에 WriteLine을 썼습니다.
바구니 안에 담긴 사과의 개수: 12
사과 바구니의 무게: 1.32
!!?%$&
계속하려면 아무 키나 누르십시오...
```

숫자와 특수문자까지 화면에 나왔군요. 숫자의 경우 ""가 필요 없지만, 특수문자의 경우 ""가 필요합니다. 이러한 차이 역시 3장에서 자세히 다룰 예정이니 걱정하지 마세요. 그런데 "큰따옴표는 어떻게 출력할까요? ""를 두 번 쓸까요? 궁금하면 무조건 코드를 입력해 보면 됩니다! 이번에는 [코드 2-6]의 22~23번 줄을 코드에 추가합시다.

코드 2-6 큰따옴표 출력을 시도하는 프로그램

```
1   using System;
2
3   namespace ConsoleWrite
4   {
5     class Program
6     {
7       static void Main(string[] args)
8       {
9         Console.WriteLine("WriteLine을 쓰면");
10        Console.WriteLine("한 줄씩 나옵니다.");
11        Console.Write("Write는 아닙니다.");
12        Console.Write("이어져서 나오죠?");
13        Console.WriteLine("Write 뒤에 WriteLine을 썼습니다.");
14
15        Console.Write("바구니 안에 담긴 사과의 개수: ");
16        Console.WriteLine(12);
17
18        Console.Write("사과 바구니의 무게: ");
19        Console.WriteLine(1.32);
20
21        Console.WriteLine("!!?%$&");
22
23        Console.WriteLine("큰따옴표" 출력"); // 큰따옴표를 출력하려고 시도
24      }
25    }
26  }
```

코드를 추가했으니 이제 빌드할 차례군요. 프로그램을 빌드하고 출력 창을 살펴봅시다. [그림 2-3]과 같은 화면이 보입니다. 예전과 달리 '빌드: 성공 0, 실패 1'이라고 나오네요. 그리고 그 위의 줄에서 파일 경로와 함께 'error'로 시작하는 문장이 여러 줄 보입니다.

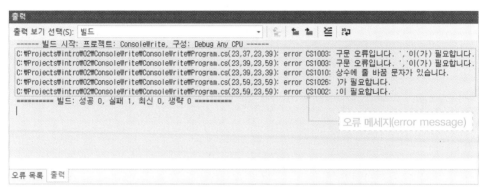

그림 2-3 [코드 2-6]을 빌드한 뒤 출력 창에 오류 메시지가 나온 모습

이러한 문장들을 오류 메시지^{error message}라고 합니다. 프로그래머가 작성한 코드에 문제가 있어 빌드를 실패할 경우 오류 메시지를 출력합니다.

우린 그저 큰따옴표를 하나 추가했을 뿐인데 뭔가 문제가 있다는 듯 여러 줄의 오류 메시지가 보입니다. 하지만 당황하지 마세요. 한 줄씩 천천히 읽어봅시다.

첫 번째 오류 메시지를 마우스로 더블 클릭해볼까요? 텍스트 편집기에서 커서가 오류가 있는 코드로 이동할 겁니다.

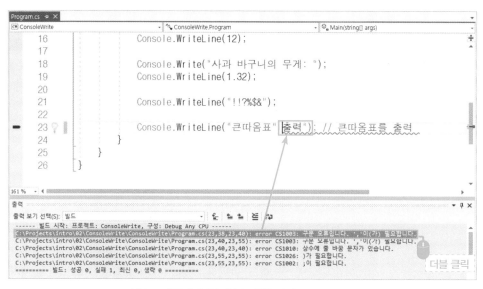

그림 2-4 오류 메시지를 더블 클릭했을 때 커서가 이동한 모습

23번 줄을 보면 '출력' 앞으로 커서가 이동했습니다. 저 위치에 문제가 있다는 거군요. 아무래도 "가 너무 많아서 `Console.WriteLine()` 함수가 헷갈려 하는 것 같습니다. 그런데 빌드를 하지 않더라도 오류를 찾을 수 있는 방법이 있습니다. 23번 줄의 코드는 다른 코드와 다르게 아래에 빨간 밑줄이 있습니다. 텍스트 편집기는 코드에 뭔가 문제가 있다고 판단하면 이와 같이 코드 아래에 빨간 밑줄을 표시합니다.

```
Program.cs  ⇄ ×
C# ConsoleWrite                                    ⌄  ⚛ ConsoleWrite.Program
    1        using System;
    2
    3      ⊟namespace ConsoleWrite
    4       {
    5      ⊟    class Program
    6       │   {
    7      ⊟        static void Main(string[] args)
    8       │       {
    9                    Console.WriteLine("WriteLine을 쓰면");
   10                    Console.WriteLine("한 줄씩 나옵니다.");
   11                    Console.Write("Write는 아닙니다.");
   12                    Console.Write("이어져서 나오죠?");
   13                    Console.WriteLine("Write 뒤에 WriteLine을 썼습니다.");
   14
   15                    Console.Write("바구니 안에 담긴 사과의 개수: ");
   16                    Console.WriteLine(12);
   17
   18                    Console.Write("사과 바구니의 무게: ");
   19                    Console.WriteLine(1.32);
   20
   21                    Console.WriteLine("!!?%$&");
   22
   23 💡          Console.WriteLine("큰따옴표" 출력"); // 큰따옴표를 출력
   24               }
   25           }
   26       }
```
                                                            빨간 밑줄

그림 2-5 오류 부분에 빨간 밑줄을 표시한 모습

문제를 알았으니 고쳐야겠죠? 특수문자 중에는 " " 사이에 넣으면 출력이 안 되는 문자가 있
습니다. " ", ' ', \역슬래시(또는 ₩원화기호)같은 글자들이 그런 예입니다. 하지만 이런 기호를 화면
에 전혀 출력할 수 없다면 말이 안 되겠죠? 방법은 간단합니다. 이런 특수문자 앞에 \(또는
₩) 문자를 하나 붙이면 " " 안에도 이런 특수기호를 넣을 수 있습니다.

NOTE 키보드에서 \ 키는 ⬅ Backspace 백스페이스 키 옆이나 아래에 있는데 \ 대신 ₩를 사용하는 키보드도
있습니다. 이유는 한국어 기본 글꼴에서 \를 ₩로 바꿨기 때문입니다. 그러니 코딩할 때 \키를 눌
렀는데 ₩가 니와도 놀라지 마세요.

이제 우리가 작성한 코드를 수정합시다. 다음 [코드 2-7]의 23번 줄을 참고하여 우리 코드의 23번 줄을 수정합시다. 그리고 [코드 2-7]의 24번 줄을 우리 코드에 추가합니다.

코드 2-7 역슬래시(혹은 원화 기호), 큰따옴표, 작은따옴표 문자를 출력하는 코드

```
1   using System;
2
3   namespace ConsoleWrite
4   {
5     class Program
6     {
7       static void Main(string[] args)
8       {
9         Console.WriteLine("WriteLine을 쓰면");
10        Console.WriteLine("한 줄씩 나옵니다.");
11        Console.Write("Write는 아닙니다.");
12        Console.Write("이어져서 나오죠?");
13        Console.WriteLine("Write 뒤에 WriteLine을 썼습니다.");
14
15        Console.Write("바구니 안에 담긴 사과의 개수: ");
16        Console.WriteLine(12);
17
18        Console.Write("사과 바구니의 무게: ");
19        Console.WriteLine(1.32);
20
21        Console.WriteLine("!!?%$&");
22
23        Console.WriteLine("큰따옴표\" 출력"); // 큰따옴표를 출력
24        Console.WriteLine("\\\'\"");
25      }
26    }
27  }
```

수정한 코드

이제 프로그램을 빌드하고 실행하면 [코드 2-7 실행]과 같이 제대로 \(혹은 ₩), " ", ' ' 문자가 화면에 등장할 것입니다.

⌨ 코드 2-7 실행

```
WriteLine을 쓰면
한 줄씩 나옵니다.
Write는 아닙니다.이어져서 나오죠? Write 뒤에 WriteLine을 썼습니다.
바구니 안에 담긴 사과의 개수: 12
사과 바구니의 무게: 1.32
!!?%$&
큰따옴표" 출력
\'"
계속하려면 아무 키나 누르십시오...
```

이 정도면 화면에 간단한 문장이나 숫자, 특수문자를 출력하는 건 다 해봤군요. 하지만 이렇게 끝내긴 무언가 아쉬우니 또 다른 프로젝트를 만들어보겠습니다.

이 프로젝트는 이 장에서만 잠깐 사용하고 끝낼 프로젝트가 아니라 앞으로 새로운 내용을 배울 때마다 기능을 하나씩 덧붙여 나갈 프로젝트입니다. 그러려면 좀 재미있는 프로그램이면 좋겠군요. 어떤 프로그램이 좋을까요? 자, 다음 쪽으로 넘어가 봅시다.

숫자야구

혹시 숫자야구란 게임을 해본 적 있나요? 한때 많이 유행했던 게임인데 짝꿍과 수업시간에 제일 뒷자리에 앉아서 종이 위에 써가며 했던 게임이죠. 물론 선생님께 걸려서 혼난 기억도 있을 겁니다. 얼마 전에 규칙을 약간 바꿔 무한도전이라는 TV프로그램에도 나왔던 게임이죠.

게임 방식

2명 이상의 플레이어가 각자 숫자를 지정한 후 그 숫자를 알아맞히는 게임

용어

- 수비수: 문제를 내는 플레이어
- 공격수: 문제를 맞히는 플레이어
- 스트라이크: 공격수가 제시한 숫자와 위치가 모두 맞을 경우
- 볼: 공격수가 제시한 숫자는 맞고 위치가 틀릴 경우
- 아웃: 공격수가 제시한 숫자가 모두 틀릴 경우

아직 좀 이해가 어렵다고요? 실제 플레이하는 모습을 보면 좀 더 이해하기 쉬울겁니다. 다음의 예를 봐주세요. 수비수의 숫자는 813입니다.

정답	8	1	3	판정	설명
공격	1	2	3	1 볼	1: 숫자는 맞고 위치가 틀림
				1 아웃	2: 숫자가 틀림
				1 스트라이크	3: 숫자와 위치가 모두 맞음
공격	4	5	6	3 아웃	4, 5, 6: 숫자가 틀림
공격	1	2	7	1 볼	1: 숫자는 맞고 위치가 틀림
				2 아웃	2, 7: 숫자가 틀림
공격	7	1	3	1 아웃	7: 숫자와 위치가 모두 틀림
				2 스트라이크	1, 3: 숫자와 위치가 모두 맞음
공격	8	1	3	3 스트라이크	8, 1, 3: 숫자와 위치가 모두 맞음

자, 이 정도면 이 게임이 어떻게 진행되는지 대충 이해가 되죠? 하지만 지금까지 배운 내용만으로 만들기는 좀 어려운 게임 같습니다. 그래도 최소한 프로그램을 시작할 때 게임 규칙을 보여주는 건 할 수 있겠죠? 내친김에 '궁극의 숫자야구 게임'이란 약 빤 듯한 제목도 달아봅시다!

'궁극의 숫자야구 게임'은 새로운 프로그램이니까 역시 프로젝트를 새로 하나 만들어야 합니다. 1장에서 이미 스크린샷과 함께 자세히 설명했으니까[1쪽] 여기서는 스크린샷 없이 간단하게 설명하겠습니다.

1 비주얼 스튜디오를 실행합니다.

2 '시작 페이지' 창에서 '새 프로젝트 만들기...'를 눌러 '새 프로젝트' 창을 띄웁니다.

3 '새 프로젝트' 창에서 '콘솔 앱'을 선택합니다.

4 이름은 UltimateBaseball로 정하고 위치는 C:\Projects\intro\UltimateBaseball을 고른 다음 '확인' 버튼을 눌러 프로젝트를 생성합니다.

숫자야구는 앞으로도 계속 반복될 예제입니다. 따라서 위치를 따로 지정해두었습니다. 앞으로 숫자야구 이야기가 나온다면 늘 이 위치에서 실행하세요.

• 숫자야구 게임 위치 → C:\Projects\intro\UltimateBaseball

이제 프로젝트도 만들어봤으니 출력문을 넣어보겠습니다. 다음 쪽의 [코드 2-8]을 그대로 따라 입력해주세요.

```
1    using System;
2
3    namespace UltimateBaseball
4    {
5      class Program
6      {
7        static void Main(string[] args)
8        {
9          Console.WriteLine("+------------------------------------------------+");
10         Console.WriteLine("¦                 궁극의 숫자야구 게임                ¦");
11         Console.WriteLine("+------------------------------------------------+");
12         Console.WriteLine("¦ 컴퓨터가 수비수가 되어 세 자릿수를 하나 골랐습니다. ¦");
13         Console.WriteLine("¦ 각 숫자는 0~9중에 하나며 중복되는 숫자는 없습니다. ¦");
14         Console.WriteLine("¦ 모든 숫자와 위치를 맞히면 승리합니다.             ¦");
15         Console.WriteLine("¦ 숫자와 순서가 둘 다 맞으면 스트라이크입니다.       ¦");
16         Console.WriteLine("¦ 숫자만 맞고 순서가 틀리면 볼입니다.               ¦");
17         Console.WriteLine("¦ 숫자가 틀리면 아웃입니다.                         ¦");
18         Console.WriteLine("+------------------------------------------------+");
19       }
20     }
21   }
```

이제 프로그램을 빌드 및 실행해주세요. 혹시 빌드 오류가 나더라도 차분히 오류 메시지를 읽어가며 고치길 바랍니다.

```
+--------------------------------------------------+
|                                                  |
|                궁극의 숫자야구 게임               |
|                                                  |
+--------------------------------------------------+
|                                                  |
| 컴퓨터가 수비수가 되어 세 자릿수를 하나 골랐습니다. |
| 각 숫자는 0~9중에 하나며 중복되는 숫자는 없습니다.  |
| 모든 숫자와 위치를 맞히면 승리합니다.              |
| 숫자와 순서가 둘 다 맞으면 스트라이크입니다.       |
| 숫자만 맞고 순서가 틀리면 볼입니다.               |
| 숫자가 틀리면 아웃입니다.                         |
|                                                  |
+--------------------------------------------------+
계속하려면 아무 키나 누르십시오...
```

자, 어떤가요? 꽤 그럴듯해 보이는 게임 화면이 나왔죠? 이렇게 뭔가 결과가 나오니 뿌듯하군요. 어서 다른 내용도 배워서 게임을 완성하고 싶네요. 그러면 이번 장에서 배운 내용을 정리한 뒤 다음 장으로 넘어가겠습니다.

chapter 2에서 배운 내용

* 화면에 글자를 출력할 때는 Console.Write()나 Console.WriteLine() 함수를 사용합니다.

* Console.WriteLine() 함수는 화면에 글자를 출력 한 뒤 새 줄을 만듭니다.

* 큰따옴표(" ")나 역슬래시(\) 등의 특수문자를 출력하려면 앞에 역슬래시(\) 문자를 붙여줘야 합니다.

기초문제

이번 장에서 배운 내용을 복습하는 의미에서 간단한 문제를 몇 개 풀어보겠습니다. 기초문제의 풀이는 부록에 실려 있습니다.

2-1 함수를 다섯 번 호출해서 다음 실행 화면처럼 콘솔 창에 네 줄을 출력하세요. 함수는 꼭 다섯 번 호출해야 합니다.

(**힌트**: Console.Write()와 Console.WriteLine() 함수를 사용하세요.)

> **CʌL 실행 화면**
>
> Hello C#
> 10+10 =20
> C#의 세계에 오신 것을 환영합니다.
> 감사합니다.

2-2 다음 코드를 실행하면 어떤 결과가 나올까요? 실행 화면에 예상 내용을 적어보세요.

```
1   using System;
2
3   namespace ConsoleWrite
4   {
5     class Program
6     {
7       static void Main(string[] args)
8       {
9         Console.WriteLine("출력문");
10        Console.Write("abcde");
11        Console.Write("가나다라마");
12        Console.WriteLine("qwerty");
13      }
14    }
15  }
```

> **CʌL 실행 화면**

다음 문장을 출력하려고 합니다.

출력문" 기초문제

다음 코드의 ❶ , ❷ 에 어떤 코드를 넣어야 할까요?

```
1   using System;
2
3   namespace ConsoleWrite
4   {
5     class Program
6     {
7       static void Main(string[] args)
8       {
9         Console.Write("출력");
10              ❶
11        Console.Write("\" ");
12              ❷
13        Console.WriteLine("문제");
14      }
15    }
16  }
```

심화문제

심화문제는 따로 풀이를 제공하지 않습니다. 각자의 방법대로 문제를 해결해보세요. 질문은 저자의 블로그를 이용해주세요(들어가기 전에 5쪽을 참조하세요).

2-1 다음 코드에는 오류가 있습니다. 그 문제를 고치세요.

```
1   using System;
2
3   namespace ConsoleWrite
4   {
5     class Program
6     {
7       static void Main(string[] args)
8       {
9         Console.Write(무엇이 무엇이");
10        Console.WriteLine("문제일까?");
11        Console.Write("\" ");
12      }
13    }
14  }
```

2-2 다음 결과를 출력하는 코드를 작성하세요.

실행 화면
?!" """"""""""

chapter 3

값을 바꿀 필요가 없다면,
상수(그리고 값의 종류)

chapter3에서는

3장의 키워드는 상수입니다. 3장에서 배울 내용은 다음과 같습니다.

+ 상수의 의미
+ 상수의 종류
+ 상수에 이름을 붙이는 방법

이제 상수를 배워봅시다. 상수라... 이걸 예전에 본 적이 있던가요? 상수라고 대놓고 말하진 않았지만 2장에서 화면에 숫자 및 문장을 출력할 때 우리는 이미 상수를 사용했습니다.

상수라는 용어가 좀 생소하죠? 솔직히 흔히 쓰는 용어는 아니죠. 굳이 생각해보면 수학 시간에 들어봤을 겁니다. 중학교에서 함수를 배울 때 x가 커질 때 y가 커지는 정비례식 $y = ax$를 봤을 겁니다. 이때 a가 비례상수였습니다. 또 중학교 과학이나 고등학교 물리 시간에 중력에 대해 배울 때 중력상수(G)도 봤을 겁니다. 수학과 물리라니, 생각만 해도 머리가 아프군요. 하지만 상수 자체는 그렇게 복잡하거나 어려운 개념이 아닙니다. 그냥 용어가 낯설 뿐이죠. 일단 이 용어의 유래부터 알아보겠습니다.

constant는 '변하지 않는'이라는 뜻의 형용사입니다. 명사로 사용하면 '변하지 않는 것'을 뜻하죠. 프로그램을 실행하는 중에 변하지 않는 값을 상수라고 부릅니다.

2장에서 봤던 사과의 개수를 출력하는 코드를 다시 살펴보겠습니다. 다음은 [코드 2-5]의 일부입니다.^{33쪽}

```
15      Console.Write("바구니 안에 담긴 사과의 개수: ");
16      Console.WriteLine(12);
17
18      Console.Write("사과 바구니의 무게: ");
19      Console.WriteLine(1.32);
```

17번 줄은 빈 줄입니다.

이 코드에서 "바구니 안에 담긴 사과의 개수"나 12는 프로그램을 실행하는 중에는 전혀 바뀌지 않습니다. 따라서 이것들이 상수입니다. 별로 어렵지 않죠? 상수에 반대되는 개념도 있는데 그건 나중에 배우도록 하죠.

그런데 잠깐만요. 상수는 常數*, 그러니까 한자로 보면 숫자만 포함되어야 할 거 같은데 앞에서 문장도 상수라고 했습니다. 왜일까요? 그건 과학이나 수학 분야에서 constant를 상수라고 사용해왔기 때문입니다. 컴퓨터 분야에서 constant를 사용한 것은 과학이나 수학 분야보다 훨씬 뒤였고, 기존에 다른 분야에서 사용하던 번역 용어를 그대로 가져다 쓴 겁니다.

과학이나 수학은 공식을 통해 세상의 이치를 증명하는 학문입니다. 그리고 공식에는 수치가 들어가기에 과학이나 수학에서 '변하지 않는 것=변하지 않는 숫자'는 같은 의미입니다. 따라서 constant를 상수라고 수에 한정 지어 표현할 수 있었던 거죠. 그러나 프로그래밍에서는 '변하지 않는 것'에 문장도 포함되니 상수라는 용어가 약간은 어색하게 느껴질 수밖에 없습니다.**

---

* 常: 항상 상 / 數: 셈 수
** 하지만 컴퓨터 하드웨어 내부를 깊게 파보면, 결국 글자도 모두 숫자로 저장되니 굳이 틀린 말도 아닙니다.

상수의 종류

상수에도 종류가 많습니다. 크게는 숫자와 문장으로 나뉘고, 숫자는 좀 더 세세히 분류할수 있습니다. 그럼 상수의 종류를 순서대로 자세히 알아보겠습니다.

정수형

수학에서 정수란 자연수(양의 정수), 0, 0보다 작은 수(음의 정수)를 통칭하는 용어입니다.

정수형 상수는 말 그대로 소수점이 없는 숫자를 나타내는 상수입니다. 좀 전에 봤던 [코드 2-5]의 16번 줄을 다시 봅시다.

```
16        Console.WriteLine(12);
```

정수형 상수

이 코드에서 ()소괄호 안에 있는 12가 바로 정수형 상수입니다. 물론 다음 코드의 음수도 정수형 상수입니다.

```
// 음수 출력
Console.WriteLine(-2);
```

실제로 콘솔 창에서 확인해봅시다. C:\Projects\intro\03에 Constant란 이름의 새 프로젝트를 만들어주세요. 그다음 Constant 프로젝트의 Program.cs에 [코드 3-1]의

9~11번 줄을 추가합니다.

코드 3-1 정수형 상수를 출력하는 코드

```
1    using System;
2
3    namespace Constant
4    {
5      class Program
6      {
7        static void Main(string[] args)
8        {
9          Console.WriteLine(12);
10
11         Console.WriteLine(-2);
12       }
13     }
14   }
```

10번 줄은 빈 줄입니다.

프로그램을 빌드 및 실행하면 다음과 같은 화면이 나옵니다. 2장에서 배웠듯이 Console. WriteLine()이라는 함수는 () 안의 값을 출력하고 새 줄을 만듭니다.^{31쪽}

코드 3-1 실행

```
12
-2
계속하려면 아무 키나 누르십시오...
```

실수형

수학에서 실수는 유리수와 무리수를 통칭하는 용어입니다. 유리수는 비로 표현되는 수, 무리수는 비로 표현되지 않는 수입니다. 실수는 실제로 존재할 수 있는 수를 의미합니다.

실수형 상수는 소수점이 있는 숫자를 표현하는 상수입니다. 사과 바구니의 무게를 출력했던 코드를 다시 보겠습니다. [코드 2-5]의 19번 줄입니다.[33쪽]

실수형 상수

```
19          Console.WriteLine(1.32);
```

실수를 출력하는 코드도 정수와 크게 다르지 않죠? 다른 점이라면 출력하는 값이 12라는 정수에서 1.32라는 실수로 바뀐 것뿐이네요. 다시 한번 콘솔 창에서 확인하기 위해 우리 코드에 [코드 3-2]의 12~13번 줄을 입력하세요.

코드 3-2 실수형 상수를 추가한 코드

```
1     using System;
2
3     namespace Constant
4     {
5       class Program
6       {
7         static void Main(string[] args)
8         {
9           Console.WriteLine(12);
10
11          Console.WriteLine(-2);
12
13          Console.WriteLine(1.32);
14        }
15      }
16    }
```

12번 줄은 빈 줄입니다.

이제 프로그램을 빌드 및 실행하면 [코드 3-2 실행]과 같은 화면이 나옵니다.

```
12
-2
1.32
계속하려면 아무 키나 누르십시오...
```

문자열형

드디어 글자를 의미하는 상수입니다. 문자열형 상수는 문장을 표현하는 상수입니다. 2장에서 배운 Console.WriteLine() 함수에서 큰따옴표로 감싼 문장을 소괄호 안에 넣으면 화면에 출력되었죠?[30쪽] 큰따옴표 사이에 넣은 글자를 전부 다 합친 것을 문자열이라고 부릅니다.

문자는 알다시피 인간의 언어를 사용하는 시각적 기호 체계입니다. 가, 나, 다, a, b, c 모두 문자인 거죠. 그럼 열은 뭘까요? 평상시 우리가 사용하는 단어는 문자 여러 개를 이어 놓은 형태입니다. 예를 들어 개구리라는 단어는 세 개의 문자, '개', '구', '리'를 순서대로 나열한 거죠. 이렇게 여러 문자를 한 줄로 세워놓은 게 문자열입니다. 처음에 봤던 예에서 문자열 상수를 출력하는 코드를 다시 봐볼까요? [코드 2-5]의 15번, 18번 줄입니다.[33쪽]

```
15        Console.WriteLine("바구니 안에 담긴 사과의 개수: ");
```

```
18        Console.Write("사과 바구니의 무게: ");                    16~17번 줄 생략
```

이 코드도 Console.WriteLine() 함수를 사용한다는 점에서 정수형 및 실수형 예제와 똑같습니다. 단, () 안에 들어가는 내용이 다를 뿐이죠. 그 안에 들어가 있는 "바구니 안에 담긴 사과의 개수: "와 "사과 바구니의 무게: "가 문자열형 상수입니다.

자, 이제 문자열 상수를 코드에 추가해보겠습니다. 단, 코드 제일 아래에 추가하는 대신 프로그램을 실행했을 때 말이 되는 곳에 문자열을 넣겠습니다. [코드 3-3]의 9번, 14번 줄을 [코드 3-2]에 입력하세요.

코드 3-3 문자열 상수를 추가한 코드

```
1    using System;
2
3    namespace Constant
4    {
5      class Program
6      {
7        static void Main(string[] args)
8        {
9          Console.Write("바구니 안에 담긴 사과의 개수: ");
10         Console.WriteLine(12);
11
12         Console.WriteLine(-2);
13
14         Console.Write("사과 바구니의 무게: ");
15         Console.WriteLine(1.32);
16       }
17     }
18   }
```

이제 프로그램을 빌드 및 실행하면 [코드 3-3 실행]과 같은 결과가 나옵니다.

코드 3-3 실행

```
바구니 안에 담긴 사과의 개수: 12
-2
사과 바구니의 무게: 1.32
계속하려면 아무 키나 누르십시오...
```

두 문자열을 출력할 때 사용한 Console.Write() 함수는 () 안의 값을 출력 후 새 줄을 생성하지 않기 때문에 12와 1.32가 각각 문자열 뒤에 나온다는 점 잊지 마세요.

상수에 이름을 붙이자

지금까지는 필요할 때마다 상수를 직접 입력한 다음 출력했습니다. 그런데 상수가 같다면 출력할 때마다 매번 입력하긴 귀찮겠죠? 그때는 상수에 이름을 붙이고 필요할 때마다 이름을 불러 사용하면 됩니다. 상수에 이름을 붙인다니 생소하죠. 코드부터 보는 게 이해하기 쉬울 겁니다. [코드 3-3]을 다음과 같이 수정합시다.

코드 3-4 문자열형, 정수형, 실수형 상수에 이름을 붙이는 코드

```
1    using System;
2
3    namespace Constant
4    {
5      class Program
6      {
7        static void Main(string[] args)
8        {
9          string appleCountDescription = "바구니 안에 담긴 사과의 개수: ";
10         Console.Write(appleCountDescription);
11         int appleCount = 12;
12         Console.WriteLine(appleCount);
13
14         Console.WriteLine(-2);
15
16         string basketWeightDescription = "사과 바구니의 무게: ";
17         Console.Write(basketWeightDescription);
18         double basketWeight = 1.32;
19         Console.WriteLine(basketWeight);
20       }
21     }
22   }
```

수정 후 [코드 3-4]를 빌드 및 실행하면 [코드 3-3 실행]과 똑같은 화면이 나옵니다.

c-1. 코드 3-4 실행

```
바구니 안에 담긴 사과의 개수: 12
-2
사과 바구니의 무게: 1.32
계속하려면 아무 키나 누르십시오...
```

코드를 수정했는데 실행 결과는 똑같죠? 그럼 군이 왜 코드를 바꿨을까요? 바뀐 코드를 하나하나 자세히 살펴보면서 설명하겠습니다. 먼저 [코드 3-4]의 9~10번 줄을 봅시다.

```
9       string appleCountDescription = "바구니 안에 담긴 사과의 개수: ";
10      Console.WriteLine(appleCountDescription);
```

10번 줄을 보니 appleCountDescription을 출력하는 것 같은데 따옴표가 없습니다. 그러면 문자열은 아닌가 보군요. 위로 올라가 9번 줄을 보니 appleCountDescription과 "바구니 안에 담긴 사과의 개수: " 사이에 =등호가 있습니다. 그간 배운 수학적 지식을 배경으로 보면 같다는 의미일까요? 아뇨, 컴퓨터 세계에서 =는 같다는 의미가 아닙니다. 컴퓨터 세계에서 =는 "바구니 안에 담긴 사과의 개수: "에 appleCountDescription이라는 이름을 붙여주는 역할을 합니다. 이렇게 한 번 이름을 붙여주면 그 이름을 코드의 다른 부분에서 쓸 수 있습니다.

그럼 appleCountDescription이 이름인 건 알겠는데, 그 앞의 string은 뭘까요? 컴퓨터는 상수에 이름을 붙여주려면 그 상수가 어떤 종류인지 알아야 합니다. 우리는 이미 상수에는 정수형, 실수형, 문자열형이 있다는 것을 배웠습니다. string은 그중 문자열형을 의미합니다. 근데 string은 실이나 끈이라는 뜻인데 왜 이게 문자열형을 뜻할까요? 처음에는 글자를 줄줄이 늘어놓았다는 의미로 a string of characters라고 부르다가 이걸 string으로 줄였을 뿐입니다.

NOTE 상수의 종류를 다른 프로그래밍 책에서는 상수형이나 상수 타입이라고 표현하기도 합니다. 이 세 가지 표현 모두 같은 의미입니다. 마찬가지로 상수의 종류도 '–형', '– 타입'이 사용됩니다. 정수 형이나 정수 타입 모두 같은 상수의 종류를 의미하는 거죠.

이 책에서는 상수의 집합을 표현할 때는 '상수의 종류'를, 상수의 실제 종류를 표현할 때는 '–형'을 사용합니다.

그리 어렵지 않죠? 문자열에 이름을 붙이는 방법은 알았으니 이제 [코드 3-4]의 11~12번 줄을 보겠습니다.

```
11    int appleCount = 12;
12    Console.WriteLine(appleCount);
```

이 코드에서 등장한 **appleCount**라는 이름과 =의 역할은 앞의 예제와 동일합니다. 달라진 거라면 이름 앞에 붙은 **int**뿐인데, 이것은 integer정수의 줄임말로 상수의 종류가 정수형이라고 알려줄 뿐입니다. 이쯤 되면 대충 패턴이 보일 듯한데 상수에 이름을 붙여줄 때는 다음과 같은 문법을 따릅니다.

기본형

```
<상수의 종류> <상수의 이름> = <상수>;
```

그럼 실수도 똑같은 패턴을 따르는지 한번 확인해볼까요? [코드 3-4]의 18~19번 줄입니다.

```
18    double basketWeight = 1.32;
19    Console.WriteLine(basketWeight);
```

지금까지 본 코드와 별로 다르지 않죠? 제일 앞에 붙는 상수의 종류만 바뀌었을 뿐입니다. **1.32**는 실수이니 **double**이란 키워드는 실수형을 뜻하는 거겠군요.*

---

* 왜 굳이 2배라는 뜻의 **double**이란 키워드를 사용하는지 이해하려면 컴퓨터에서 실수형을 저장하는 방법을 배워야 합니다.

그런데 왜 굳이 상수에 이름을 붙일까요? 처음에 봤던 코드처럼 필요할 때마다 상수를 그냥 넣어도 상관없어 보이는데 말이죠. 상수에 이름을 붙여 사용하는 이유는 다음과 같습니다.

1 코드를 읽기 쉽습니다.

2 실수를 줄일 수 있습니다.

3 같은 값을 여러 번 넣을 때 편합니다.

이 세 가지 이유는 다음 장에서 배울 변수에도 그대로 적용됩니다. 일단 예를 들어가며 각 이유를 하나씩 검토해보겠습니다.

코드를 읽기 쉽다

상수에 이름을 붙여주면 코드를 읽기가 쉽습니다. [코드 3-3]의 10번 줄과 [코드 3-4]의 11~12번 줄을 비교해볼까요?

[코드 3-3]의 10번 줄

```
10    Console.WriteLine(12);
```

[코드 3-4]의 11~12번 줄

```
11      int appleCount = 12;
12      Console.WriteLine(appleCount);
```

컴퓨터의 입장에서는 두 코드가 다를 게 없습니다. 둘 다, 상수 12를 출력할 뿐이니까요. 하지만 코드를 읽는 사람의 입장이라면 얘기가 달라집니다. 사람은 [코드 3-3]에서 사용한 12의 의미를 알 수 없습니다. 하지만 [코드 3-4]에서는 12의 이름인 appleCount를 보고 사과의 개수임을 추측할 수 있습니다. 이렇게 이름을 지어주면 코드를 읽기 쉬워집니다.

이름은 당연히 의미가 있어야겠죠? 가령 [코드 3-4]에서 appleCount 대신 aaa라는 이름을 사용하면 여전히 무슨 뜻인지 모를 겁니다. 따라서 언제나 올바른 이름을 지어주도록 노력합시다.

> **NOTE** 상수 이름을 지을 때 영어로 명사에 해당하는 단어를 사용하면 좋습니다. appleCount의 경우도 apple과 count라는 두 명사를 결합해 만든 이름입니다.
>
> 그리고 두 개 이상의 단어를 결합할 때는 다음 단어의 첫 알파벳을 대문자로 해주세요. appleCount의 두 번째 단어인 Count의 C처럼 말입니다. 이렇게 대문자로 새로운 단어의 시작을 알려주면 상수 이름을 읽기가 훨씬 수월합니다.

실수를 줄일 수 있다

상수에 이름을 붙여주면 실수를 줄일 수 있습니다. 조금 전 예에서 12대신 -1을 출력한다고 생각해봅시다. 그럼 코드는 다음과 같습니다.

이름 없어요 ☹

```
Console.WriteLine(-1);
```

이름 있어요 ☺

```
int appleCount = -1;
Console.WriteLine(appleCount);
```

왼쪽의 코드를 봤을 때 아무런 문제가 없어 보입니다. 실행에도 문제가 없습니다. 그런데 오른쪽의 코드도 실행은 되는데 코드를 보면 뭔가 이상합니다. 사과의 개수가 -1일 수가 있나요? 이름을 잘 지으면 이렇게 실행은 되지만 값이 이상한 코드를 찾기가 훨씬 더 수월해집니다.

같은 값을 여러 번 넣을 때 편하다

자, 이번에는 사과의 개수를 세 번 출력한다고 합시다. 그러면 다음과 같은 코드를 짜겠죠?

이름 없어요 ☹

```
Console.WriteLine(12);
Console.WriteLine(12);
Console.WriteLine(12);
```

이름 있어요 ☺

```
int appleCount = 12;
Console.WriteLine(appleCount);
Console.WriteLine(appleCount);
Console.WriteLine(appleCount);
```

지금 당장은 별 차이를 모르겠다고요? 그럼 이제 사과의 개수를 바꾸려면 어떻게 해야 할까요? 다음과 같이 코드를 바꿔야 할 겁니다.

이름 없어요 ☹

```
Console.WriteLine(11);
Console.WriteLine(11);
Console.WriteLine(11);
```
└ 바뀐 코드

이름 있어요 ☺

바뀐 코드 ┐
```
int appleCount = 11;
Console.WriteLine(appleCount);
Console.WriteLine(appleCount);
Console.WriteLine(appleCount);
```

차이가 보이나요? 이름이 없는 왼쪽 코드에서는 세 줄을 모두 12에서 11로 바꿔야 합니다. 하지만 이름을 지어준 오른쪽 코드에서는 첫 번째 줄의 **appleCount**의 값만 바꿨었네요. 두 번째 방법이 훨씬 효율적이죠?

숫자야구

이제 배운 걸 숫자야구 게임에 적용해보겠습니다! 그런데 상수를 어디에 사용할 수 있을까요? 이 게임에서는 수비수인 컴퓨터가 숫자를 고르니 그 숫자를 상수로 넣겠습니다. 그리고 숫자를 고른 김에 화면에 출력까지 해보겠습니다. 실제 게임에서는 수비수가 고른 숫자를 공격수에게 보여주면 안 되지만 그냥 숫자를 제대로 골랐는지 보기 위해 출력하는 겁니다.

우선 앞서 만들었던 숫자야구 프로젝트를 불러오겠습니다.

1 비주얼 스튜디오를 켜고 '프로젝트/솔루션 열기'를 누릅니다.

2 '프로젝트 열기' 창에서 C:\Projects\intro\UltimateBaseball\UltimateBaseball 폴더로 이동합니다.

3 UltimateBaseball.sln 파일을 선택합니다.

숫자야구 프로젝트를 불러왔다면 Program.cs에 다음 코드를 추가해야 합니다. 다음 쪽의 [코드 3-5]를 참고해서 추가하세요.

숫자야구 프로젝트를 불러온 후, Program.cs 파일이 텍스트 편집기에 보이지 않는다면, 127쪽 2번 항목을 참조해주세요.

새로 넣는 코드

```
19
20          Console.WriteLine("> 수비수가 고른 숫자");
21          Console.WriteLine(3);
22          Console.WriteLine(1);
23          Console.WriteLine(9);
```

```
1    using System;
2
3    namespace UltimateBaseball
4    {
5      class Program
6      {
7        static void Main(string[] args)
8        {
9          Console.WriteLine("+-----------------------------------------------+");
10         Console.WriteLine("¦              궁극의 숫자야구 게임                ¦");
11         Console.WriteLine("+-----------------------------------------------+");
12         Console.WriteLine("¦ 컴퓨터가 수비수가 되어 세 자릿수를 하나 골랐습니다. ¦");
13         Console.WriteLine("¦ 각 숫자는 0~9중에 하나며 중복되는 숫자는 없습니다.  ¦");
14         Console.WriteLine("¦ 모든 숫자와 위치를 맞히면 승리합니다.              ¦");
15         Console.WriteLine("¦ 숫자와 순서가 둘 다 맞으면 스트라이크입니다.        ¦");
16         Console.WriteLine("¦ 숫자만 맞고 순서가 틀리면 볼입니다.               ¦");
17         Console.WriteLine("¦ 숫자가 틀리면 아웃입니다.                        ¦");
18         Console.WriteLine("+-----------------------------------------------+");
19
20         Console.WriteLine("> 수비수가 고른 숫자");
21         Console.WriteLine(3);
22         Console.WriteLine(1);
23         Console.WriteLine(9);
24       }
25     }
26   }
```

이제 프로그램을 빌드 및 실행하세요. 혹시라도 빌드 오류가 나면 2장에서 배운 대로 수정하세요.[32쪽] 이 프로그램을 실행한 모습은 [코드 3-5 실행]과 같습니다.

```
+------------------------------------------------------+
|                   궁극의 숫자야구 게임                     |
+------------------------------------------------------+
| 컴퓨터가 수비수가 되어 세 자릿수를 하나 골랐습니다.              |
| 각 숫자는 0~9중에 하나며 중복되는 숫자는 없습니다.             |
| 모든 숫자와 위치를 맞히면 승리합니다.                        |
| 숫자와 순서가 둘 다 맞으면 스트라이크입니다.                   |
| 숫자만 맞고 순서가 틀리면 볼입니다.                         |
| 숫자가 틀리면 아웃입니다.                                |
+------------------------------------------------------+
> 수비수가 고른 숫자
3
1
9
계속하려면 아무 키나 누르십시오...
```

이 정도면 우리가 원하는 대로 출력되었습니다. 그런데 앞에서 상수에 이름을 붙이는 것은
좋은 습관이라고 했습니다. 그러니 이제 이름을 붙여보겠습니다. 우리가 입력한 코드에서
21~23번 줄을 지우고 다음 코드를 추가합니다.

코드 3-5 삭제하는 코드		새로 넣는 코드	
21	Console.WriteLine(3);	21	int number1 = 3;
22	Console.WriteLine(1);	22	int number2 = 1;
23	Console.WriteLine(9);	23	int number3 = 9;
		24	Console.WriteLine(number1);
		25	Console.WriteLine(number2);
		26	Console.WriteLine(number3);

최종 코드는 다음 쪽의 [코드 3-6]과 같습니다.

```csharp
1  using System;
2
3  namespace UltimateBaseball
4  {
5    class Program
6    {
7      static void Main(string[] args)
8      {
9        Console.WriteLine("+--------------------------------------------------+");
10       Console.WriteLine("|                  궁극의 숫자야구 게임              |");
11       Console.WriteLine("+--------------------------------------------------+");
12       Console.WriteLine("| 컴퓨터가 수비수가 되어 세 자릿수를 하나 골랐습니다. |");
13       Console.WriteLine("| 각 숫자는 0~9중에 하나며 중복되는 숫자는 없습니다. |");
14       Console.WriteLine("| 모든 숫자와 위치를 맞히면 승리합니다.              |");
15       Console.WriteLine("| 숫자와 순서가 둘 다 맞으면 스트라이크입니다.       |");
16       Console.WriteLine("| 숫자만 맞고 순서가 틀리면 볼입니다.                |");
17       Console.WriteLine("| 숫자가 틀리면 아웃입니다.                          |");
18       Console.WriteLine("+--------------------------------------------------+");
19
20       Console.WriteLine("> 수비수가 고른 숫자");
21       int number1 = 3;
22       int number2 = 1;
23       int number3 = 9;
24       Console.WriteLine(number1);
25       Console.WriteLine(number2);
26       Console.WriteLine(number3);
27     }
28   }
29 }
```

어떤가요? 컴퓨터가 고른 숫자까지 출력해보니 왠지 숫자야구 게임에 더 가까워진 것 같죠? 하지만 언제나 수비수의 숫자가 같으니 게임이 지루하겠네요. 이 문제는 차차 고쳐가도록 하겠습니다. 그러면 이번 장에서 배운 내용을 정리한 뒤 다음 장으로 넘어가도록 하겠습니다.

chapter 3에서 배운 내용

* 상수란 변하지 않는 값입니다.
* 상수의 종류에는 정수형, 실수형, 문자열형이 있습니다.
* 정수형은 소수점이 없는 숫자를 나타내며 이름 앞에 `int`를 붙입니다.
* 실수형은 소수점이 있는 숫자를 나타내며 이름 앞에 `double`을 붙입니다.
* 문자열형은 문장을 나타내며 이름 앞에 `string`을 붙입니다.
* 상수에 이름을 붙입시다.

이번 장에서 배운 내용을 복습하는 의미에서 간단한 문제를 몇 개 풀어보겠습니다. 언제나 그렇듯 기초문제의 풀이는 부록에 실려 있습니다.

3-1 다음 값의 상수의 종류는 무엇일까요?

1. 314

2. "314"

3. 24.78

4. "24.78"

5. "우하하"

3-2 다음 코드를 실행하면 어떤 결과가 나올까요?

```
1    using System;
2
3    namespace Constant
4    {
5      class Program
6      {
7        static void Main(string[] args)
8        {
9          string name = "홍길동";
10         Console.Write("이름: ");
11         Console.WriteLine(name);
12
13         int age = 23;
14         Console.Write("나이: ");
15         Console.WriteLine(age);
16       }
17     }
18   }
```

> **C:\ 실행 화면**

3-3 다음 실행 화면처럼 출력하려고 합니다.

⌨ 실행 화면

문자열 출력
23.31
출력 성공

다음 코드의 **❶**, **❷**, **❸** 에 어떤 코드를 넣어야 할까요?

```
1   using System;
2
3   namespace Constant
4   {
5     class Program
6     {
7       static void Main(string[] args)
8       {
9                      ❶
10        Console.WriteLine(stringOut);
11
12        double number1 = 23.31;
13                     ❷
14
15                     ❸
16        Console.WriteLine(success);
17      }
18    }
19  }
```

심화문제

심화문제는 따로 풀이를 제공하지 않습니다. 각자의 방법대로 문제를 해결해보세요. 질문은 저자의 블로그를 이용해주세요(들어가기 전에 5쪽을 참조하세요).

3-1 다음 코드는 상수를 그대로 사용해서 출력하고 있습니다. 상수에 이름을 붙이고 그 이름을 사용하도록 수정하세요.

(**힌트**: 정수형은 int, 실수형은 double, 문자열은 string을 사용하세요.)

```
1   using System;
2
3   namespace Constant
4   {
5     class Program
6     {
7       static void Main(string[] args)
8       {
9         Console.WriteLine(286);
10        Console.WriteLine(3.141592);
11        Console.WriteLine("문자열도 있음");
12      }
13    }
14  }
```

3-2 다음 코드에는 오류가 있어 빌드가 되지 않습니다. 그 문제를 고치세요.

```
1   using System;
2
3   namespace Constant
4   {
5     class Program
6     {
7       static void Main(string[] args)
8       {
9         int number1 = 22.7;
10        Console.WriteLine(number1);
11
12        double number2 = -13;
13        Console.WriteLine(number2);
14      }
15    }
16  }
```

chapter 4

내 맘대로 값을 바꾸고 싶다면,
변수 그리고 연산

chapter4에서는 -

4장의 키워드는 변수와 연산입니다. 4장에서 배울 내용은 다음과 같습니다.

+ 컴퓨터의 연산
+ 변수
+ 디버깅

컴퓨터가 연산하는 방법을 알아보고 프로그래밍에서 정말 많이 쓰이는 변수 개념도 배울 겁니다. 아울러 프로그램이 제대로 작동하지 않을 때 무엇이 문제인지 진단할 수 있는 디버깅의 기초도 배우겠습니다.

01 컴퓨터란 무엇인가?

3장에서 상수와 값의 종류에 대해 알아봤습니다. 하지만 이것만으로는 뭔가 부족해 보이는 군요. 상수로는 화면에 미리 정해진 값을 보여주는 일 외에는 막상 할 수 있는 일이 거의 없 거든요. 그럴 거면 그냥 스마트폰에 전광판 앱을 내려받아 쓰지 귀찮게 왜 컴퓨터를 쓸까요?

잠깐만... 그런데 컴퓨터가 뭐죠? 컴 퓨터도 외래어이니 사전적 의미를 좀 살펴보도록 하겠습니다.

컴퓨터^{computer}는 '계산하다'라는 뜻 의 compute 동사에 '사람', '행위자' 를 뜻하는 접미사 −er을 붙여서 만 든 단어입니다. '계산하는 녀석이니

그럼 계산기네!'라고 생각했나요? 아쉽지만 그건 아닙니다. 우리가 아는 계산기는 영어로 calculator입니다. 계산기[calculator] 역시 '계산하다'라는 뜻의 calculate 동사에 '사람', '행위자'를 뜻하는 접미사 −or을 붙인 거죠.

compute와 calculate는 영어 뜻만으로는 같은 의미처럼 보이죠? 하지만 실제 영어권에서는 미묘한 차이가 있어 단순한 계산에 calculate를, 복잡한 계산에 compute를 씁니다.

컴퓨터에 비해 역사가 긴 계산기는 기본 사칙연산(덧셈, 뺄셈, 곱셈, 나눗셈) 정도만 할 수 있습니다. 사실 컴퓨터도 계산기처럼 수학 계산을 하는 데 쓰려고 고안된 기기입니다. 하지만 계산기보다 뒤에 만들었으니 조금 더 복잡한 일도 처리하기를 기대했겠죠? 컴퓨터와 계산기의 결정적인 차이는 계산기가 정해진 기능만을 사용한다면 컴퓨터는 사용자(프로그래머)가 기능을 개선하거나 추가할 수 있다는 데 있습니다.

이렇게 컴퓨터가 계산기보다 복잡하고 다양한 일을 할 수 있는 이유는 고성능 전자회로를 내장하고 있기 때문입니다. 따라서 굳이 컴퓨터의 정의를 내리자면 '고성능 전자회로를 내장한 자동 계산기' 정도겠네요.

컴퓨터로 계산을 할 수 있다는 건 알겠는데 왜 굳이 계산기가 아닌 컴퓨터로 계산을 할까요? 그것은 컴퓨터는 계산기로 할 수 없는 일도 할 수 있기 때문입니다. 지금 컴퓨터를 켜서 계산기 프로그램을 한번 실행시켜보죠. [Ctrl] 키와 [Alt] 키 사이에 있는 ⊞ 키를 누른 다음, 시작메뉴에서 '계산기'라고 입력한 뒤 [Enter] 키를 누르면 계산기 프로그램이 실행됩니다.

그림 4-1 윈도우 10에서 계산기 찾기   그림 4-2 윈도우 내장 계산기 프로그램

실제 계산기와 비슷하죠? 이처럼 컴퓨터는 계산기의 모습도 있지만 계산기와 다르게 계산 외에도 검색을 하거나 학교에 숙제로 제출할 문서를 작성하거나 게임을 하는 등 다양한 일을 할 수 있습니다. 그런데 이런 프로그램을 만들려면 사칙연산만으로는 힘들겠죠? 따라서 다른 기능이 추가로 필요한데 컴퓨터에서는 이렇게 추가로 필요한 다른 기능과 사칙연산을 모두 포괄해서 연산이라고 부릅니다.

02 사칙연산, 연산의 기본

자, 그럼 연산이란 걸 한번 해봅시다. 연산 중에 가장 기초인 사칙연산부터 살펴보겠습니다. 우리가 자주 쓰는 사칙연산 기호(+, −, ×, ÷)를 키보드에서 찾아볼까요? 어라? 덧셈 기호와 뺄셈 기호밖에 없죠? 그렇다면 곱셈 기호와 나눗셈 기호는 어디에 있을까요? 프로그래밍에서 곱셈 기호는 *별표, 나눗셈 기호는 /슬래시를 사용합니다. 그러면 수식을 컴퓨터 프로그래밍으로 표현하는 법을 알아보겠습니다.

- 10 × 10

이 수식을 프로그램으로 짤 때는 다음과 같은 방식으로 표현합니다.

프로그래밍에서 곱셈

```
10 * 10
```

뭐, 표현하는 방법(기호)만 달라졌을 뿐 전혀 어려울 게 없죠? 다른 사칙연산도 별로 다를 바가 없습니다.

- 10 + 90 → 10 + 90
- 110 − 10 → 110 - 10
- 84 ÷ 10 → 84 / 10

이 수식에서 왼쪽이 수학에서 사용하는 방식, 오른쪽이 프로그램에서 사용하는 방식입니다. 나눗셈을 생각해보죠. 나눗셈을 하면 몫과 나머지가 나옵니다. 예를 들어 25 ÷ 4를 한다면 몫은 6, 나머지는 1입니다. 그럼 방금 예에서의 84 / 10은 뭘까요? 프로그래밍에서 /나눗셈 연산은

몫만을 계산하는 연산입니다. 따라서 결과는 8입니다. 그렇다면 나머지는 어떻게 구할까요? 나머지는 %^{퍼센트}를 쓰면 됩니다. 사용법은 다른 사칙연산과 같습니다.

프로그래밍에서 나눗셈의 나머지

```
84 % 10
```

이 식의 결과는 나머지만 구하는 연산이므로 당연히 4입니다. 수학에서는 기호라는 표현도 사용하지만 '연산자^{operator}'라고도 하지요? 프로그래밍에서는 연산자라는 표현을 더 자주 사용합니다. 앞으로 이 책에서는 기호 대신에 연산자라는 용어를 사용하겠습니다.

자, 그럼 코드로 표현해볼까요? 새로운 장이니 새 폴더와 프로젝트를 만듭시다. 프로젝트의 이름은 Operators로, 경로는 C:\Projects\intro\04로 하겠습니다.

먼저 Operators 프로젝트의 결과물을 보겠습니다. [코드 4-1 실행]입니다. 앞서 설명한 연산자가 모두 있죠? 사칙연산만이 아니라 나머지 연산의 결과까지도 정확히 나왔죠? 이제 여러분도 컴퓨터를 계산기처럼 사용할 수 있게 됐습니다. 잠깐! 근데 컴퓨터는 계산기 이상의 일을 할 수 있다고 했는데 그냥 이렇게 넘어가면 안 되겠군요. 사칙연산 외에 다른 연산도 한번 해봅시다.

코드 4-1 실행

```
100 + 10 = 110
100 - 10 = 90
100 * 10 = 1000
84 / 10 = 8
84 % 10 = 4
계속하려면 아무 키나 누르십시오...
```

먼저 다른 연산을 하기 전에 2장에서 배웠던 Console.WriteLine() 함수[[각주]]를 사용해 사칙연산 및 나머지 연산을 코드로 표현하겠습니다. Operators 프로젝트의 Program.cs에 [코드 4-1]의 9~18번 줄을 입력하세요.

코드 4-1 사칙연산

```
1   using System;
2
3   namespace Operators
4   {
5     class Program
6     {
7       static void Main(string[] args)
8       {
9         Console.Write("100 + 10 = ");
10        Console.WriteLine(100 + 10);
11        Console.Write("100 - 10 = ");
12        Console.WriteLine(100 - 10);
13        Console.Write("100 * 10 = ");
14        Console.WriteLine(100 * 10);
15        Console.Write("84 / 10 = ");
16        Console.WriteLine(84 / 10);
17        Console.Write("84 % 10 = ");
18        Console.WriteLine(84 % 10);
19      }
20    }
21  }
```

이제 프로그램을 빌드 및 실행합시다. 어떤가요? 여러분의 실행 결과도 왼쪽 [코드 4-1 실행]과 같나요?

03 문자열 연산

이상한 소리 같겠지만 숫자만 더할 수 있는 건 아닙니다. 3장에서 배웠던 문자열^{string}도 더할 수 있습니다. 네, 정말 이상하게 들리죠? 그런데 '더한다'라는 말 대신에 '합친다' 또는 '추가한다'라고 표현하면 어떨까요? 그러면 좀 더 이해하기가 쉽나요?

다음 코드는 [코드 4-1]에 문자열을 더하는 연산을 추가한 것입니다.

코드 4-2 사칙연산 및 문자열 연산

```
1    using System;
2
3    namespace Operators
4    {
5      class Program
6      {
7        static void Main(string[] args)
8        {
9          Console.Write("100 + 10 = ");
10         Console.WriteLine(100 + 10);
11         Console.Write("100 - 10 = ");
12         Console.WriteLine(100 - 10);
13         Console.Write("100 * 10 = ");
14         Console.WriteLine(100 * 10);
15         Console.Write("84 / 10 = ");
16         Console.WriteLine(84 / 10);
17         Console.Write("84 % 10 = ");
18         Console.WriteLine(84 % 10);
19
20         Console.WriteLine("글" + "붙여쓰기");
21       }
22     }
23   }
```

20번 줄에 문자열을 더한 게 보이죠? 우리 코드에도 [코드 4-2]의 19~20번 줄을 입력 후 프로그램을 빌드 및 실행합시다.

코드 4-2 실행

```
100 + 10 = 110
100 - 10 = 90
100 * 10 = 1000
84 / 10 = 8
84 % 10 = 4
글붙여쓰기
계속하려면 아무 키나 누르십시오...
```

+덧셈 연산자로 두 문자열을 하나로 합친 게 보입니다. 이런 식으로 덧셈 연산자를 사용하면 둘 이상의 문자열을 하나로 합칠 수 있습니다. 근데 -뺄셈 연산자를 이용해서 문자열을 뺄 수도 있을까요? 한번 시도해볼까요? 방금 보여드렸던 코드 마지막 줄에 문자열을 빼는 코드를 추가해보겠습니다.

코드 4-3 잘못된 문자열 연산

```
1    using System;
2
3    namespace Operators
4    {
5      class Program
6      {
```

이 부분은 왼쪽 [코드 4-2]와 같습니다.

```
18         Console.WriteLine(84 % 10);
19
20         Console.WriteLine("글" + "붙여쓰기");
21
22         Console.WriteLine("글붙여쓰기" - "붙여쓰기");
           // 문자열에는 '-'연산자가 없어서 오류!
23       }
24    }
25  }
```

비주얼 스튜디오에서는 한 줄로 입력하세요.

이처럼 번호가 없는 줄은 윗줄에 이어서 입력해주세요.

```
20                Console.WriteLine("글" + "붙여쓰기");
21
22                Console.WriteLine("글붙여쓰기" - "붙여쓰기");    // 문자열에는 '-'연산자가 없어서 오류!
23        }
```

그림 4-3 잘못된 문자열 연산으로 빨간 밑줄이 생긴 모습

음... - 밑에 빨간 밑줄이 생기는군요. 앞에서 이야기했듯이 프로그램에 문제가 있으면 빨간 밑줄이 생깁니다. 그래도 한번 빌드해보겠습니다. 그런데 매번 메뉴의 '빌드'를 눌러 하위 메뉴의 '솔루션 빌드'를 누르기가 번거롭네요. 단축키를 한번 사용해봅시다. '솔루션 빌드'의 단축키는 Ctrl + Shift + B 입니다.

```
1>C:\Projects\intro\04\Operators\Operators\Program.cs(22,31,22,47): error CS0019:
'-' 연산자는 'string' 및 'string' 형식의 피연산자에 적용할 수 없습니다.
```

이런 오류가 나오는 것을 볼 수 있습니다. 문자열에는 뺄셈 연산자를 못 쓴다고 하는군요. 솔직히 문자열에서 덧셈 외에 다른 연산이 가능하다는 게 말이 안 되지 않나요? 문자열을 곱해도 이상하고 나누는 것도 마찬가지입니다. 뺄셈은 그나마 가능할 것도 같은데 뭘 어떻게 뺄지 감이 잘 안 잡힙니다. 만약에 '안녕하십니까'에서 '까'를 뺀다면 '안녕하십니'가 되겠죠. 하지만 '안녕하세요'를 뺀다면 어떻게 해야 할까요? 이건 쉽게 답이 나오지 않는 문제라서 문자열에는 뺄셈 연산 자체가 없는 겁니다.

이 정도면 문자열 연산도 충분히 알아본 듯하니 다음 주제로 넘어가 보죠. 바로 변수입니다.

04 변수란 무엇인가?

변수^{variable}란 '바꾸다, 바뀌다, 변화하다'라는 뜻을 가진 vary라는 동사에 '~할 수 있는'이라는 뜻을 가진 able을 붙여서 만든 단어입니다. '다양한'이란 뜻을 가진 various 단어도 vary에서 파생한 단어죠. 이런 사전적 의미로부터 유추해보자면 변수란 '바뀔 수 있는 무언가'입니다.

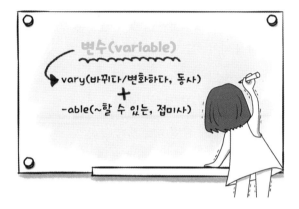

그런데 변수라는 단어가 꼭 숫자만을 의미하는 것 같지만 반드시 그렇지만은 않습니다. 프로그래밍에서는 변할 수 있는 문자열 또한 변수라고 칭합니다. 3장에서 배운 상수^{constant}처럼 수학에서 쓰는 용어인 변수를 빌려왔기 때문에 마치 숫자에 한정된 것처럼 느낄 수 있겠지만, 문자열도 포함한다는 사실을 꼭 기억해주세요.

변수의 예를 하나 들어볼까요? 사과 세 개가 들어 있는 바구니가 있습니다. 이 바구니에 사과 세 개를 더 추가하면 사과의 총 개수는 여섯 개입니다. 이처럼 바구니 안에 담겨 있는 사과의 수가 변하니 바구니를 변수라 할 수 있습니다.

다른 예로 연필을 이용해 공책에 글을 쓴다고 합시다. 그러면 글을 쉽게 적거나 지울 수 있겠죠? 따라서 이때는 공책이 문자열을 담는 변수입니다. 이렇듯 변수는 필요에 따라 여러 가지 값을 넣을 수 있는 저장소입니다.

3장에서 상수에 이름을 붙이는 방법을 배웠습니다.[58쪽] 값을 저장할 수 있는 저장소, 즉 변수를 만들 때도 똑같은 방법을 사용합니다.

사실 이름을 붙이지 않으면 변수를 사용할 방법이 없습니다. 왜냐하면 값이 변할 때마다 새로운 값을 기억해 놔야 하는데 코드 안에 숫자를 직접 입력하면 그럴 수 없기 때문이죠. 따라서 상수에 이름을 붙여주는 것을 그냥 '변수를 선언한다'라고 하기도 합니다.* 변수

의 종류도 상수와 동일합니다. 따라서 첫 예로 든 바구니는 숫자만 넣을 수 있는 정수형 변수이고, 두 번째 예로 든 공책은 글자만 넣을 수 있는 문자열 변수입니다. 이해를 돕기 위해 3장에서 사용했던 코드를 다시 살펴보겠습니다.

새로운 프로젝트를 하나 만듭시다. 프로젝트 이름은 Variable, 경로는 아까와 동일한 C:\Projects\intro\04로 하겠습니다. [코드 4-4]의 9~12번 줄을 Variable 프로젝트의 Program.cs에 입력하세요.

---

* 사실 변수와 상수의 차이점은 값이 변할 수 있는지 여부뿐입니다. 변수를 선언할 때 const 키워드를 추가해 값을 못 바꾸도록 강제하는 법이 있으나 이 책에서는 자세히 다루지 않겠습니다.

```
1   using System;
2
3   namespace Variable
4   {
5     class Program
6     {
7       static void Main(string[] args)
8       {
9         string appleCountDescription = "바구니 안에 담긴 사과의 개수: ";
10        Console.Write(appleCountDescription);
11        int appleCount = 12;
12        Console.WriteLine(appleCount);
13      }
14    }
15  }
```

아까 빌드의 단축키를 익혔지요? 이번에는 실행도 단축키로 해봅시다. 실행의 단축키는
 Ctrl + F5 입니다. 다음은 프로그램을 빌드 및 실행한 결과입니다.

```
바구니 안에 담긴 사과의 개수: 12
계속하려면 아무 키나 누르십시오...
```

[코드 4-4]에서 appleCountDescription과 appleCount가 변수입니다. 지금 이 예제만으
로는 상수와 변수가 무슨 차이가 있는지 모르겠다고요? 그래서 연산을 추가해봤습니다.

```
1   using System;
2
3   namespace Variable
4   {
5     class Program
6     {
7       static void Main(string[] args)
8       {
9         string appleCountDescription = "바구니 안에 담긴 사과의 개수: ";
10        Console.Write(appleCountDescription);
11        int appleCount = 12;
12        Console.WriteLine(appleCount);
13
14        appleCount = appleCount - 2;
15        appleCountDescription = "내가 먹고 난 뒤에 " + appleCountDescription;
16
17        Console.Write(appleCountDescription);
18        Console.WriteLine(appleCount);
19      }
20    }
21  }
```

[코드 4-5]와 같이 수정한 후 빌드 및 실행을 하면 다음과 같은 결과가 나옵니다.

```
바구니 안에 담긴 사과의 개수: 12
내가 먹고 난 뒤에 바구니 안에 담긴 사과의 개수: 10
계속하려면 아무 키나 누르십시오...
```

어라? 원래 사과의 개수가 12개였는데 10개가 되었다고 나오네요? [코드 4-5]의 14번 줄을 보면 사과의 수를 빼는 코드가 있습니다.

```
14        appleCount = appleCount - 2;
```

이 코드는 appleCount에서 2를 뺀 결괏값을 다시 appleCount에 저장한다는 의미입니다. 즉, appleCount를 2만큼 감소시키라는 뜻이죠.

그런데 원래 appleCount의 값이 뭐였죠? [코드 4-5]를 11번 줄을 다시 보니 12이었습니다. 따라서 여기서 2를 빼면 appleCount가 10이 되어야겠죠. 조금 더 확실히 이해할 수 있도록 이 과정을 차례대로 보여드리겠습니다. 다음은 [코드 4-5]의 11~12번 줄과 14번 줄입니다.

```
11        int appleCount = 12;
12        Console.WriteLine(appleCount);

14        appleCount = appleCount - 2;    appleCount(12)에서 2를 빼고,
                                          결괏값(10)을 다시 appleCount에 넣습니다.
```

별로 어렵지 않죠? 근데 변수를 쓸 때 초보자들은 다음과 같은 실수를 가끔 합니다.

잘못된 변수 사용법

```
appleCount - 2 = appleCount;
```

'appleCount에서 2를 뺀 뒤 다시 appleCount에 저장한다'라는 말을 순서대로 수식으로 쓰면 당연히 위처럼 되겠죠? 하지만 프로그래밍 언어에서는 어느 변수에 결괏값이 들어가는지 한눈에 딱 보이게 하기 위해 최종 결괏값을 가지는 변수를 왼쪽에 쓴다고 기억해주세요. 즉, 코드에 =^{등호}가 있으면 그 오른쪽에 있는 수식을 계산해서 왼쪽에 넣는다고 생각합시다. 그럼 = 왼쪽에는 뭐가 온다고요? 값이 변할 수 있는 것은 변수뿐이니 변수밖에 못 오죠. 그래서 다음 쪽의 [코드 4-6]과 같은 코드는 실행이 되지 않습니다.

새로운 프로젝트를 하나 만듭시다. 이번에는 프로젝트 이름을 WrongVariable이라고 합시다. 경로는 C:\Projects\intro\04입니다. 그리고 [코드 4-6]을 입력하세요.

코드 4-6 상수에는 값을 넣을 수 없어 오류가 나는 코드

```
1    using System;
2
3    namespace WrongVariable
4    {
5      class Program
6      {
7        static void Main(string[] args)
8        {
9          int appleCount = 12;
10         10 = appleCount;          // = 왼쪽에는 변수만 올 수 있어서 오류!
11        }
12      }
13   }
```

코드를 입력했으니 프로그램을 실행해볼까요? 예상한대로 오류가 뜨나요? 오류가 발생한 10번 줄을 보면 **10**을 **appleCount**에 넣는 게 아니라 **appleCount**를 **10**에 넣었습니다. 하지만 **10**은 상수이니 이 코드는 불가능합니다.

또 하나 주의할 점은 변수에 아무것도 넣지 않고 출력을 해서도 안 됩니다.*

이해를 돕기 위해 [코드 4-7]처럼 코드를 수정해봅시다.

---

* 이런 변수를 초기화가 안된 변수라고 합니다.

```
1    using System;
2
3    namespace WrongVariable
4    {
5      class Program
6      {
7        static void Main(string[] args)
8        {
9          int appleCount = 12;
10         int pearCount;
11
12         Console.WriteLine(appleCount);
13         Console.WriteLine(pearCount); // 변수에 값을 넣지 않고 사용해서 오류!!
14       }
15     }
16   }
```

그럴듯하지만 이 코드도 실행이 되지 않습니다. 아니, 빌드조차 안 되죠. 왜 일까요? 변수는 반드시 값이 있어야 한다고 했습니다. 9번 줄의 **appleCount**는 12가 들어 있는데 10번 줄의 **pearCount**에는 아무 값도 들어 있지 않는 게 보이죠? 그래서 이 코드도 실행이 되지 않는 겁니다.

자, 그럼 이 정도면 변수의 기본에 대해 배운 듯하니 유용한 팁을 하나 알려드리겠습니다. 특히 변수를 사용할 때 유용한 팁인데, 변수를 쓰지 않는 프로그램은 거의 없으니 프로그래밍을 할 때라면 언제나 유용한 팁이 되겠군요. 바로 디버깅입니다.

05 디버깅: 버그를 잡아보자

여기까지 예제를 잘 따라 한 독자라면 누구나 쉽게 프로그램을 빌드하고 실행할 수 있을 겁니다. 그런데 프로그램 실행 중에 **appleCount** 변수에 들어 있는 값을 알고 싶다면 어떻게 해야 할까요? 물론 **Console.WriteLine()** 함수를 이용해서 값을 출력할 수도 있습니다. 하지만 어떤 변수의 값을 찾고 싶을 때마다 출력하면 화면이 지저분해지고 코드를 수정할 때마다 프로그램을 다시 빌드해서 실행해야 하니 그다지 효율적이지도 않죠. 이때 필요한 게 바로 디버깅입니다. 디버깅 기능을 이용하면 이와 같은 일을 쉽게 할 수 있습니다.

디버그와 디버깅

디버깅^{debugging}이라는 단어는 분리, 제거, 감소를 뜻하는 de-라는 접두사에 벌레를 뜻하는 bug를 합친 단어에 행위를 뜻하는 ~ing를 붙인 동명사입니다. 한마디로 디버깅은 벌레를 없애는 행위를 뜻합니다. 응? 프로그래밍을 배우다가 왜 갑자기 벌레 얘기가 나왔

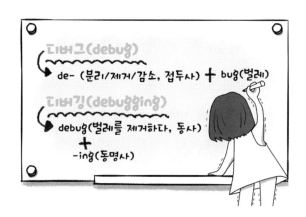

냐고요? 먼저 디버그와 디버깅이라는 단어의 유래를 한번 알아봅시다.

1945년에 그레이스 호퍼라는 컴퓨터 과학자가 컴퓨터 프로그램이 오작동하는 원인을 찾고 있었는데 그 원인이 컴퓨터 안쪽에 들어가 합선을 일으킨 나방때문이었죠. 네, 여러분이 생각하는 그 날아다니는 나방이 맞습니다(그림 4-4가 그 역사적인 나방입니다). 그 뒤로는 프로그램의 문제점을 '버그', 이것을 없애는 것을 '디버그'라 부르게 되었습니다.

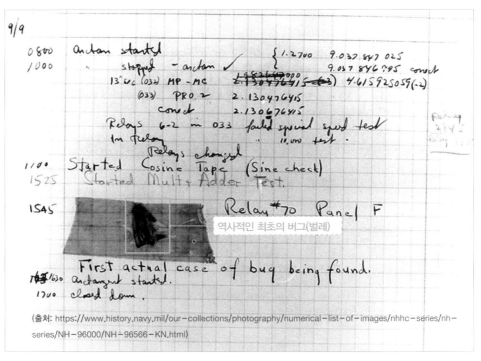

(출처: https://www.history.navy.mil/our-collections/photography/numerical-list-of-images/nhhc-series/nh-series/NH-96000/NH-96566-KN.html)

그림 4-4 최초의 버그

버그를 잡는 일은 프로그램을 만드는 과정에서 꼭 필요합니다. 현업에서는 프로그램을 만드는 기간보다 디버깅 기간을 더 길게 산정하기도 하죠. 디버깅을 제대로 안 하면 최종 사용자가 귀찮아집니다. 갑자기 프로그램이 꺼져서 작성 중인 문서가 날아가거나 게임 도중에 문제가 생겨서 더 이상 진행을 못했던 경험이 있나요? 이런 것들이 전부 버그입니다. 한동안 윈도우 사용자를 모두 공포에 떨게 했던 블루스크린도 있겠네요. 이런 버그를

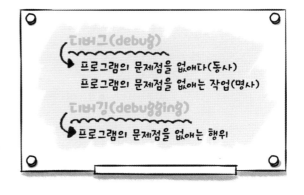

최대한 줄여야 소프트웨어의 품질이 올라가고 사용자들의 불만도 줄어들겠죠.

중단점

이런 버그를 잡기 위해 사용하는 게 디버깅 기능인데 우리가 사용하는 비주얼 스튜디오에도 매우 편리한 디버깅 기능이 있습니다. 일단 간단한 기능만 알아볼까요? Variable 프로젝트를 다시 열어봅시다.

우리가 만든 변수 appleCount에 실제로 12를 저장했는지 궁금합니다. 이를 확인하려면 어떻게 해야 할까요? appleCount에 12를 저장하는 순간을 볼 수 있으면 참 좋을 것 같네요.

비주얼 스튜디오에서는 이러한 순간을 볼 수 있는 기능을 제공합니다. 바로 중단점breakpoint이라는 기능입니다. 중단점은 프로그램 실행을 멈출 수 있게 해주고 프로그래머가 원하는 위치에 설정할 수 있습니다. 이렇게 말하고 나니 글보다는 실제로 보는 편이 더 이해가 쉬울 것 같네요.

```
Program.cs ⊕ ×
C# Variable                                      ▼  ⭐ Variable.Program                          ▼
     1        using System;
     2
     3      ⊟namespace Variable
     4       {
     5      ⊟    class Program
     6           {
     7      ⊟        static void Main(string[] args)
     8               {
     9                   string appleCountDescription = "바구니 안에 담긴 사과의 개수: ";
    10                   Console.Write(appleCountDescription);
    11                   int appleCount = 12;
    12                   Console.WriteLine(appleCount);
        ┌ 중단점(빨간색)
    14                   appleCount = appleCount - 2;
    15                   appleCountDescription = "내가 먹고 난 뒤에 " + appleCountDescription;
    16
    17                   Console.Write(appleCountDescription);
    18                   Console.WriteLine(appleCount);
    19               }
    20           }
    21       }
```

그림 4-5 중단점 설정

[그림 4-5]에서 11번 줄 왼쪽에 빨간 점이 보이죠? 이걸 중단점이라고 합니다. 저기에 어떻게 중단점을 넣었냐고요? 11번 줄에 키보드 커서를 위치시킨 뒤 F9 를 누르거나 그림에서 빨간 점이 보이는 곳을 마우스로 클릭하면 중단점이 생깁니다. 이 중단점을 없애려면 다시 한번 F9 를 눌러주거나 마우스를 클릭하면 됩니다.

디버깅 시작하기

자, 11번 줄에 중단점을 넣었다면 이제 사용을 해봅시다. 지금까지 프로그램을 실행할 때는 메뉴 '디버그'의 하위 메뉴에서 '디버그를 하지 않고 시작'을 누르거나 단축키인 Ctrl + F5 를 사용했습니다. 그러나 이제는 디버그를 해야 하기 때문에 다음의 순서를 따라 합니다.

1 프로그램을 빌드합니다.

2 빌드가 성공했다면 메뉴의 ❶ '디버그'를 누른 다음 하위 메뉴에서 ❷ '디버깅 시작'을 선택합니다. 혹은 '디버깅 시작'의 단축키인 F5 를 누릅니다.

이렇게 중단점이 설정된 상태에서 디버깅을 시작하면 다음 쪽의 [그림 4-6]처럼 중단점이 있는 위치에서 프로그램 실행이 잠시 멈춥니다. 프로그램이 멈췄기 때문에 콘솔 창은 보이지 않지만 비주얼 스튜디오 내부에 처음 보는 창들이 보이는군요? 이 창들이 무슨 일을 하는지는 알 필요 없으니 그냥 무시합시다.

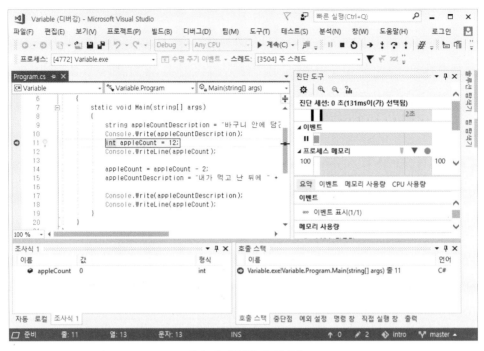

그림 4-6 디버깅을 시작한 모습

실제로 프로그램이 어디서 멈췄는지 확인하는 방법은 노란색 화살표를 찾는 것입니다. 현재는 11번 줄에 노란색 화살표가 있네요. 여기서 F10 을 누르면 한 줄씩 코드를 실행할 수 있고 프로그램을 계속 진행하려면 F5 를 누르면 됩니다. 말로만 설명하니 이해가 잘 안되죠? 다음 그림을 봐주세요.

```
1      using System;
2
3    □namespace Variable
4     {
5    □   class Program
6        {
7    □       static void Main(string[] args)
8            {
     노란색 화살표    string appleCountDescription = "바구니 안에 담긴 사과의 개수: ";
10                  Console.Write(appleCountDescription);
11                  int appleCount = 12;
12                  Console.WriteLine(appleCount);
13
```

그림 4-7 11번 줄에서 프로그램이 멈춰 있는 상태

```
 1      using System;
 2
 3    □namespace Variable
 4    │ {
 5    │ □   class Program
 6    │ │   {
 7    │ │ □     static void Main(string[] args)
 8    │ │       {
 9    │ │           string appleCountDescription = "바구니 안에 담긴 사과의 개수: ";
    │ 노란색 화살표   Console.Write(appleCountDescription);
10
●11   │ │           int appleCount = 12;
⇩12   │ │           Console.WriteLine(appleCount);   경과 시간 1ms 이하
13
```

그림 4-8 [그림 4-7]에서 F10 을 한 번 누른 상태

[그림 4-7]과 [그림 4-8]에서 화면 제일 왼쪽에 있는 노란색 화살표가 보이죠? 저 화살표가 바로 다음 번에 실행할 줄입니다. 그런데 이렇게 한 줄씩 코드를 실행해서 뭘 할 수 있는 걸까요? 매우 다양한 일을 할 수 있지만 이 장에서는 변수의 값을 실시간으로 확인할 수 있는 기능만 알려드리겠습니다. 일단 마우스 커서를 코드 12번 줄의 **appleCount** 위로 올려 봅시다.

그림 4-9 디버깅 중에 변수 위에 마우스 커서를 올렸을 경우

현재 변수의 값이 보이는군요! 하지만 모든 변수를 일일이 이렇게 살펴보기엔 꽤 불편할 겁니다. 비주얼 스튜디오에서 지원하는 자동 창, 로컬 창, 조사식 창을 사용하면 이런 불편을 해소할 수 있습니다. 프로그램 실행이 멈춘 중단점 상태에서 화면의 아래쪽 중앙을 살펴봐 주세요.

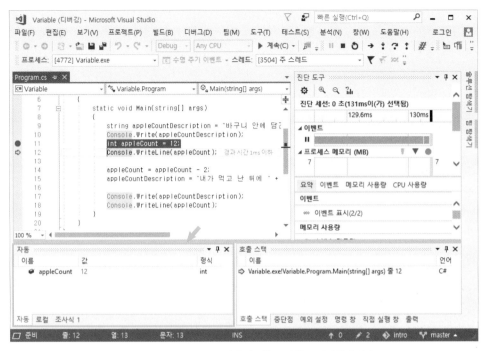

그림 4-10 비주얼 스튜디오에서 자동 창, 로컬 창, 조사식 창의 위치

텍스트 편집기의 왼쪽 아래에 화살표로 표시한 부분이 보이죠? 이 부분을 잘 살펴보면 세 가지 창을 찾을 수 있습니다.

그림 4-11 자동 창

'자동' 창은 우리가 관심을 가질 법한 변수만을 비주얼 스튜디오가 스스로 추려서 보여주는 창입니다.

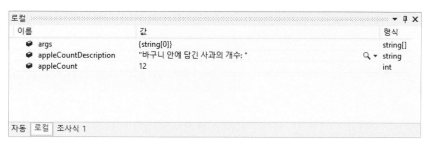

그림 4-12 로컬 창

'로컬' 창 역시 비주얼 스튜디오가 자동으로 변수의 값을 보여줍니다. 자동 창과는 다르게 여기서는 한 함수 안에 존재하는 모든 변수를 보여줍니다. 아마 잘 이해되지 않을 겁니다. 괜찮습니다. 이 책을 읽는 여러분은 로컬 창에 크게 신경 쓰지 않아도 됩니다.

자동 창과 로컬 창은 비주얼 스튜디오가 자동으로 변수의 값을 보여준다고 했습니다. 그럼 우리가 원하는 변수만 콕 찝어서 볼 수 있는 방법은 없을까요? 네, 바로 '조사식' 창에서 가능합니다. 조사식 창을 한번 봅시다.

그림 4-13 조사식 창

아직 우리가 선택한 변수가 없기 때문에 텅텅 비어 있습니다. 변수를 한번 조사식 창에 넣어봅시다. 마우스로 변수 appleCount 더블 클릭한 뒤 드래그해서 조사식 창에 넣어보세요. 아니면 빈칸에 그냥 appleCount를 입력해도 상관은 없습니다.

그림 4-14 변수 appleCount를 입력 중인 조사식 창

그림 4-15 변수 appleCount를 입력해 놓은 뒤의 조사식 창

이제 **appleCount**의 값이 보이는군요! 이런 식으로 보고 싶은 변수만 따로 넣어서 볼 수 있는 것이 조사식 창입니다.

이 세 가지 디버깅 창은 용도에 따라 골라 쓰면 됩니다. 이 책에서는 필요한 변수의 값을 확인하는 일이 대부분이니 주로 조사식 창을 사용하겠습니다.

그럼 지금까지 만들어왔던 숫자야구 게임에서 변수의 값을 바꿔볼까요? 컴퓨터가 고른 숫자를 저장하는 변수의 값을 바꿔보면 될 것 같습니다. 우리 코드에 [코드 4-8]의 28~34번 줄을 입력하세요.

코드 4-8 숫자야구 코드

```
1    using System;
2
3    namespace UltimateBaseball
4    {
5      class Program
6      {
7        static void Main(string[] args)
8        {
9          Console.WriteLine("+------------------------------------------------+");
10         Console.WriteLine("¦                  궁극의 숫자야구 게임                ¦");
11         Console.WriteLine("+------------------------------------------------+");
12         Console.WriteLine("¦ 컴퓨터가 수비수가 되어 세 자릿수를 하나 골랐습니다. ¦");
13         Console.WriteLine("¦ 각 숫자는 0~9중에 하나며 중복되는 숫자는 없습니다.  ¦");
14         Console.WriteLine("¦ 모든 숫자와 위치를 맞히면 승리합니다.             ¦");
15         Console.WriteLine("¦ 숫자와 순서가 둘 다 맞으면 스트라이크입니다.       ¦");
16         Console.WriteLine("¦ 숫자만 맞고 순서가 틀리면 볼입니다.              ¦");
17         Console.WriteLine("¦ 숫자가 틀리면 아웃입니다.                      ¦");
18         Console.WriteLine("+------------------------------------------------+");
19
20         Console.WriteLine("> 수비수가 고른 숫자");
21         int number1 = 3;
22         int number2 = 1;
23         int number3 = 9;
24         Console.WriteLine(number1);
25         Console.WriteLine(number2);
26         Console.WriteLine(number3);
```

```
27
28          Console.WriteLine("> 수비수가 다시 고른 숫자");
29          number1 = 8;
30          number2 = 2;
31          number3 = 0;
32          Console.WriteLine(number1);
33          Console.WriteLine(number2);
34          Console.WriteLine(number3);
35      }
36  }
37 }
```

[코드 4-8]을 실행하면 다음과 같은 결과가 나옵니다.

C:\ 코드 4-8 실행

```
+----------------------------------------------------+
¦                   궁극의 숫자야구 게임                  ¦
+----------------------------------------------------+
¦ 컴퓨터가 수비수가 되어 세 자릿수를 하나 골랐습니다.       ¦
¦ 각 숫자는 0~9중에 하나며 중복되는 숫자는 없습니다.        ¦
¦ 모든 숫자와 위치를 맞히면 승리합니다.                    ¦
¦ 숫자와 순서가 둘 다 맞으면 스트라이크입니다.             ¦
¦ 숫자만 맞고 순서가 틀리면 볼입니다.                      ¦
¦ 숫자가 틀리면 아웃입니다.                               ¦
+----------------------------------------------------+
> 수비수가 고른 숫자
3
1
9
> 수비수가 다시 고른 숫자
8
2
0
계속하려면 아무 키나 누르십시오...
```

컴퓨터가 골랐던 숫자를 다시 바꿔봤습니다. 수비수인 컴퓨터가 고른 숫자를 바꾸니 항상 같은 숫자가 나오는 것보다는 좀 낫군요. 그래도 이미 답을 알고 있으니 게임이 크게 재미 있지는 않을 겁니다. 컴퓨터가 제대로 숫자를 고르게 하는 방법은 10장에서 배워볼 테니 조금만 기다려주세요. 지금 당장은 처음에 변수에 값을 대입하는 방법과 대입한 값을 변경하는 방법 정도만 알면 충분합니다. 그러면 이번 장에서 배운 내용을 정리한 뒤 다음 장으로 넘어가겠습니다.

chapter4에서 배운 내용

* 컴퓨터란 고성능 전자회로를 내장한 자동 계산기입니다.
* 기본 숫자 연산으로는 사칙연산(+, −, *, /)과 나머지 연산(%)이 있습니다.
* 기본 문자열 연산으로는 덧셈 연산(+)이 있습니다.
* 변수는 값을 저장할 수 있는 저장소입니다.
* 디버깅이란 프로그램의 문제를 찾는 행위이고 디버깅 기능을 이용하면 쉽게 디버깅할 수 있습니다.

이번 장에서 배운 내용을 복습하는 의미에서 간단한 문제를 몇 개 풀어보겠습니다. 언제나 그렇듯 기초문제의 풀이는 부록에 실려 있습니다.

4-1 다음 사칙연산의 결과를 출력하는 코드를 작성하세요. 결과만 출력하세요.

1. $10 + 5$

2. $20 - 10$

3. 4×7

4. $20 \div 7$의 몫과 나머지

4-2 다음 문자열 연산의 결과를 출력하는 코드를 작성하세요.

> "안녕" + "하세요"

4-3 다음 코드는 어떤 결과를 출력할까요? 코드 실행 전에 실행 화면에 적어보세요.

```
1   using System;
2
3   namespace Variable
4   {
5     class Program
6     {
7       static void Main(string[] args)
8       {
9         int number1 = 20;
10        int number2 = 5;
11        int number3 = 3;
12        int number4 = 13;
13        int number5;
14
15        number1 = number1 + number2;
16        number2 = number3 + number4;
```

실행 화면

```
17        number4 = number1 - number4;
18        number3 = number2 / number4;
19        number5 = number2 % number4;
20
21        Console.WriteLine(number1);
22        Console.WriteLine(number2);
23        Console.WriteLine(number3);
24        Console.WriteLine(number4);
25        Console.WriteLine(number5);
26      }
27    }
28  }
```

4-4 $(4 - 2) * 16 + 2$를 구하기 위해서 다음과 같은 코드를 작성했습니다. ❶ , ❷
에 필요한 코드를 채우세요.

```
1   using System;
2
3   namespace Problems
4   {
5     class Program
6     {
7       static void Main(string[] args)
8       {
9             ❶
10        number1 = number1 * 16;
11            ❷
12
13        Console.WriteLine("(4 - 2) * 16 + 2");
14        Console.WriteLine(number1);
15      }
16    }
17  }
```

심화문제

심화문제는 따로 풀이를 제공하지 않습니다. 각자의 방법대로 문제를 해결해보세요. 질문은 저자의 블로그를 이용해주세요(들어가기 전에 5쪽을 참조하세요). 이제는 좀 더 복잡한 문제를 풀어보면 어떨까요?

4-1 중단점과 자동 창, 로컬 창, 조사식 창을 이용해서 아래 코드에서 변수 number의 값이 어떻게 변하는지 확인해보세요. number의 값은 총 4번 변합니다.

```
1   using System;
2
3   namespace Variable
4   {
5     class Program
6     {
7       static void Main(string[] args)
8       {
9         int number = 2;
10        number = number * 3;
11        number = number - 4;
12        number = number % 2;
13
14        Console.WriteLine(number);
15      }
16    }
17  }
```

4-2 주머니에 동전이 10개 들어 있습니다. 아람이에게 원하는 만큼 동전을 가져가라고 하니 손을 넣어 절반을 가져가더니 죄책감을 느꼈는지 1개를 도로 넣습니다. 그다음에는 우람이가 남은 동전의 절반을 꺼내더니 충분치 못했다 생각했던지 2개를 더 꺼내 갑니다. 아람이가 가져간 동전과 우람이가 가져간 동전 그리고 주머니에 남은 동전이 몇 개인지 출력하는 프로그램을 작성하세요.

chapter 5

실행 중인 프로그램에 명령을 내리려면,
키보드 입력

chapter5에서는

5장의 키워드는 키보드 입력입니다. 5장에서 배울 내용은 다음과 같습니다.

+ 입력이 필요한 이유

+ 키보드 입력

+ 문자열의 정수 및 실수 변환

4장에서 배운 변수와 연산을 이용하면 간단한 계산기는 쉽게 만들 수 있습니다. 단순히 두 변수를 만들어 사칙연산을 하면 되니까요. 하지만 우리가 사용하는 계산기를 만들기에는 변수와 연산만으로는 조금 부족합니다. 이번 장에서는 실행 중인 계산기에 우리가 원하는 숫자와 연산을 쓸 수 있도록 키보드에서 입력을 받는 방법을 배우겠습니다.

입력이 필요한 이유?

키보드 입력을 배우기에 앞서 number1, number2 두 변수를 더하는 프로그램을 만들어볼까요? 비주얼 스튜디오를 켜고 C:\Projects\intro\05에 새로운 프로젝트를 만들어주세요. 계산기니까 프로젝트 이름은 Calculator로 합시다. 프로젝트를 만들었다면 Program.cs 파일에 다음 코드를 입력해주세요.

코드 5-1 덧셈 연산을 하는 코드

```
1   using System;
2
3   namespace Calculator
4   {
5     class Program
6     {
7       static void Main(string[] args)
8       {
9         int number1 = 10;
10        int number2 = 5;
11        Console.Write(number1);
12        Console.Write(" + ");
13        Console.Write(number2);
14        Console.Write(" = ");
15        Console.WriteLine(number1 + number2);
16      }
17    }
18  }
```

이 코드를 실행한 결과는 [코드 5-1 실행]과 같습니다.

⌨ 코드 5-1 실행

```
10 + 5 = 15
계속하려면 아무 키나 누르십시오...
```

작은 숫자 대신 큰 숫자로도 계산해보세요. 간단히 덧셈 코드만 살펴봤는데 뺄셈이나 곱셈, 나눗셈도 쉽게 추가할 수 있겠죠? 기억나지 않는다면 4장을 다시 보고 와도 좋습니다.^{73쪽}

[코드 5-1]에서 숫자만 바꾸면 다른 계산도 할 수 있습니다. 9~10번 줄의 숫자를 바꾸고 빌드를 다시 하는 거죠. 그런데 숫자 하나 바꾸고 빌드를 새로 하는 건 좀 귀찮겠죠? 매번 빌드하는 것보다는 계산기를 따로 쓰는 게 나아 보입니다. 뭔가 더 나은 방법이 없을까요? 빌드는 한 번만 하되 원하는 숫자를 입력할 수 있으면 어떨까요? 우리가 쓰는 계산기 앱과 비슷해지겠군요.

이렇게 빌드가 끝난 프로그램에 사용자가 값을 넣어주는 것을 입력이라고 합니다. 사용자가 넣어준 값 자체도 입력이라고 합니다. 계산기에 숫자를 넣거나 워드 프로그램에 글씨를 쓰는 것 또는 웹페이지에서 로그인 버튼을 클릭하는 것까지 모두 입력입니다. 그리고 프로그램은 이렇게 받은 입력에 따라 다른 행동을 합니다.

입력을 받는 방법은 여러 가지입니다. 키보드를 누를 수도 있고 마우스로 클릭할 수도 있습니다. 스마트폰이라면 화면 터치가 입력입니다. 게임기의 조이패드도 입력을 위한 도구입니다. 컴퓨터에 사용자가 정보를 넘기는 모든 행위가 입력입니다.

이렇게 다양한 입력 방식을 모두 살펴보려면 꽤 복잡할 겁니다. 이 책에서는 컴퓨터에서 가장 기본이라 할 수 있는 키보드 입력만을 다루겠습니다.

02 키보드 입력

키보드 입력을 받을 때 사용하는 함수인 Console.Readline()를 배울 겁니다. 어? 함수 이름이 익숙하지 않나요? 앞서 화면에 글자를 출력할 때 사용하던 Console.WriteLine() 함수와 비슷하군요. Write가 Read로 바뀌었을 뿐 나머지는 다 똑같습니다.

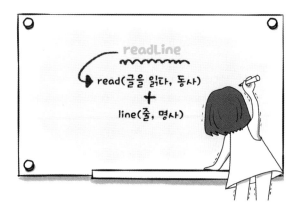

Console의 의미는 2장에서 설명했으니 ReadLine만 살펴볼까요? 다들 알고 있듯이 Read의 뜻은 '글을 읽다'입니다. Line은 '줄'입니다. 이 둘을 합친 ReadLine은 '한 줄을 읽다'라는 뜻이죠.

> **NOTE** Console.WriteLine() 함수는 '한 줄에 들어갈 글을 쓴다'는 뜻이었습니다.

그럼 함수 모양이 비슷한 Console.WritcLine() 함수와 사용법도 비슷할까요? 아쉽게도 사용법은 다릅니다. 따분하게 사용법을 설명하기 전에 일단 코드부터 작성해보겠습니다.

비주얼 스튜디오를 켜고 C:\Projects\intro\05에 새로운 프로젝트를 만들어주세요. 키보드로 입력받은 문장을 그대로 출력하는 프로그램을 작성할 계획입니다. 프로젝트 이름은 Echo로 하겠습니다. 프로젝트를 만들었다면 Program.cs 파일에 다음 쪽의 [코드 5-2]를 입력하세요. (자, 이제 '코드를 넣다'는 말 대신에 '코드를 입력하다'라는 말을 써도 모두 익숙해졌으리라 믿습니다.)

```
1    using System;
2
3    namespace Echo
4    {
5      class Program
6      {
7        static void Main(string[] args)
8        {
9          Console.WriteLine("글자를 입력하고 엔터 키를 누르세요.");
10         string userInput = Console.ReadLine();
11
12         Console.Write("입력한 글은 ");
13         Console.Write(userInput);
14         Console.WriteLine("입니다.");
15       }
16     }
17   }
```

이 프로그램을 실행하면 [코드 5-2 실행]처럼 사용자의 입력을 기다리는 창이 등장합니다.

C:\ 코드 5-2 실행. 사용자의 입력을 기다리고 있는 프로그램

글자를 입력하고 엔터 키를 누르세요.

어? 지금까지 봤던 '계속하려면 아무 키나 누르십시오...'란 문구가 안 나오네요? 일단 안내에 따라 글자를 입력하고 Enter 키를 누르겠습니다. 여기서는 'abcd'를 입력한 뒤 Enter 키를 눌러보죠.

C:\ 코드 5-2 실행. abcd를 입력하고 엔터 키를 누른 결과

글자를 입력하고 엔터키를 누르세요.
abcd ──────────── 실행 화면에서 입력은 이처럼 두꺼운 글자로 표시했습니다.
입력한 글은 abcd입니다.
계속하려면 아무 키나 누르십시오...

아하! 방금 키보드로 입력한 글이 화면에 나왔군요. 그럼 이 프로그램이 어떻게 동작하는지도 알았으니 이제 코드를 자세히 살펴볼까요? 우리가 새로 입력한 코드는 9~14번 줄입니다. 앞에서 배웠던 Console.Write()와 Console.WriteLine() 함수 는 건너뛰겠습니다. 그럼 10번 줄만 보면 되겠군요.

```
10          string userInput = Console.ReadLine();
```

10번 줄의 코드는 Console.ReadLine() 함수로 사용자의 키보드 입력을 받아서 그 결과를 userInput이라는 변수에 저장합니다. 당연히 글자 입력이니 문자열형(string) 변수입니다. 혹시 조금 어렵나요? 그렇다면 4장에서 사용했던 예제와 한번 비교해봅시다. 다음은 [코드 4-4]의 9번 줄입니다.

```
9           string appleCountDescription = "바구니 안에 담긴 사과의 개수: ";
```

우리는 3장과 4장을 통해 프로그래밍에서 등호는 '같다'라는 의미가 아니라 오른쪽의 값을 왼쪽의 변수에 저장한다는 의미라는 것을 배웠습니다. 따라서 이 코드는 =등호의 왼쪽에 있는 appleCountDescription 변수에 =의 오른쪽에 있는 "바구니 안에 담긴 사과의 개수: "라는 문자열을 저장합니다.

그럼 [코드 5-2]의 10번 줄은 어떨까요? 위의 내용처럼 똑같이 해석하면 됩니다. = 오른쪽의 Console.ReadLine()을 userInput에 대입하는 거죠. 정확히는 다음과 같습니다.

1 Console.ReadLine() 함수로 사용자의 키보드 입력을 받습니다.

2 1에서 받은 입력값을 userInput이라는 변수에 넣어줍니다.

> NOTE userInput 변수는 문자열형 값만 저장할 수 있습니다. 이유는 이름 앞에 문자열형을 의미하는 string을 넣었기 때문입니다. 3장을 참고해주세요(56쪽).

```
10          string userInput = Console.ReadLine();
```

이렇게 단계별로 나눠서 설명하니 이해가 쉽죠? 등호가 보이면 그 오른쪽에 있는 값을 왼쪽에 있는 변수에 저장하라고 했으니 **userInput**이 최종적으로 값을 기억하는 변수입니다. 그런데 오른쪽에는 문자열 상수가 아니라 **Console.ReadLine()** 함수 호출이 있네요? **Console.ReadLine()** 함수는 사용자의 입력값을 문자열형으로 만들어줍니다. 이 함수가 만든 문자열형 값을 사용하려면 [코드 5-2]의 10번 줄처럼 문자열형 변수와 =를 함께 사용해야 합니다. 우리는 함수에 대해서는 깊게 다루지 않기로 했으니 이정도만 이해합시다.

그런데 우리는 계산기를 만드는 중이니 숫자를 입력받아야 합니다. 하지만 **Console. ReadLine()**은 사용자의 키보드 입력을 문자열로 만든다고 했으니 그대로 사용할 수는 없겠네요. 그러면 어떻게 해야 할까요? 그냥 문자열을 숫자로 변환하면 됩니다.

> **NOTE** Console.Write()나 Console.WriteLine() 함수를 호출하지 않고 바로 Console. ReadLine() 함수를 호출하면 실행 화면에는 아무런 문장 없이 프롬프트만 깜박입니다. 다음 그림처럼 말이죠.
>
> ```
> // 예제 코드
> using System;
> namespace ReadLineOnly
> {
>   class Program
>   {
>     static void Main(string[] args)
>     {
>       String input = Console.ReadLine();
>     }
>   }
> }
> ```
>

03 문자열 변환

문자열을 정수로 변환할 때 사용하는 함수는 int.Parse() 함수입니다. 무언가 흔히 쓰는 영어 단어는 아닌 것 같으니 함수 이름부터 살펴보겠습니다.

int는 이전 장에서도 설명했듯이 정수^{integer}를 나타냅니다. parse는 '해석하다'라는 뜻입니다. 예를 들어 영어 문장 'I am a boy'를 해석해보죠.

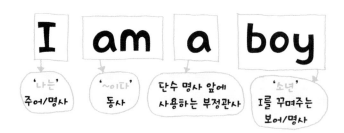

그림 5-1 'I am a boy' 해석

이런 식으로 문장을 해석하는 것을 parse라고 합니다.

int.Parse() 함수도 이와 비슷합니다. 앞에 int는 정수이고 parse는 문자열을 해석하라는 의미니 이 둘을 합치면 문자열을 숫자로 해석하라는 뜻입니다. 그래서 int.Parse() 함수를 호출하면 문자열을 해석해서 숫자가 들어 있는지 확인한 다음 숫자가 들어 있으면 그 부분을 정수로 바꿔줍니다. 예를 들어 "1235"라는 문자열을 int.Parse()로 변환하면 1235라는 정수형이 됩니다. 좀 헷갈리나요? 코드를 보면 이해하기 쉬울 겁니다.

조금 전에 만들었던 계산기(Calculator) 프로젝트를 열고 다음처럼 코드를 수정하세요.

코드 5-3 문자열을 정수로 변환하는 코드

```
1   using System;
2
3   namespace Calculator
4   {
5     class Program
6     {
7       static void Main(string[] args)
8       {
9         Console.WriteLine("첫 번째 숫자를 입력하세요.");
10        string userInput1 = Console.ReadLine();
11        int number1 = int.Parse(userInput1);
12        Console.WriteLine("두 번째 숫자를 입력하세요.");
13        string userInput2 = Console.ReadLine();
14        int number2 = int.Parse(userInput2);
15
16        Console.Write(number1);
17        Console.Write(" + ");
18        Console.Write(number2);
19        Console.Write(" = ");
20        Console.WriteLine(number1 + number2);
21      }
22    }
23  }
```

이 코드는 [코드 5-1]^[102쪽]을 변형하여 사용자가 계산할 숫자를 입력할 수 있게 만들었습니다. 9~14번 줄까지 여섯 줄만 새로 추가된 코드입니다. 9~11번까지가 첫 번째 숫자를 입력 받는 부분이고 12~14번까지는 두 번째 숫자를 입력받는 부분입니다. 어차피 반복되는 코드니 첫 번째 숫자를 입력받는 코드가 하는 일만 차례대로 설명하겠습니다.

```
9          Console.WriteLine("첫 번째 숫자를 입력하세요.");
```
사용자에게 첫 번째 숫자를 입력하라는 메시지를 출력합니다.

```
10         string userInput1 = Console.ReadLine();
```
Console.ReadLine() 함수로 사용자의 키보드 입력을 받아 userInput1 변수에 저장합니다.

```
11         int number1 = int.Parse(userInput1);
```
int.Parse() 함수를 이용해서 정수로 변환한 결과를 number1 변수에 저장합니다.

전에는 계산할 숫자를 코드에 직접 적었는데 이제는 실행 중에 사용자가 원하는 숫자를 넣을 수 있게 해줬다는 말이 이해되나요? 그렇다면 프로그램을 실행한 뒤 3과 16을 더해보겠습니다.

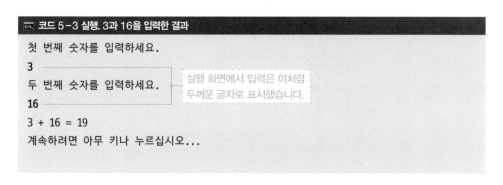

C# **코드 5-3 실행. 3과 16을 입력한 결과**

첫 번째 숫자를 입력하세요.
3
두 번째 숫자를 입력하세요.
16
3 + 16 = 19
계속하려면 아무 키나 누르십시오...

실행 화면에서 입력은 이처럼 두꺼운 글자로 표시했습니다.

다시 한번 11번 줄을 보겠습니다.

```
11         int number1 = int.Parse(userInput1);
```

자, 다시 =를 만났습니다. =는 오른쪽 값을 왼쪽 number1 변수에 넣어준다고 했습니다. 이제 오른쪽을 봅시다. int.Parse(userInput1);입니다. int.Parse() 함수는 문자열을 해석해서 정수로 변환한다고 했습니다. 그러니까 int.Parse(userInput1)은 userInput1, 즉 입력한 문자열 "3"을 해석해서 정수 3으로 변환합니다. 그 다음엔 어쩐다고요? 네, 그 값을 number1 변수에 저장합니다. 생각보다 별로 어렵지 않네요?

그럼 숫자 말고 다른 문자열을 입력하면 어떻게 될까요? 이번에는 "3"대신 "안녕하세요"를 입력하겠습니다. 프로그램을 실행하고 **"안녕하세요"**를 입력하니 다음과 같은 결과가 나옵니다.

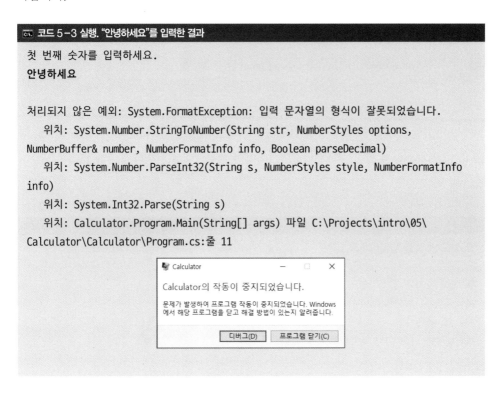

코드 5-3 실행. "안녕하세요"를 입력한 결과

첫 번째 숫자를 입력하세요.
안녕하세요

처리되지 않은 예외: System.FormatException: 입력 문자열의 형식이 잘못되었습니다.
　위치: System.Number.StringToNumber(String str, NumberStyles options, NumberBuffer& number, NumberFormatInfo info, Boolean parseDecimal)
　위치: System.Number.ParseInt32(String s, NumberStyles style, NumberFormatInfo info)
　위치: System.Int32.Parse(String s)
　위치: Calculator.Program.Main(String[] args) 파일 C:\Projects\intro\05\Calculator\Calculator\Program.cs:줄 11

프로그램이 멈췄군요. 게다가 뭔가 복잡한 메시지가 있습니다. 하지만 우리는 훌륭한 프로그래머이니 이럴 때 의연해야 합니다. 자, 호흡을 가다듬고 메시지를 살펴봅시다.

처리되지 않은 예외: System.FormatException: 입력 문자열의 형식이 잘못되었습니다.
　위치: System.Number.StringToNumber(String str, NumberStyles options, NumberBuffer& number, NumberFormatInfo info, Boolean parseDecimal)
　위치: System.Number.ParseInt32(String s, NumberStyles style, NumberFormatInfo info)
　위치: System.Int32.Parse(String s)
　위치: Calculator.Program.Main(String[] args) 파일 C:\Projects\intro\05\Calculator\Calculator\Program.cs:줄 11

줄 번호

어디 보자... 입력 문자열의 형식이 잘못되었다고 하네요? 숫자를 입력하라 했는데 문자를 넣어서 문제라는 뜻 같군요. 오류 메시지에 '위치:'라는 태그가 네 번 나오지만 마지막에만 줄 번호가 있으니 11번 줄을 한번 보겠습니다.

```
11          int number1 = int.Parse(userInput1);
```

역시! 이 코드가 문제였군요. int.Parse()는 문자열 중 숫자를 확인하고 정수로 바꾸는 함수라고 했죠? 그리고 userInput1은 키보드가 입력받은 첫 번째 값이었습니다. 그런데 조금 전에 **"안녕하세요"**라는 문자열을 입력했으니 이것을 숫자로 바꾸려다 문제가 생긴 게 분명합니다.

그럼 다시 [그림 5-2]를 봅시다. 작동 중지를 알리는 창에 '디버그' 버튼과 '프로그램 닫기' 버튼이 보이네요. ❶ '디버그' 버튼을 눌러볼까요? (참고로 '프로그램 닫기' 버튼을 누르면 그냥 콘솔 창이 닫힙니다.)

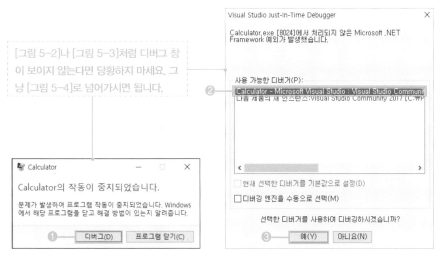

[그림 5-2]나 [그림 5-3]처럼 디버그 창이 보이지 않는다면 당황하지 마세요. 그냥 [그림 5-4]로 넘어가시면 됩니다.

그림 5-2 작동 중지를 알리는 화면   그림 5-3 '디버그' 버튼을 누르면 나오는 창

[그림 5-3]과 같은 창이 보이나요? ❷ 프로젝트 이름이 Calculator였으니 이걸 선택하고 ❸ '예'버튼을 누르면 비주얼 스튜디오에서 다음 쪽의 [그림 5-4]와 같은 화면이 나옵니다.

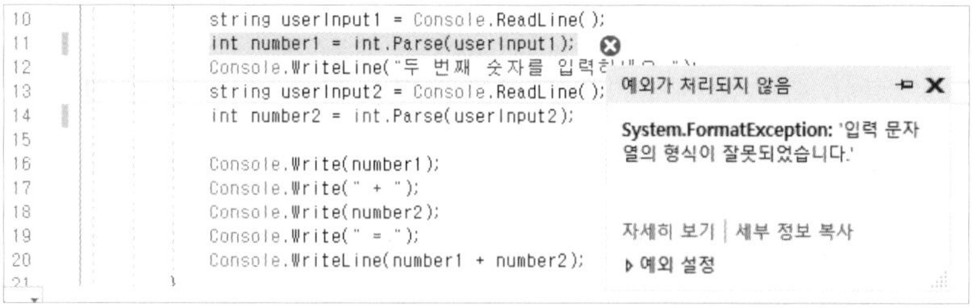

```
10          string userInput1 = Console.ReadLine();
11          int number1 = int.Parse(userInput1); ⊗
12          Console.WriteLine("두 번째 숫자를 입력헌        예외가 처리되지 않음           ⊠ ✕
13          string userInput2 = Console.ReadLine();
14          int number2 = int.Parse(userInput2);      System.FormatException: '입력 문자
15                                                    열의 형식이 잘못되었습니다.'
16          Console.Write(number1);
17          Console.Write(" + ");                     자세히 보기 │ 세부 정보 복사
18          Console.Write(number2);
19          Console.Write(" = ");                     ▶ 예외 설정
20          Console.WriteLine(number1 + number2);
21
```

그림 5-4 '디버깅'을 선택한 다음 '예' 버튼을 눌렀을 때 화면

11번 줄에 문제가 있다고 하이라이트 표기까지 해주는군요! 콘솔 창에서 본 설명이 여기에도 보입니다.

물론 이런 문제를 무시하고 프로그램을 실행할 수 있는 방법도 있습니다. 하지만, 우리가 배울 범위를 넘어서니 이 책에서는 다루지 않겠습니다. 여러분은 int.Parse()를 사용했을 때는 꼭 숫자를 입력해야 한다는 사실을 기억하고 입력할 때 실수하지 맙시다.

NOTE 조건문을 배운 뒤 int.TryParse() 함수를 사용하거나 예외 처리를 하면 이 문제를 해결할 수 있습니다. 이 부분은 다른 C# 책을 참고해주세요.

이제 문자열을 정수로 바꾸는 방법도 알아봤습니다. 그런데 이 프로그램은 정수만 계산할 수 있습니다. 하지만 진정한 계산기는 43.1 + 2.84 같은 실수도 계산할 수 있어야 합니다. 그러려면 계산기 프로그램이 실수를 처리하도록 바꿔야겠죠? 간단합니다. int.Parse() 함수 대신 double.Parse() 함수를 사용하기만 하면 됩니다. 그럼 [코드 5-3]에서 11번과 14번 줄을 다음처럼 고쳐보죠.

```csharp
1   using System;
2
3   namespace Calculator
4   {
5     class Program
6     {
7       static void Main(string[] args)
8       {
9         Console.WriteLine("첫 번째 숫자를 입력하세요.");
10        string userInput1 = Console.ReadLine();
11        double number1 = double.Parse(userInput1);        ❶
12        Console.WriteLine("두 번째 숫자를 입력하세요.");
13        string userInput2 = Console.ReadLine();
14        double number2 = double.Parse(userInput2);        ❷
15
16        Console.Write(number1);
17        Console.Write(" + ");
18        Console.Write(number2);
19        Console.Write(" = ");
20        Console.WriteLine(number1 + number2);
21      }
22    }
23  }
```

달라진 건 딱 두 가지입니다.

❶ 숫자를 지장할 변수의 종류가 int에서 double로 바뀌었습니다.

❷ int.Parse() 함수 대신 double.Parse() 함수를 사용합니다.

이제 입력받은 값을 double.Parse() 함수를 이용해서 실수로 변환한 다음 number1과 number2 변수에 넣은 뒤 이 변수들을 더해서 화면에 보여줄 겁니다. 그럼 제대로 수정했는지 한번 볼까요? 프로그램을 실행한 다음 첫 번째 숫자는 **43.1**, 두 번째 숫자는 **2.84**를 입력하겠습니다.

```
첫 번째 숫자를 입력하세요.
43.1
두 번째 숫자를 입력하세요.
2.84
43.1 + 2.84 = 45.94
계속하려면 아무 키나 누르십시오...
```

프로그램이 아무 문제 없이 작동하네요. 아직 덧셈만 할 수 있는 계산기이지만 그래도 이제
는 어떤 값을 입력해도 더하기는 잘 합니다.

숫자야구

키보드 입력을 받는 방법도 배웠으니 숫자야구 게임을 조금 더 그럴듯하게 바꿔봅시다. 숫자야구는 공격수가 세 자릿수를 추측해야 하는 게임이니 공격수로부터 세 자릿수를 입력받아야겠죠?

숫자야구 프로젝트를 열고 다음처럼 코드를 고쳐주세요.

코드 5-5 숫자야구 코드

```
1   using System;
2
3   namespace UltimateBaseball
4   {
5     class Program
6     {
7       static void Main(string[] args)
8       {
9         Console.WriteLine("+------------------------------------------------+");
10        Console.WriteLine("¦             궁극의 숫자야구 게임              ¦");
11        Console.WriteLine("+------------------------------------------------+");
12        Console.WriteLine("¦ 컴퓨터가 수비수가 되어 세 자릿수를 하나 골랐습니다. ¦");
13        Console.WriteLine("¦ 각 숫자는 0~9중에 하나며 중복되는 숫자는 없습니다.  ¦");
14        Console.WriteLine("¦ 모든 숫자와 위치를 맞히면 승리합니다.           ¦");
15        Console.WriteLine("¦ 숫자와 순서가 둘 다 맞으면 스트라이크입니다.      ¦");
16        Console.WriteLine("¦ 숫자만 맞고 순서가 틀리면 볼입니다.            ¦");
17        Console.WriteLine("¦ 숫자가 틀리면 아웃입니다.                    ¦");
18        Console.WriteLine("+------------------------------------------------+");
19
```

```
20      Console.WriteLine("> 수비수가 고른 숫자");
21      int number1 = 3;
22      int number2 = 1;
23      int number3 = 9;
24      Console.WriteLine(number1);
25      Console.WriteLine(number2);
26      Console.WriteLine(number3);
27
28      Console.WriteLine("> 수비수가 다시 고른 숫자");
29      number1 = 8;
30      number2 = 2;
31      number3 = 0;
32      Console.WriteLine(number1);
33      Console.WriteLine(number2);
34      Console.WriteLine(number3);
35
36      Console.WriteLine("> 첫 번째 숫자를 입력하세요.");
37      int guess1 = int.Parse(Console.ReadLine());
38      Console.WriteLine("> 두 번째 숫자를 입력하세요.");
39      int guess2 = int.Parse(Console.ReadLine());
40      Console.WriteLine("> 세 번째 숫자를 입력하세요.");
41      int guess3 = int.Parse(Console.ReadLine());
42
43      Console.WriteLine("> 공격수가 고른 숫자");
44      Console.WriteLine(guess1);
45      Console.WriteLine(guess2);
46      Console.WriteLine(guess3);
47          }
48        }
49    }
```

[코드 5-5]를 실행하면 다음과 같은 결과가 나옵니다.

코드 5-5 실행

```
+-------------------------------------------------+
|                 궁극의 숫자야구 게임                |
+-------------------------------------------------+
| 컴퓨터가 수비수가 되어 세 자릿수를 하나 골랐습니다.     |
| 각 숫자는 0~9중에 하나며 중복되는 숫자는 없습니다.     |
| 모든 숫자와 위치를 맞히면 승리합니다.                 |
| 숫자와 순서가 둘 다 맞으면 스트라이크입니다.           |
| 숫자만 맞고 순서가 틀리면 볼입니다.                   |
| 숫자가 틀리면 아웃입니다.                           |
+-------------------------------------------------+
> 수비수가 고른 숫자
3
1
9
> 수비수가 다시 고른 숫자
8
2
0
> 첫 번째 숫자를 입력하세요.
```

그럼 숫자를 넣어보죠. 여기서는 1, 2, 3을 넣었습니다.

코드 5-5 실행. 숫자 1, 2, 3을 입력한 결과

```
+----------------------------------------+
|             궁극의  숫자야구 게임            |
+----------------------------------------+
| 컴퓨터가  수비수가  되어  세  자릿수를  하나  골랐습니다.  |
| 각  숫자는  0~9중에  하나며  중복되는  숫자는  없습니다.  |
| 모든  숫자와  위치를  맞히면  승리합니다.             |
| 숫자와  순서가  둘  다  맞으면  스트라이크입니다.        |
| 숫자만  맞고  순서가  틀리면  볼입니다.              |
| 숫자가  틀리면  아웃입니다.                      |
+----------------------------------------+

> 수비수가  고른  숫자
3
1
9
> 수비수가  다시  고른  숫자
8
2
0
> 첫  번째  숫자를  입력하세요.
1
> 두  번째  숫자를  입력하세요.
2
> 세  번째  숫자를  입력하세요.
3
> 공격수가  고른  숫자
1
2
3
계속하려면  아무  키나  누르십시오...
```

음? 이번에 키보드 입력을 받은 건 앞에서 설명한 것과는 좀 다르군요? 이번에는 문자열형 변수를 만들지 않고 Console.ReadLine() 함수를 직접 int.Parse() 함수에 넣었습니다. 다음 [코드 5-5]의 37번 줄을 봅시다.

```
     ②                        ①
37    int guess1 = int.Parse(Console.ReadLine());
                    ③
```

그럼 이 코드는 어떻게 실행되는 걸까요? 순서대로 알아보죠.

① Console.ReadLine() 함수로 사용자의 키보드 입력을 문자열로 받습니다.

② int.Parse() 함수로 그 문자열 값을 정수로 변환합니다.

③ 정수로 변환한 값을 guess1이라는 정수형 변수에 넣어줍니다.

수학에서 괄호를 먼저 계산하는 것처럼 프로그램에서도 괄호 안쪽에 있는 코드를 먼저 실행합니다. 예를 들어 Console.WriteLine(12 + 3); 이라는 코드가 있으면 ()_{소괄호} 안에 있는 12 + 3을 먼저 실행한 다음 화면에 15를 출력합니다. 여기서도 마찬가지입니다. 괄호 안에 있는 Console.ReadLine() 함수를 먼저 실행하고, 그다음 int.Parse() 함수를 실행합니다.

좀 복잡한가요? 그래도 충분히 알아둘 만한 가치가 있습니다. string userInput 같은 변수를 만들 필요도 없어지고 또 코드도 짧아지니 키보드 입력을 받아서 정수로 사용한다는 것이 한 줄에 보여 코드를 읽기도 편합니다.

이렇게 공격수가 선택한 숫자를 키보드로 입력받아 출력하는 부분도 추가하니 게임이 점점 완성되어 가는 게 보이네요. 그러면 이번 장에서 배운 내용을 정리하고 다음 장으로 넘어가겠습니다.

chapter5에서 배운 내용

* 이미 존재하는 프로그램에 값을 넣어주는 행위를 입력이라고 합니다.
* 키보드 입력을 받을 때는 Console.ReadLine() 함수를 사용합니다.
* 문자열을 정수로 바꿀 때는 int.Parse() 함수를 사용합니다.
* 문자열을 실수로 바꿀 때는 double.Parse() 함수를 사용합니다.

배운 내용을 복습하는 의미에서 간단한 문제를 풀어보겠습니다. 풀이는 부록에 있습니다.

5-1 다음 코드의 ❶ , ❷ 에 어떤 코드를 넣어야 할까요?

```
1   using System;
2
3   namespace BasicProblem0501
4   {
5     class Program
6     {
7       static void Main(string[] args)
8       {
9         Console.WriteLine("첫 번째 숫자를 입력하세요.");
10                      ❶
11        int number1 = int.Parse(userInput1);
12        Console.WriteLine("두 번째 숫자를 입력하세요.");
13        string userInput2 = Console.ReadLine();
14                      ❷
15        Console.Write(number1);
16        Console.Write(" + ");
17        Console.Write(number2);
18        Console.Write(" = ");
19        Console.WriteLine(number1 + number2);
20      }
21    }
22  }
```

5-2 다음 코드에 버그가 있습니다. 찾아서 고치세요.

```
1   using System;
2
3   namespace BasicProblem0502
4   {
5     class Program
```

```
 6   {
 7     static void Main(string[] args)
 8     {
 9       Console.WriteLine("첫 번째 숫자를 입력하세요.");
10       string userInput1 = Console.ReadLine();
11       Console.WriteLine("두 번째 숫자를 입력하세요.");
12       string userInput2 = Console.ReadLine();
13       int number1 = int.Parse(userInput1);
14       int number2 = userInput2;
15
16       Console.WriteLine(number1 - number2);
17     }
18   }
19 }
```

5-3 다음 코드에서 문자열형 변수 userInput을 없애보세요.

(**힌트**: 숫자야구 코드를 참고하세요.)

```
 1  using System;
 2
 3  namespace BasicProblem0503
 4  {
 5    class Program
 6    {
 7      static void Main(string[] args)
 8      {
 9        Console.WriteLine("첫 번째 숫자를 입력하세요.");
10        string userInput = Console.ReadLine();
11        double number = double.Parse(userInput);
12        Console.Write("입력한 숫자는   ");
13        Console.WriteLine(number);
14      }
15    }
16  }
```

심화문제

심화문제는 따로 풀이를 제공하지 않습니다. 각자의 방법대로 문제를 해결해보세요. 질문은 저자의 블로그를 이용해주세요(들어가기 전에 5쪽을 참조하세요).

5-1 문자열 userInput1과 userInput2를 키보드 입력으로 받아 실수 number1과 number2로 변환한 다음 사칙연산(+, −, *, /)의 결과를 각각 화면에 출력하는 프로그램을 작성하세요.

5-2 위 문제에서 나누기의 분모가 되는 값에 0을 넣으면 어떻게 될까요?

5-3 동전이 10개 들어 있는 주머니가 있습니다. 어머니께서 주머니에 동전을 몇 개 더 넣고 아람이와 우람이에게 원하는 만큼 동전을 가져가라고 할 겁니다. 이것을 프로그램으로 작성하세요. 프로그램이 실행되면 우선 주머니에 들어 있는 동전의 개수를 출력하고 어머니께서 넣을 동전의 개수와 아람이, 우람이가 꺼낼 동전의 개수를 키보드 입력으로 받습니다. 그다음 주머니에 남아 있는 동전의 개수를 계산해서 화면에 출력하면 됩니다. 아래는 문제의 예제 실행 화면입니다.

> **문제의 예제 실행 화면**
>
> 주머니에는 동전이 10개 들어 있습니다.
> 어머니는 몇 개의 동전을 주머니에 넣었나요?
> 10 ——————— 키보드 입력
> 아람이는 몇 개의 동전을 꺼냈나요?
> 3 ——————— 키보드 입력
> 우람이는 몇 개의 동전을 꺼냈나요?
> 6 ——————— 키보드 입력
> 주머니에 남아 있는 동전의 개수는 11개입니다.
> 계속하려면 아무 키나 누르십시오...

상황에 따라 결과가 달라야 한다면,
조건문

6장의 키워드는 조건문입니다. 6장에서 배울 내용은 다음과 같습니다.

+ 조건문이 필요한 이유
+ 만약 그렇다면(if)
+ 논리연산
+ 비교연산자
+ 만약 그렇지 않다면(else)

5장에서 입력, 그중에서도 키보드 입력에 대해 배우면서 덧셈 계산기 프로그램을 만들었습니다. 이 계산기에 뺄셈 기능을 추가하려면 어떻게 해야 할까요? 코드에서 +를 -로 바꾸고 빌드하면 뺄셈은 되겠지만 대신 덧셈 기능이 빠집니다. 여기에 곱셈(*)이나 나눗셈(/) 그리고 나머지(%)를 추가하려면 어이쿠... 문제가 더 복잡해지겠죠? 이럴 때 사용하는 것이 조건문입니다.

스마트폰의 계산기 앱이나 윈도우의 계산기 프로그램을 실행해서 3 * 2 + 2 / 2 - 2를 입력해볼까요? 계산기 프로그램이라면 당연히 사칙연산을 기본으로 지원합니다. 그러면 우리가 만든 계산기 프로그램에서도 이런 기능을 지원하려면 어떻게 해야 할까요?

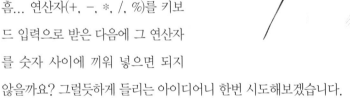

흠... 연산자(+, -, *, /, %)를 키보드 입력으로 받은 다음에 그 연산자를 숫자 사이에 끼워 넣으면 되지 않을까요? 그럴듯하게 들리는 아이디어니 한번 시도해보겠습니다.

우선 연산자를 키보드 입력으로 받습니다.

```
// 연산자를 입력받는 코드

Console.WriteLine("연산자를 입력하세요.");
string inputOperator = Console.ReadLine();
```

그다음에 이 연산자를 두 숫자 사이에 넣겠습니다. 다음과 같아요.

```
// 입력받은 연산자를 이용하여 연산을 시도하는 코드

Console.WriteLine(number1 inputOperator number2);
```

그럼 이 코드를 이용해서 5장에서 만든 계산기 프로그램을 고쳐보겠습니다.

1 비주얼 스튜디오를 실행 후 5장에서 만든 계산기 프로젝트를 엽니다. 프로젝트의 경로
는 C:\Projects\intro\05\Calculator입니다. 프로젝트를 여는 방법이 기억나지 않
는다면 2장을 참고해주세요.^{21쪽}

2 Program.cs 파일이 텍스트 편집기 창에 있는지 확인합니다. Program.cs 파일이 텍스
트 편집기 창에서 보이지 않는다면, ❶ 솔루션 탐색기 창에서 ❷ Program.cs 파일을 더
블 클릭하세요.

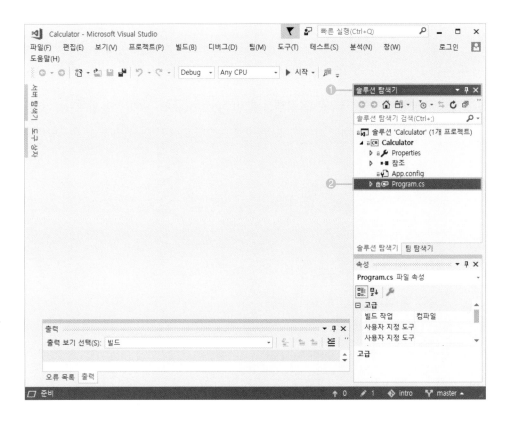

3 Program.cs 파일의 9~20번 줄을 복사합니다. 그리고 복사한 코드는 메모장 같은 곳에 붙여넣기 합니다.

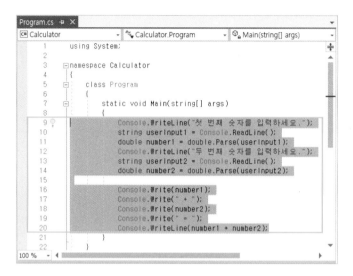

4 1에서 연 프로젝트를 닫습니다. 그리고 새 프로젝트를 만듭니다. 프로젝트 파일을 저장할 위치는 C:\Projects\intro\06, 프로젝트 이름은 Calculator로 하겠습니다.

5 3에서 복사한 코드를 새로운 프로젝트의 Program.cs에 붙여넣기 합니다. 그리고 [코드 6-1]처럼 11번, 14번, 19번, 22번 줄을 수정하고, 15번~16번 줄을 추가합니다.

```
1    using System;
2
3    namespace Calculator
4    {
5      class Program
6      {
7        static void Main(string[] args)
8        {
9          Console.WriteLine("첫 번째 숫자를 입력하세요.");
10         string userInput1 = Console.ReadLine();
11         int number1 = int.Parse(userInput1);
12         Console.WriteLine("두 번째 숫자를 입력하세요.");
13         string userInput2 = Console.ReadLine();
14         int number2 = int.Parse(userInput2);
15         Console.WriteLine("연산자를 입력하세요.");
16         string inputOperator = Console.ReadLine();
17
18         Console.Write(number1);
19         Console.Write(inputOperator);
20         Console.Write(number2);
21         Console.Write(" = ");
22         Console.WriteLine(number1 inputOperator number2);
23       }
24     }
25   }
```

이런, Program.cs 파일의 22번 줄에서 빨간 밑줄이 보이네요. 2장에서 봤듯이 이 빨간 밑줄은 해당 코드에 문제가 있다는 의미입니다. 따라서 프로젝트를 빌드하더라도 이 부분 때문에 성공할 수 없겠군요.

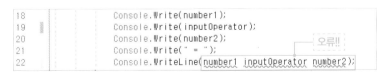

그림 6-1 [코드 6-1]의 22번 줄 오류

그럴듯하게 들려서 코딩했지만 이렇게 입력받은 연산자는 그대로 쓸 수 없습니다. 이건 그냥 문자열일 뿐이니까요. 아! 문자열이라서 문제라고요? 그렇다면 int.Parse() 함수를 사용해 문자열을 정수로 변환해서 썼듯이 문자열을 연산자로 바꿔주는 함수가 따로 있지 않을까요? 아쉽지만 그런 함수는 없습니다.

그럼 어떻게 해야 할까요? 뭔가 획기적인 다른 방법이 필요해보입니다.

입력한 연산자가 "+"면 덧셈을 하고, "-"면 뺄셈을, "*"면 곱셈을, "/"면 나눗셈을 하면 되지 않을까요? 달리 말하면 입력받은 문자열이 어떤 값인지 비교한 뒤 그 결과에 따라 필요한 연산을 하면 됩니다. 그리고 이렇게 비교를 할 때 사용하는 게 바로 조건문입니다.

02 비교연산자

조건문을 배우기 전에 비교연산자에 대해 먼저 배워야 합니다. 프로그래밍 언어에는 여섯 가지 비교연산자가 있습니다. 〉, 〈, 〉=, 〈=, ==, !=으로 마지막 2개를 제외하면 모두 수학에서 보았던 비교연산자입니다.

비교연산자	설명	예	참 or 거짓
〉	왼쪽 항이 커야 참이다.	4 〉 1	참
〈	오른쪽 항이 커야 참이다.	2 〈 4	참
〉=	왼쪽 항이 크거나 같아야 참이다.	4 〉= 4	참
		5 〉= 4	
〈=	오른쪽 항이 크거나 같아야 참이다.	2 〈= 2	참
		1 〈= 2	
==	오른쪽 항과 왼쪽 항이 같으면 참이다.	3 == 1	거짓 (3 == 3이 참)
!=	오른쪽 항과 왼쪽 항이 같지 않으면 참이다.	3 != 1	참

표 6-1 비교연산자 예제

마지막 두 가지는 좀 낯설 겁니다. 수학에서 등호를 '같다'라고 배웠죠. 하지만 프로그래밍에서 등호는 오른쪽의 값을 왼쪽의 변수나 상수에 넣어준다고 배웠습니다. 그렇다면 프로그래밍에서 '같다'는 어떻게 표현할까요? 바로 ==입니다. 등호 두 개를 나란히 쓰면 비로소 프로그래밍에서 '같다'는 의미입니다. 하나 더, !=는 '두 값이 같지 않다'는 의미의 연산자입니다. 농담처럼 '백문이불여일타'라는 말이 있는데 직접 코드에 입력해서 결과를 보면 이해할 수 있을 겁니다.

새로운 프로젝트를 만듭시다. 프로젝트의 위치는 C:\Projects\intro\06, 프로젝트 이름은 ComparisonOperators라고 합시다. 이 프로젝트에 [코드 6-2]의 9~25번 줄을 입력합시다.

코드 6-2 비교연산자를 이용하여 두 수를 비교한 결과를 출력

```
1    using System;
2
3    namespace ComparisonOperators
4    {
5      class Program
6      {
7        static void Main(string[] args)
8        {
9          Console.Write("10 > 10 은 ");
10         Console.WriteLine(10 > 10);      // 거짓
11
12         Console.Write("10 >= 10 은 ");
13         Console.WriteLine(10 >= 10);     // 참
14
15         Console.Write("5 < 10 은 ");
16         Console.WriteLine(5 < 10);       // 참
17
18         Console.Write("5 <= 10 은 ");
19         Console.WriteLine(5 <= 10);      // 참
20
21         Console.Write("5 == 4 는 ");
22         Console.WriteLine(5 == 4);       // 거짓
23
24         Console.Write("5 != 4 는 ");
25         Console.WriteLine(5 != 4);       // 참
26       }
27     }
28   }
```

프로그램을 빌드 후 실행하면 다음과 같은 결과가 나옵니다.

```
코드 6-2 실행
10 > 10 은 False
10 >= 10 은 True
5 < 10 은 True
5 <= 10 은 True
5 == 4 는 False
5 != 4 는 True
계속하려면 아무 키나 누르십시오...
```

콘솔 창에서 True와 False가 보이네요. 이들을 출력한 코드를 살펴보죠.

[코드 6-2]의 10번 줄을 봅시다.

```
10        Console.WriteLine(10 > 10);
```

Console.WriteLine() 함수 안에 있는 10 > 10 같은 코드를 조건식이라고 합니다. 보통 조건문에서 사용하죠. 근데 위의 예에서는 상수끼리 비교를 하니 이미 참과 거짓이 결정된 상태입니다. 실행 중에 참, 거짓이 바뀔 여지가 없습니다. 하지만 변수와 상수를, 또는 변수와 변수를 비교하면 변수에 들어 있는 값에 따라서 참, 거짓이 달라집니다. 예를 들어 appleCount > 10이라는 조건식이 있다고 해보죠. appleCount 변수가 5의 값을 가지면 이 식은 거짓입니다. 하지만 그 안에 들어 있는 값이 11이라면 참이죠.

이런 참과 거짓을 저장하는 데 논리 자료형(bool)이라는 변수의 종류를 사용합니다. bool 은 boolean의 줄임말로 조지 불George Boole이라는 영국 수학자가 만든 불 대수Boolean algebra 에서 따온 말입니다. 논리 자료형(bool)이 저장하는 값은 아주 단순합니다. true와 false 죠. 저장하는 값을 보니 뭔가 감이 오나요? 보통 논리 자료형(bool)은 조건식의 결과를 저장할 때나 결과를 검사할 때 사용합니다. 당연히 true면 참이고 false면 거짓이죠. 예를 들어 다음 쪽과 같은 코드입니다.

```
// 두 변수가 같은지 다른지를 저장하는 bool 변수

bool isSame = number1 == userInput1;
```

number1 == userInput1이라는 조건식의 결과를 논리 자료형(bool) 변수 isSame에 저장합니다. 쉽죠?

논리 자료형(bool)에 대해서도 알아봤으니 이제 이 조건식을 어떻게 조건문에서 사용하는지 알아보겠습니다.

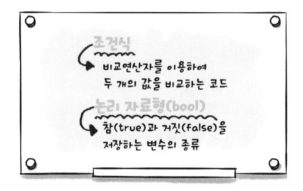

조건문은 if라는 키워드를 사용합니다. 코드를 보기 전에 먼저 키워드의 뜻을 알아봅시다.

if의 뜻은 '만약 ~라면'입니다. 이것을 문장에서 사용할 때는 '만약 ~라면 ~을 하겠다'라는 식으로 구성을 하죠. '만약 내일 눈이 오면 나는 밖에 나가서 놀 꺼야.'라

는 문장이 그 예입니다. 여기서 내일 눈이 온다는 것이 조건이고, 그 조건을 만족하면 밖에 나가서 노는 행위를 한다는 이야기죠. 프로그램에서 조건문을 사용할 때도 똑같습니다. 조건식이 참이면 뒤에 따라오는 코드를 실행합니다.

기본형	실생활

if (조건식)
{
　　　조건을 만족할 때만 실행
}
	if (내일 눈이 오면)
	{
	　　　나는 밖에 나가 놀 꺼야
	}

[코드 6-1]에 조건문을 추가해보죠. 수정하는 김에 숫자 입력도 한 번에 받게 수정하도록 하죠. 아까 우리가 만든 계산기(Calculator) 프로젝트를 다시 열어보세요. [코드 6-1]의 10~11번 줄과 13~14번 줄을 다음 쪽의 [코드 6-3]의 10, 12번 줄처럼 수정하세요. 그리고 [코드 6-1]의 22번 줄은 삭제한 다음 20~36번 줄을 입력합시다. 코드부터 살펴본 뒤 자세히 설명하겠습니다.

```csharp
1    using System;
2
3    namespace Calculator
4    {
5      class Program
6      {
7        static void Main(string[] args)
8        {
9          Console.WriteLine("첫 번째 숫자를 입력하세요.");
10         int number1 = int.Parse(Console.ReadLine());
11         Console.WriteLine("두 번째 숫자를 입력하세요.");
12         int number2 = int.Parse(Console.ReadLine());
13         Console.WriteLine("연산자를 입력하세요.");
14         string inputOperator = Console.ReadLine();
15
16         Console.Write(number1);
17         Console.Write(inputOperator);
18         Console.Write(number2);
19         Console.Write(" = ");
20
21         if (inputOperator == "+")
22         {
23           Console.WriteLine(number1 + number2);
24         }
25         if (inputOperator == "-")
26         {
27           Console.WriteLine(number1 - number2);
28         }
29         if (inputOperator == "*")
30         {
31           Console.WriteLine(number1 * number2);
32         }
33         if (inputOperator == "/")
34         {
35           Console.WriteLine(number1 / number2);
36         }
37       }
38     }
39   }
```

[코드 6-1]의 10~11번 줄을 한 줄로 줄인 코드입니다.

[코드 6-1]의 13~14번 줄을 한 줄로 줄인 코드입니다.

프로그램을 빌드 후 실행하여 5, 10, +를 순서대로 입력한 결과는 다음과 같습니다.

📷 코드 6-3 실행, 5, 10, +를 순서대로 입력한 결과

```
첫 번째 숫자를 입력하세요.
5
두 번째 숫자를 입력하세요.
10
연산자를 입력하세요.
+
5+10 = 15
계속하려면 아무 키나 누르십시오...
```

오! 우리가 원하던 대로 두 숫자를 더했습니다. 그럼 코드를 자세히 살펴볼까요? 추가된 코드는 20~36번 줄입니다. 그중 21~24번 줄을 살펴보겠습니다.

```
21        if (inputOperator == "+")
22        {
23          Console.WriteLine(number1 + number2);
24        }
```

먼저 21번 줄입니다. if (inputOperator == "+")라고 되어 있죠? ( )소괄호 안에 있는 inputOperator == "+"가 조건식입니다. 여기서 ==은 왼쪽과 오른쪽이 같은지 비교하는 연산자입니다. 우리가 입력했던 연산자가 "+"였으니 이 조건은 참입니다. 조건이 참일 때는 { }중괄호로 둘러 싸인 코드를 실행한다고 했으니 Console.WriteLine(number1 + number2);를 실행합니다.

이 조건이 거짓이었다면 어떻게 될까요? 그러면 { } 사이의 코드를 실행하지 않고 { }가 닫힌 다음 줄(25번 줄)부터 실행합니다. 이 내용을 정리하면 조건문은 다음과 같은 순서로 실행됩니다.

1 소괄호 안의 조건식이 참인지 검사합니다.

2 참이면 바로 다음에 오는 중괄호 사이의 코드를 실행합니다.

3 거짓이면 중괄호 사이의 코드를 실행하지 않고 중괄호가 닫힌 다음 줄부터 실행합니다.

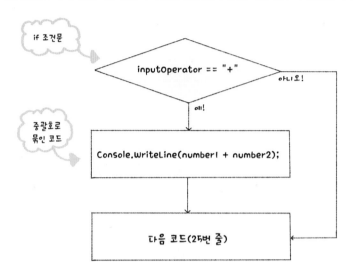

그림 6-2 순서도로 살펴보는 조건문 실행

다시 우리가 입력한 값을 생각해봅시다. 5, 10, +였습니다. "+"를 입력했으니 "+"와 비교하면 참이겠죠? 따라서 23번 줄의 Console.WriteLine(number1 + number2); 코드가 실행됩니다.

```
25      if (inputOperator == "-")

29      if (inputOperator == "*")

33      if (inputOperator == "/")
```

눈으로 코드를 따라가 봅시다. 25번 줄로 가니 이번에는 "-"와 비교합니다. 당연히 거짓이겠죠? 조건을 만족하지 못했으니 { }를 건너뛰고 29번 줄로 가봅시다. 역시 "*"와 같지 않으니 거짓입니다. 다시 { }를 건너뛰고 33번 줄에서 "/"와 비교합니다. 마찬가지로 거짓입니다. 따라서 36번 줄까지 모두 건너뜁니다.

읽기 좋은 코드 – 중괄호와 들여쓰기

코드를 작성할 때 한 가지 염두에 둬야 할 부분이 있습니다. 바로 '우리의 코드가 읽기 편한 가'입니다. 다음의 코드를 보죠.

```
// 한 줄로만 이루어진 코드

int appleCount = 2; Console.Write("내가 가진 사과의 갯수: "); Console.
WriteLine(appleCount);
```

이 코드는 컴퓨터 입장에서는 전혀 문제가 없는 코드입니다. 그럼 지금까지 우리는 왜 코드를 여러 줄에 걸쳐 작성했을까요? 그건 바로 우리가 코드를 읽을 때 편하기 위함입니다. 우리는 지금까지 코드를 입력하는 중에 ;^{세미콜론}이 나오면 Enter 키를 눌러 다음 줄로 내려가서 코드를 입력했습니다. 이렇게 말입니다.

```
// 세 줄 코드

int appleCount = 2;
Console.Write("내가 가진 사과의 갯수: ");
Console.WriteLine(appleCount);
```

아까 코드보다 훨씬 읽기 편하네요. 그럼 우리가 이번에 배운 if 조건문을 다시 살펴봅시다.

다음은 [코드 6-3]^{136쪽}의 21~24번 줄입니다.

```
21          if (inputOperator == "+")
22          {
23              Console.WriteLine(number1 + number2);
24          }
```

우리는 if 조건문을 작성하면서 { }를 사용했습니다. if 조건문이 참일 때만 실행되는 코드들이 { } 안에 들어가죠. 눈치채셨나요? { }를 입력할 경우 ;처럼 더 이상 같은 줄에 코드를 작성하지 않습니다. 다음 줄부터 코드를 입력하되 { } 안의 코드는 앞에 공백을 가지게 됩니다. 이러한 공백을 들여쓰기라고 합니다. 들여쓰기는 Tab 키를 사용합니다. 들여쓰기를 사용하면 해당 코드들이 { }에 속해 있다는 것을 눈으로 확인할 수 있습니다. 같은 { } 안에 있는 코드들은 같은 들여쓰기 너비를 가지게 됩니다. 이 부분은 비주얼 스튜디오에서 더 쉽게 확인할 수 있습니다.

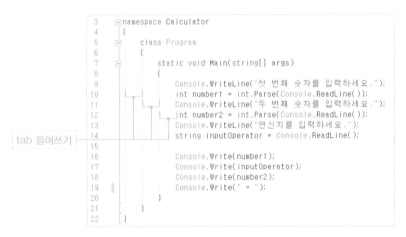

그림 6-3 중괄호와 들여쓰기

[그림 6-3]을 보면 8번과 20번 줄에 있는 { }에 속한 9번~19번 줄이 같은 들여쓰기 너비를 가진 것을 볼 수 있습니다. 코드를 읽기 편하게 하기 위해 이러한 방법들을 습관화하면 좋을 것 같습니다.

04 만약 그렇지 않다면

'만약 ~라면(if)'이란 구문이 있으니 '만약 그렇지 않다면'이란 구문도 있겠죠? 그게 바로 else입니다.

else는 '그 밖의' 또는 '다른'이라는 뜻의 부사입니다. 예를 들어 "난 집에 컴퓨터가 있어"라고 말했을 때, "그럼 다른 건 없어? TV라거나"라고 물어볼 수 있죠? 여기서 '다른'이란 단어를 영어로 하면 else입니다. 현재 말하고 있는 주제나 예로 든 내용 외의 다른 것을

지칭할 때 사용하는 단어죠. 조건문에서 사용하는 else도 이와 의미가 비슷합니다. 조건식이 참이 아닌 경우, 즉 조건식이 거짓일 경우를 처리할 때 else를 사용합니다.

기본형

```
if (조건식)
{
    조건을 만족할 때만 실행
}
else
{
    조건을 만족하지 않을 때만 실행
}
```

if 조건식이 참이면 if 바로 다음에 오는 중괄호 속의 코드를 실행한다고 했었죠? 그 중괄호를 닫은 다음 바로 else를 사용하면 거짓인 경우를 처리하는 코드를 추가할 수 있습니다.

역시 else 다음의 코드도 중괄호 안에 넣어야겠죠. 말로 설명하니 이해가 좀 어렵다고요? 그럼 코드를 보겠습니다.

코드 6-4 연산자가 +가 아닐 때 실행되는 else 조건문을 추가한 코드

```
1    using System;

21       if (inputOperator == "+")          ┌─ 136쪽 [코드 6-3]의 2~20번 줄과 같습니다.
22       {
23         Console.WriteLine(number1 + number2);
24       }
25       else
26       {
27         if (inputOperator == "-")
28         {
29           Console.WriteLine(number1 - number2);
30         }
31         if (inputOperator == "*")
32         {
33           Console.WriteLine(number1 * number2);
34         }
35         if (inputOperator == "/")
36         {
37           Console.WriteLine(number1 / number2);
38         }
39       }
40     }
41   }
42 }
```

[코드 6-3]에 else를 추가한 코드입니다. 27~38번 줄은 코드는 그대로지만, 한번 더 들여써진 코드입니다. 유의하세요.

21번 줄을 보면 inputOperator를 "+"와 비교해서 참이면 23번 줄을 실행하고, 거짓이면 27~38번 줄까지 실행합니다. 입력한 값이 "+"가 아니면 "-"나 "*", 또는 "/"를 비교하는 거죠. 마찬가지로 "-"를 비교한 if 뒤에 else를 추가해서 넣을 수도 있습니다. 직접

해보세요. 그리고 다음의 [코드 6-5]와 비교해보세요.

136쪽 [코드 6-3]의 2~20번 줄과 같습니다.

코드 6-5 else 조건문 안의 if와 else 조건문

```
1    using System;

21        if (inputOperator == "+")
22        {
23          Console.WriteLine(number1 + number2);
24        }
25        else
26        {
27          if (inputOperator == "-")
28          {
29            Console.WriteLine(number1 - number2);
30          }
31          else
32          {
33            if (inputOperator == "*")
34            {
35              Console.WriteLine(number1 * number2);
36            }
37            if (inputOperator == "/")
38            {
39              Console.WriteLine(number1 / number2);
40            }
41          }
42        }
43      }
44    }
45  }
```

음… 이해는 가는데 중괄호가 너무 많아지니 보기 힘들군요. else를 추가할 때마다 그 아래에 오는 코드들을 계속 들여쓰기 해야 합니다. 이런 경우 한 줄에 이쁘게 정렬할 수 있도록 하는 else if라는 구문도 있습니다. 딱히 새로운 게 아니라 그냥 else와 if를 붙여 놓은 것뿐이니 코드를 보면 한 번에 이해될 겁니다.

```
 1    using System;
```

```
21         if (inputOperator == "+")
22         {
23            Console.WriteLine(number1 + number2);
24         }
25         else if (inputOperator == "-")          [코드 6-5]의 25~27번 줄
26         {
27            Console.WriteLine(number1 - number2);
28         }
29         else if (inputOperator == "*")          [코드 6-5]의 31~33번 줄
30         {
31            Console.WriteLine(number1 * number2);
32         }
33         else if (inputOperator == "/")
34         {
35            Console.WriteLine(number1 / number2);
36         }
37      }
38    }
39  }
```

오! 훨씬 깔끔하군요. 눈에 쏙쏙 들어오니 이해하기도 쉽군요. inputOperator가 "+"라면 21번 줄에서 "+"와 비교해서 참이니 23번 줄을 실행할 겁니다. 그리고 뒤에 나오는 else if는 모두 무시합니다. 이미 첫 번째 조건이 참이었으니까요. 그러면 바로 다음에 실행되는 코드는 37번 줄입니다.

만약 inputOperator가 "*"였다면요? 21번 줄에서 "+"와 비교해서 거짓이니 25번 줄로 넘어가고, 25번 줄에서 "-"로 비교하는 것도 거짓이니 29번 줄로 넘어갑니다. 하지만 29번 줄은 참이 되니 두 수를 곱합니다. 그러면 마지막 조건인 "/"는 검사할 필요가 없으니 37번 줄로 넘어갑니다.

그런데 이 코드가 [코드 6-3]과 비교했을 때 결과적으로 별다른 점이 없는데 왜 굳이 else if를 사용하냐고요? 그건 비교 횟수를 줄이기 위해서 입니다. [코드 6-3]의 경우 inputOperator의 값이 뭐든 간에 총 네 번 비교를 합니다. 하지만 [코드 6-6]에서는 "+" 가 들어오면 딱 한 번만, "-"가 들어오면 두 번, "∗"가 들어오면 세 번, "/"가 들어오면 네 번 비교를 합니다. 평균적으로 훨씬 효율적인 게 보이죠?

그림 6-4 inputOperator 변수에 "-"가 있을 경우의 비교 횟수

그런데 가끔 한꺼번에 여러 가지를 비교하고 싶을 때도 있습니다. 예를 들어 숫자를 순서대로 정확히 입력해야 문이 열리는 디지털 도어락을 생각해보죠. 프로젝트 위치는 C:\Projects\intro\06으로 하고, 프로젝트 이름은 DoorLock으로 하겠습니다.

코드 6-7 디지털 도어락을 구현한 코드

```
1   using System;
2
3   namespace DoorLock
4   {
5     class Program
6     {
7       static void Main(string[] args)
8       {
9         int passcodeNumbers1 = 6;
10        int passcodeNumbers2 = 2;
11
12        Console.WriteLine("첫 번째 숫자를 넣어주세요.");
13        int userInput1 = int.Parse(Console.ReadLine());
14        Console.WriteLine("두 번째 숫자를 넣어주세요.");
15        int userInput2 = int.Parse(Console.ReadLine());
16
17        if (userInput1 == passcodeNumbers1)
18        {
19          if (userInput2 == passcodeNumbers2)
20          {
21            Console.WriteLine("문이 열렸습니다.");
22          }
23        }
24      }
25    }
26  }
```

보통 디지털 도어락의 패스워드는 네 자리지만 여기서는 간단히 두 자리라고 가정했습니다. 이걸 조건문을 사용해 작성한 코드가 [코드 6-7]입니다.

이 프로그램을 빌드 후 실행해서 6과 2를 순서대로 입력한 결과는 다음과 같습니다.

코드 6-7 실행. 6과 2를 순서대로 입력한 결과

```
첫 번째 숫자를 넣어주세요.
6
두 번째 숫자를 넣어주세요.
2
문이 열렸습니다.
계속하려면 아무 키나 누르십시오...
```

비밀번호는 62이고 숫자를 순서대로 정확히 맞히면 **"문이 열렸습니다."**라는 문자열을 출력하는 코드군요. 코드를 이해하기는 어렵지 않지만 저걸 다 키보드로 치려면 귀찮기도 하고 무언가 깔끔한 맛이 없습니다. 만약 패스워드가 여섯 자리라면 중괄호가 줄줄이 비엔나처럼 되겠죠? 이런 경우에 그냥 여러 개의 숫자를 한 줄에 비교할 수 있다면 좋겠네요. 바로 이럴 때 사용하는 게 논리연산자입니다.

논리연산자에도 세 가지가 있는데 차례대로 살펴보겠습니다.

논리곱연산자(&&)

다음 쪽의 [코드 6-8]처럼 여러 가지 조건이 모두 참인지 검사할 때 논리곱연산자(&&)를 사용합니다. 연산자 좌우의 값이 전부 참이면 결과는 참이 됩니다. '왼쪽이 참이고 오른쪽도 참이라면'이라고 읽으면 좀 더 이해가 쉬울까요?

기본형

```
조건식1 && 조건식2 && 조건식3 ...
```

논리곱연산자를 사용해서 DoorLock 프로젝트의 코드를 바꿔봅시다. [코드 6–7]의 17번 ~23번 줄을 [코드 6–8]의 17번~20번 줄로 바꿉니다.

코드 6–8 [코드 6–7]을 논리곱연산자를 사용하도록 수정한 코드

```
1    using System;
2
3    namespace DoorLock
4    {
5      class Program
6      {
7        static void Main(string[] args)
8        {
9          int passcodeNumbers1 = 6;
10         int passcodeNumbers2 = 2;
11
12         Console.WriteLine("첫 번째 숫자를 넣어주세요.");
13         int userInput1 = int.Parse(Console.ReadLine());
14         Console.WriteLine("두 번째 숫자를 넣어주세요.");
15         int userInput2 = int.Parse(Console.ReadLine());
16
17         if (userInput1 == passcodeNumbers1 && userInput2 == passcodeNumbers2)
18         {
19           Console.WriteLine("문이 열렸습니다.");
20         }
21       }
22     }
23   }
```

같은 동작을 하지만 코드가 훨씬 간단해진 게 보이나요?

논리합연산자(||)

논리합연산자(||)는 논리곱연산자와는 반대로 연산자 좌우의 값 중 하나라도 참이면 결과가 참이 됩니다. 이것을 문장으로 표현하면 '왼쪽이 참이거나 오른쪽이 참이라면'이라고 말할 수 있습니다. 물론 좌우가 다 참이어도 최종 결과는 참입니다.

기본형

```
조건식1 || 조건식2 || 조건식3 ...
```

예를 하나 들어보죠. 놀이공원의 롤러코스터는 키가 130cm 이상(조건식1)이거나 나이가 14살 이상(조건식2)이어야 탈 수 있습니다. 이것을 논리합연산자를 이용해 표현하면 다음과 같습니다.

```
if (height >= 130 || age >= 14)
{
  Console.WriteLine("롤러코스터를 탈 수 있습니다.");
}
```

이 코드는 height가 130 이상이거나 age가 14 이상이면 Console.WriteLine("롤러코스터를 탈 수 있습니다.");라는 출력문을 실행합니다. 그러니까 height가 135이고 age가 12여도 이 출력문이 실행되죠. 하지만 height가 125고 age가 12면 두 조건 다 거짓이니 출력문을 실행하지 않고 다음 줄로 넘어갑니다.

논리부정연산자(!)

논리부정연산자(!)는 앞서 설명한 두 논리연산자와는 좀 다릅니다. 앞의 두 논리연산자는 좌우에 있는 두 조건식의 참, 거짓 여부에 따라 전체의 참, 거짓이 정해진다면 논리부정연산자는 하나의 조건식 앞에 사용해서 그 조건식의 참, 거짓 여부를 반대로 뒤집어줍니다. 즉, 조건식이 참이었다면 거짓으로, 거짓이었다면 참으로 바꿔주는 거죠.

```
!(조건식)
```

예를 들어 조금 전 논리합연산자에서 사용한 코드를 수정해서 입장 불가 여부를 알아본다고 하죠. 그럼 이런 코드가 될 겁니다.

```
if (!(height >= 130 || age >= 14))
{
    Console.WriteLine("입장이 불가능합니다.");
}
```

여기서 중요한 점은 논리부정연산자(!) 뒤에 오는 조건식을 ( )로 감싸야 한다는 것입니다. 그러면 키가 130이상이거나 나이가 14살 이상인지를 판단(입장 가능 여부)해서 나온 결과를 반대로 뒤집어주는 거니 입장 불가 여부를 판단하는 게 되죠?

이 정도면 조건문은 충분히 알아봤으니 조건문을 사용해서 숫자야구 게임을 더 재미있게 바꿔봅시다.

자, 다시 숫자야구로 돌아가 봅시다. 조건문을 어디에 쓸 수 있을까요? 숫자야구 게임의 기본은 수비수가 골라 놓은 숫자를 공격수가 맞히는 것이니 공격수가 입력한 숫자와 수비수가 골라 놓은 숫자를 비교해야겠죠? 어? 그렇다면 조건문이 딱 맞는군요!

조건문을 추가하기 전에 우리가 작성했던 숫자야구 프로젝트의 코드를 살펴보죠. 숫자야구 프로젝트를 실행해주세요. 다음은 숫자야구 프로젝트의 Program.cs 파일의 20~34번 줄입니다.

```
20        Console.WriteLine("> 수비수가 고른 숫자");
21        int number1 = 3;
22        int number2 = 1;
23        int number3 = 9;
24        Console.WriteLine(number1);
25        Console.WriteLine(number2);
26        Console.WriteLine(number3);
27
28        Console.WriteLine("> 수비수가 다시 고른 숫자");
29        number1 = 8;
30        number2 = 2;
31        number3 = 0;
32        Console.WriteLine(number1);
33        Console.WriteLine(number2);
34        Console.WriteLine(number3);
```

음...딱히 그럴 필요가 없는데 수비수가 숫자를 두 번이나 고르고 있습니다. 여기에 조건문까지 추가하면 코드가 너무 길어질 것 같으니 28~34번 줄은 삭제합시다.

이제 공격수가 입력한 숫자에 따라 스트라이크, 볼, 아웃을 출력하는 코드를 추가하겠습니다. 다음 쪽의 [코드 6-9]처럼 코드를 수정해주세요.

```
1   using System;
2
3   namespace UltimateBaseball
4   {
5     class Program
6     {
7       static void Main(string[] args)
8       {
9         Console.WriteLine("+------------------------------------------------+");
10        Console.WriteLine("¦                 궁극의 숫자야구 게임                ¦");
11        Console.WriteLine("+------------------------------------------------+");
12        Console.WriteLine("¦ 컴퓨터가 수비수가 되어 세 자릿수를 하나 골랐습니다. ¦");
13        Console.WriteLine("¦ 각 숫자는 0~9중에 하나며 중복되는 숫자는 없습니다.  ¦");
14        Console.WriteLine("¦ 모든 숫자와 위치를 맞히면 승리합니다.               ¦");
15        Console.WriteLine("¦ 숫자와 순서가 둘 다 맞으면 스트라이크입니다.        ¦");
16        Console.WriteLine("¦ 숫자만 맞고 순서가 틀리면 볼입니다.                 ¦");
17        Console.WriteLine("¦ 숫자가 틀리면 아웃입니다.                           ¦");
18        Console.WriteLine("+------------------------------------------------+");
19
20        Console.WriteLine("> 수비수가 고른 숫자");
21        int number1 = 3;
22        int number2 = 1;
23        int number3 = 9;
24        Console.WriteLine(number1);
25        Console.WriteLine(number2);
26        Console.WriteLine(number3);
27                          ●────────┤ 예전 코드에서 28~34번 줄은 삭제했습니다.
28        Console.WriteLine("> 첫 번째 숫자를 입력하세요.");
29        int guess1 = int.Parse(Console.ReadLine());
30        Console.WriteLine("> 두 번째 숫자를 입력하세요.");
31        int guess2 = int.Parse(Console.ReadLine());
32        Console.WriteLine("> 세 번째 숫자를 입력하세요.");
33        int guess3 = int.Parse(Console.ReadLine());
34
35        Console.WriteLine("> 공격수가 고른 숫자");
36        Console.WriteLine(guess1);
37        Console.WriteLine(guess2);
38        Console.WriteLine(guess3);
```

```
39
40        int strikeCount = 0;
41        int ballCount = 0;
42
43        if (guess1 == number1)
44        {
45          strikeCount = strikeCount + 1;
46        }
47        else if (guess1 == number2 || guess1 == number3)      ┐ 첫 번째 숫자 비교
48        {
49          ballCount = ballCount + 1;
50        }
51
52        if (guess2 == number2)
53        {
54          strikeCount = strikeCount + 1;
55        }
56        else if (guess2 == number1 || guess2 == number3)      ┐ 두 번째 숫자 비교. 43~
57        {                                                       50번 줄과 동작 원리 같음
58          ballCount = ballCount + 1;
59        }
60
61        if (guess3 == number3)
62        {
63          strikeCount = strikeCount + 1;
64        }
65        else if (guess3 == number1 || guess3 == number2)      ┐ 세 번째 숫자 비교. 43~
66        {                                                       50번 줄과 동작 원리 같음
67          ballCount = ballCount + 1;
68        }
69
70      Console.Write("스트라이크: ");
71      Console.WriteLine(strikeCount);
72      Console.Write("볼: ");
73      Console.WriteLine(ballCount);
74      Console.Write("아웃: ");
75      Console.WriteLine(3 - strikeCount - ballCount);
76    }
77  }
78 }
```

일단 한번 프로그램을 실행해보겠습니다. 실행 후 1, 2, 3을 입력하면 다음과 같이 결과가 나올 겁니다.

코드 6-5 실행. 1, 2, 3을 입력한 결과

```
+-----------------------------------------------+
|                궁극의 숫자야구 게임              |
+-----------------------------------------------+
| 컴퓨터가 수비수가 되어 세 자릿수를 하나 골랐습니다.  |
| 각 숫자는 0~9중에 하나며 중복되는 숫자는 없습니다.    |
| 모든 숫자와 위치를 맞히면 승리합니다.               |
| 숫자와 순서가 둘 다 맞으면 스트라이크입니다.          |
| 숫자만 맞고 순서가 틀리면 볼입니다.                 |
| 숫자가 틀리면 아웃입니다.                         |
+-----------------------------------------------+

> 수비수가 고른 숫자
3
1
9
> 첫 번째 숫자를 입력하세요.
1
> 두 번째 숫자를 입력하세요.
2
> 세 번째 숫자를 입력하세요.
3
> 공격수가 고른 숫자
1
2
3
스트라이크: 0
볼: 2
아웃: 1
계속하려면 아무 키나 누르십시오...
```

오호라, 입력한 숫자에 따라 스트라이크, 볼, 아웃 판정을 해주는군요. 그러면 새로 추가한 코드를 차례대로 살펴보겠습니다. 먼저 40~41번 줄을 보면 스트라이크 숫자와 볼 숫자를 위한 변수를 선언했습니다.

```
40          int strikeCount = 0;
41          int ballCount = 0;
```

특별한 내용은 없습니다. 조건문을 사용하는 코드는 43번 줄부터 나옵니다. 43~50번 줄까지가 첫 번째 숫자를 처리하는 코드입니다. 코드를 보면서 자세한 동작을 알아보죠.

```
43          if (guess1 == number1)
44          {
45            strikeCount = strikeCount + 1;
46          }
47          else if (guess1 == number2 || guess1 == number3)
48          {
49            ballCount = ballCount + 1;
50          }
```

43번 줄에서 공격수가 고른 첫 번째 숫자인 guess1을 수비수가 고른 첫 번째 숫자인 number1과 비교합니다. 둘이 서로 같으면 45번 줄에서 스트라이크 숫자를 하나 늘립니다. 만약 숫자가 서로 다르면 공격수가 고른 첫 번째 숫자와 수비수가 고른 두 번째 숫자나 세 번째 숫자가 같은지 비교합니다. 만약 하나라도 같다면 49번 줄에서 볼 숫자를 하나 늘립니다.

52~68번 줄까지는 43~50번 줄까지의 반복입니다. 52~59번 줄까지는 공격수가 고른 두 번째 숫자를 처리하고, 61~68번 줄은 세 번째 숫자를 처리합니다.

그리고 70~75번 줄까지는 스트라이크, 볼, 아웃 숫자를 출력합니다. 직접 프로그램을 실행해서 숫자를 넣어보며 스트라이크, 볼, 아웃이 잘 나오는지 확인해보세요. 손으로 코드를 직접 작성하고 실행해봐야 잘 잊어버리지 않고 이해도 잘됩니다.

제법 그럴듯하군요. 역시 공격수와 수비수의 숫자를 비교해서 다른 코드를 실행할 때는 조건문이 딱 맞습니다. 이외에 조건문을 쓸만한 곳이 더 있을까요? 처음에 숫자야구의 규칙을 말할 때 설명했듯이 수비수가 고른 세 자릿수는 모두 달라야 합니다. 즉, 중복되는 수가 없다는 거죠. 따라서 공격수가 고르는 세 자릿수도 모두 달라야 합니다. 그러면 공격수가 중복되는 숫자를 입력할 경우 숫자 입력이 잘못되었다고 말해줘야 하지 않을까요? 여기에도 조건문이 딱 맞겠군요!

```
if (guess1 == guess2 || guess1 == guess3 || guess2 == guess3)
{
  Console.WriteLine("같은 숫자를 입력하면 안 됩니다.");
}
```

이렇게 숫자 입력을 비교해서 같은 숫자가 하나라도 있으면 "**같은 숫자를 입력하면 안 됩니다.**"를 화면에 출력합니다. 그리고 전부 다른 숫자면 스트라이크, 볼, 아웃을 판정하죠. 이 코드를 숫자야구 게임 코드에 넣으면 다음과 같습니다.

코드 6-10 숫자야구 코드에 중복되는 숫자 입력 처리를 추가한 코드

```
1    using System;
2
3    namespace UltimateBaseball
4    {
5      class Program
6      {
7        static void Main(string[] args)
8        {
9          Console.WriteLine("+------------------------------------------------+");
10         Console.WriteLine("|                 궁극의 숫자야구 게임                    |");
11         Console.WriteLine("+------------------------------------------------+");
12         Console.WriteLine("| 컴퓨터가 수비수가 되어 세 자릿수를 하나 골랐습니다. |");
13         Console.WriteLine("| 각 숫자는 0~9중에 하나며 중복되는 숫자는 없습니다. |");
14         Console.WriteLine("| 모든 숫자와 위치를 맞히면 승리합니다.               |");
15         Console.WriteLine("| 숫자와 순서가 둘 다 맞으면 스트라이크입니다.        |");
16         Console.WriteLine("| 숫자만 맞고 순서가 틀리면 볼입니다.                 |");
17         Console.WriteLine("| 숫자가 틀리면 아웃입니다.                           |");
18         Console.WriteLine("+------------------------------------------------+");
19
```

```
20        Console.WriteLine("> 수비수가 고른 숫자");
21        int number1 = 3;
22        int number2 = 1;
23        int number3 = 9;
24        Console.WriteLine(number1);
25        Console.WriteLine(number2);
26        Console.WriteLine(number3);
27
28        Console.WriteLine("> 첫 번째 숫자를 입력하세요.");
29        int guess1 = int.Parse(Console.ReadLine());
30        Console.WriteLine("> 두 번째 숫자를 입력하세요.");
31        int guess2 = int.Parse(Console.ReadLine());
32        Console.WriteLine("> 세 번째 숫자를 입력하세요.");
33        int guess3 = int.Parse(Console.ReadLine());
34
35        Console.WriteLine("> 공격수가 고른 숫자");
36        Console.WriteLine(guess1);
37        Console.WriteLine(guess2);
38        Console.WriteLine(guess3);
39
40        if (guess1 == guess2 || guess1 == guess3 || guess2 == guess3)
41        {
42          Console.WriteLine("같은 숫자를 입력하면 안 됩니다.");
43        }
44        else
45        {
46          int strikeCount = 0;
47          int ballCount = 0;
48
49          if (guess1 == number1)
50          {
51            strikeCount = strikeCount + 1;
52          }
53          else if (guess1 == number2 || guess1 == number3)
54          {
55            ballCount = ballCount + 1;
56          }
```

```
57
58            if (guess2 == number2)
59            {
60              strikeCount = strikeCount + 1;
61            }
62            else if (guess2 == number1 ¦¦ guess2 == number3)
63            {
64              ballCount = ballCount + 1;
65            }
66
67            if (guess3 == number3)
68            {
69              strikeCount = strikeCount + 1;
70            }
71            else if (guess3 == number1 ¦¦ guess3 == number2)
72            {
73              ballCount = ballCount + 1;
74            }
75
76            Console.Write("스트라이크: ");
77            Console.WriteLine(strikeCount);
78            Console.Write("볼: ");
79            Console.WriteLine(ballCount);
80            Console.Write("아웃: ");
81            Console.WriteLine(3 - strikeCount - ballCount);
82          }
83        }
84      }
85  }
```

역시 아까처럼 프로그램을 실행한 뒤 **1, 2, 3**을 입력하겠습니다. 그 결과는 [코드 6-10 실행]과 같습니다.

```
+--------------------------------------------------+
|                                                  |
|              궁극의 숫자야구 게임                    |
|                                                  |
+--------------------------------------------------+
| 컴퓨터가 수비수가 되어 세 자릿수를 하나 골랐습니다.    |
| 각 숫자는 0~9중에 하나며 중복되는 숫자는 없습니다.     |
| 모든 숫자와 위치를 맞히면 승리합니다.                 |
| 숫자와 순서가 둘 다 맞으면 스트라이크입니다.           |
| 숫자만 맞고 순서가 틀리면 볼입니다.                   |
| 숫자가 틀리면 아웃입니다.                            |
+--------------------------------------------------+
> 수비수가 고른 숫자
3
1
9
> 첫 번째 숫자를 입력하세요.
1
> 두 번째 숫자를 입력하세요.
2
> 세 번째 숫자를 입력하세요.
3
> 공격수가 고른 숫자
1
2
3
스트라이크: 0
볼: 2
아웃: 1
계속하려면 아무 키나 누르십시오...
```

[코드 6-9]를 실행했을 때와 같은 결과가 나옵니다. 숫자가 전부 다른 경우에 스트라이크, 볼, 아웃의 판정을 확인했으니 이제 같은 숫자를 넣어봅시다. 코드를 실행하고 1, 1, 3을 넣습니다.

```
+--------------------------------------------------+
|                  궁극의 숫자야구 게임                    |
+--------------------------------------------------+
| 컴퓨터가 수비수가 되어 세 자릿수를 하나 골랐습니다.      |
| 각 숫자는 0~9중에 하나며 중복되는 숫자는 없습니다.       |
| 모든 숫자와 위치를 맞히면 승리합니다.                   |
| 숫자와 순서가 둘 다 맞으면 스트라이크입니다.             |
| 숫자만 맞고 순서가 틀리면 볼입니다.                     |
| 숫자가 틀리면 아웃입니다.                              |
+--------------------------------------------------+

> 수비수가 고른 숫자
3
1
9
> 첫 번째 숫자를 입력하세요.
1
> 두 번째 숫자를 입력하세요.
1
> 세 번째 숫자를 입력하세요.
3
> 공격수가 고른 숫자
1
1
3
같은 숫자를 입력하면 안 됩니다.
계속하려면 아무 키나 누르십시오...
```

"같은 숫자를 입력하면 안 됩니다."라는 문장을 출력하고 스트라이크, 볼, 아웃 판정은 하지 않은 채 프로그램을 종료했습니다. 딱 우리가 원하던 결과군요!

이렇게 스트라이크, 볼, 아웃 판정 등을 넣어보니 게임을 다 만든 것 같은 기분이 듭니다. 하지만 한 번밖에 찬스가 없으니 뭔가 허전하죠? 칼을 뽑았으면 무라도 썰어야 한다던데… 뭐가 됐든 정답을 맞힐 때까지 계속 시도해보고 싶은데 말이죠(첫 번째 문제). 게다가 수비수의 숫자가 바뀌질 않으니 너무 뻔한 게임이기도 합니다(두 번째 문제). 걱정하지 마세요.

우리의 첫 번째 문제는 8장에서 반복문을 배우면 해결할 수 있습니다. 두 번째 문제는 10장에서 주사위를 굴리는 법을 배우면 쉽게 해결할 수 있습니다. 그러면 이번 장에서 배운 내용을 정리하고 다음 장으로 넘어가겠습니다. 그래야 8장과 10장도 배울 수 있으니까요!

chapter6에서 배운 내용

* 비교연산자 >는 왼쪽이 오른쪽보다 크면 참입니다.

* 비교연산자 <는 왼쪽이 오른쪽보다 작으면 참입니다.

* 비교연산자 >=는 왼쪽이 오른쪽보다 크거나 같으면 참입니다.

* 비교연산자 <=는 왼쪽이 오른쪽보다 작거나 같으면 참입니다.

* 비교연산자 ==는 왼쪽과 오른쪽이 같으면 참입니다.

* 비교연산자 !=는 왼쪽과 오른쪽이 다르면 참입니다.

* if는 조건을 만족하면 바로 다음에 오는 중괄호 속의 코드를 실행합니다.

* else는 조건을 만족하지 않으면 바로 다음에 오는 중괄호 속의 코드를 실행합니다.

* 논리곱연산자(&&)는 왼쪽과 오른쪽이 둘 다 참이어야 참입니다.

* 논리합연산자(¦¦)는 왼쪽과 오른쪽 중에 하나만 참이면 참입니다.

* 논리부정연산자(!)는 참은 거짓이 되고 거짓은 참이 됩니다.

이번 장에서 배운 내용을 복습하는 의미에서 간단한 문제를 몇 개 풀어보겠습니다. 언제나 그렇듯 기초문제의 풀이는 부록에 실려 있습니다.

6-1 다음 조건식은 참인가요? 거짓인가요?

```
3 <= 5
!(5 == 5)
!(3 < 2)
1 > 0
```

6-2 다음 코드를 실행해서 3을 입력하면 어떤 결과가 출력될까요?

```
1   using System;
2
3   namespace BasicProblem0602
4   {
5     class Program
6     {
7       static void Main(string[] args)
8       {
9         Console.WriteLine("먹은 사과의 개수를 입력하세요.");
10        int eatenAppleCount = int.Parse(Console.ReadLine());
12        if (eatenAppleCount > 3)
12        {
13          Console.WriteLine("사과를 많이 먹었습니다.");
14        }
15        else if (eatenAppleCount < 3)
16        {
17          Console.WriteLine("사과를 조금 먹었습니다.");
18        }
19        else
20        {
```

```
21        Console.WriteLine("사과를 적절히 먹었습니다.");
22      }
23    }
24  }
25 }
```

6-3 다음은 10등 미만이거나 90점을 초과하면 **"A입니다."** 를 출력하는 프로그램입니다.

논리연산을 이용하도록 조건문을 수정하세요. (**힌트**: 논리합연산자(||)를 사용하세요.)

```
1  using System;
2
3  namespace BasicProblem0603
4  {
5    class Program
6    {
7      static void Main(string[] args)
8      {
9        Console.WriteLine("등수를 입력하세요.");
10       int rank = int.Parse(Console.ReadLine());
11       Console.WriteLine("점수를 입력하세요.");
12       int score = int.Parse(Console.ReadLine());
13
14       if (rank < 10)
15       {
16         Console.WriteLine("A입니다.");
17       }
18       else if (score > 90)
19       {
20         Console.WriteLine("A입니다.");
21       }
22     }
23   }
24 }
```

심화문제

심화문제는 따로 풀이를 제공하지 않습니다. 각자의 방법대로 문제를 해결해보세요. 질문은 저자의 블로그를 이용해주세요(들어가기 전에 5쪽을 참조하세요).

6-1 [코드 6–3]을 else if를 사용하도록 수정하고 나머지 연산(%)도 추가하세요.

(**힌트**: 6–4절에 나온 예제를 참고하세요.)

6-2 정수형 변수 userInput에 사용자의 입력을 받아서 userInput이 20보다 크고 3의 배수이면 "20보다 큰 3의 배수입니다."를 출력하는 프로그램을 작성하세요.

(**힌트**: userInput % 3이 0이면 3의 배수입니다.)

chapter 7

수많은 변수를 손쉽게 관리하려면,
배열

7장의 키워드는 배열입니다. 7장에서 배울 내용은 다음과 같습니다.

+ 배열이 필요한 이유
+ 배열
+ 컨테이너

6장에서 조건문을 배우면서 디지털 도어락 프로그램을 만들었었죠? 이 프로그램에서는 사용자가 입력한 숫자를 하나하나 모두 변수로 선언했지만, 뭐, 그래 봐야 숫자가 두 개였으니까 별로 불편하지는 않았죠. 하지만 비밀번호의 길이가 여섯 자리라면 어떻게 될까요? 당연히 변수도 여섯 개 선언해야겠죠. 그보다 더 많아지면요? 당연히 변수도 그만큼 많아져야죠. 어이쿠, 비밀번호의 길이를 늘릴수록 변수의 수가 계속 증가해서 코드가 꽤 난잡해지겠는걸요?

01 변수가 많아지면 복잡해져요

보통 디지털 도어락을 열려면 네 자리 이상의 숫자를 입력해야 하니 앞서 만들었던 디지털 도어락 프로그램도 더 많은 숫자를 입력받게 만듭시다. 한 여섯 개 정도면 적당할까요? 요즘 나오는 디지털 도어락은 보통 숫자가 여섯 자리더라구요.

일단 비주얼 스튜디오를 실행해서 새 프로젝트를 만듭니다. 프로젝트 파일을 저장할 위치는 C:\Projects\intro\07, 프로젝트 이름은 DoorLock_6Num으로 하겠습니다. 코드를 처음부터 작성하는 건 귀찮으니 6장에서 만든 DoorLock 프로젝트에서 코드를 복사해오기로 하죠. 코드를 복사하는 방법은 6장에서 설명했으니 참고해주세요.[127쪽] 그다음 [코드 7-1]에서 바탕색이 있는 코드들을 추가해줍니다. 정확히 말하면 이전 코드의 10번 줄과 15번 줄 뒤에 추가할 코드가 좀 있고 17번 줄에 있던 코드도 바꿔줘야 합니다. 마지막으로 20번 줄 뒤에도 코드를 추가해줘야 합니다. 추가할 코드가 좀 많죠? 빼먹지 않게 조심하면서 하나하나 추가하세요.

```csharp
1   using System;
2
3   namespace DoorLock_6Num
4   {
5     class Program
6     {
7       static void Main(string[] args)
8       {
9         int passcodeNumbers1 = 6;
10        int passcodeNumbers2 = 2;
11        int passcodeNumbers3 = 1;
12        int passcodeNumbers4 = 9;
13        int passcodeNumbers5 = 4;
14        int passcodeNumbers6 = 7;
15
16        Console.WriteLine("첫 번째 숫자를 넣어주세요.");
17        int userInput1 = int.Parse(Console.ReadLine());
18        Console.WriteLine("두 번째 숫자를 넣어주세요.");
19        int userInput2 = int.Parse(Console.ReadLine());
20        Console.WriteLine("세 번째 숫자를 넣어주세요.");
21        int userInput3 = int.Parse(Console.ReadLine());
22        Console.WriteLine("네 번째 숫자를 넣어주세요.");
23        int userInput4 = int.Parse(Console.ReadLine());
24        Console.WriteLine("다섯 번째 숫자를 넣어주세요.");
25        int userInput5 = int.Parse(Console.ReadLine());
26        Console.WriteLine("여섯 번째 숫자를 넣어주세요.");
27        int userInput6 = int.Parse(Console.ReadLine());
28
29        if (userInput1 == passcodeNumbers1 && userInput2 == passcodeNumbers2 &&
       userInput3 == passcodeNumbers3 && userInput4 == passcodeNumbers4 && userInput5
       == passcodeNumbers5 && userInput6 == passcodeNumbers6)
30        {
31          Console.WriteLine("문이 열렸습니다.");
32        }
33        else
34        {
```

```
35              Console.WriteLine("비밀번호가 틀렸습니다.");
36          }
37      }
38   }
39 }
```

역시 비밀번호를 여섯 자리로 늘리니까 변수 선언과 숫자 입력을 받는 코드가 길어진 게 한 눈에 보입니다. 이래도 별 감흥이 없다면 비밀번호가 백 자리라면 어떨까요? 이러면 코드를 보여주기도 힘들겠네요. 그렇다면 간단하게 한 번에 여러 개의 변수를 선언할 방법이 없을까요?

일단 9~14번 줄까지의 코드를 다시 살펴보겠습니다.

```
9       int passcodeNumbers1 = 6;
10      int passcodeNumbers2 = 2;
11      int passcodeNumbers3 = 1;
12      int passcodeNumbers4 = 9;
13      int passcodeNumbers5 = 4;
14      int passcodeNumbers6 = 7;
```

변수 이름을 지을 때 passcodeNumbers 뒤에 차례대로 숫자를 붙이고 있군요? 이 대신 그냥 한 줄로 만들고 싶은데 말이죠. 다음 코드처럼요.

```
// 621947을 passcodeNumbers 변수에 저장하는 코드

int passcodeNumbers = 621947;
```

하지만 이 코드는 우리가 원하는 코드가 아닙니다. passcodeNumbers라는 변수에 621947이라는 숫자를 넣는 거지 6, 2, 1, 9, 4, 7을 따로 넣는 게 아니니까요. 그럼 어떻게 해야 할까요? 이럴 때 필요한 게 배열입니다.

02 배열

배열이란?

먼저 배열의 뜻부터 짚고 넘어가겠습니다.

Array의 뜻이 '배열, 배열하다, 진열하다'입니다. 버스를 기다리는 사람들이 한 줄로 늘어서 있는 모습이나 진열대에 상품이 줄 맞춰 놓여있는 모습을 떠올려보세요. 프로그래밍에서 사용하는 배열의 개념도 비슷합니다. 여러 변수가 한 줄로 줄을 서 있는 거죠.

일단 코드부터 볼까요? 그러면 이해가 더 빠르니까요. 앞서 입력한 [코드 7-1]에 나왔던 passcodeNumbers1부터 passcodeNumbers6 변수를 배열로 바꾸면 다음과 같습니다.

```
// 여섯 자리의 숫자를 저장하는 정수형 배열 passcodeNumbers

int[] passcodeNumbers = { 6, 2, 1, 9, 4, 7 };
```

오! 우리가 원하는 대로 한 줄에 모든 숫자를 다 넣었습니다. 그런데 정수형 변수(int) 뒤에 [ ]^{대괄호}가 들어갔네요? 정수형 변수(int)나 문자열 변수(string)와 같은 변수의 종류 뒤에 [ ]가 붙어 있으면 다음에 나오는 변수가 배열이란 의미입니다.

조금 전에 본 코드에서는 변수를 int[] passcodeNumbers로 선언했으니 passcodeNumbers가 정수형 배열 변수가 됩니다. 그리고 그 안에 숫자를 줄줄이 넣기 위해 {}^{중괄호} 사이에 숫자들을 나열했습니다. 숫자들을 구분할 때는 ,^{쉼표}를 사용했구요. 처음에 생각했던

코드보다는 약간 복잡할 수도 있지만 크게 다르지 않죠?

기본형

변수의 종류[] 이름 = { 배열에 들어가는 값. 각 값은 ,^{쉼표}로 구분한다. };

이제 배열을 선언하는 방법도 알았으니 배열에 들어 있는 값을 사용하는 방법을 배워볼 차례입니다. 배열에 들어 있는 값을 바꾸는 방법도요. 이번에도 예부터 보겠습니다. 조금 전에 만들었던 비밀번호의 첫 번째 숫자를 사용자가 입력한 값과 비교하는 코드입니다.

비밀번호의 첫 번째 숫자와 사용자가 입력한 숫자를 비교

```
if (passcodeNumbers[0] == userInput1)
{
  Console.WriteLine("첫 번째 숫자가 같습니다.");
}
```

passcodeNumbers[0]을 userInput1하고 비교했죠? 배열에 들어 있는 값에 접근할 때는 []를 사용하고 그 [] 안에는 숫자를 넣어 읽어올 위치를 지정해줍니다. 첫 번째 값을 읽어올 때는 [0], 두 번째 값을 읽어올 때는 [1], 세 번째 값을 읽어올 때는 [2]를 사용하죠. 여기서 한 가지 주의할 점은 첫 번째 숫자를 읽어올 때 1이 아니라 0을 사용한다는 것입니다.

사실 컴퓨터는 숫자를 셀 때 1부터가 아니라 0부터 셉니다. 따라서 컴퓨터의 입장에서는 0이 첫 번째인 것이죠. 처음 프로그래밍을 배울 때는 이게 좀 어색하지만 금방 익숙해지리라 믿습니다.

- passcodeNumbers[0] → 첫 번째
- passcodeNumbers[1] → 두 번째
- passcodeNumbers[2] → 세 번째
- passcodeNumbers[3] → 네 번째
- passcodeNumbers[4] → 다섯 번째
- passcodeNumbers[5] → 여섯 번째

이왕 내친김에 [코드 7-1]을 좀 더 수정해서 사용자에게 입력받는 숫자도 배열에 저장해볼까요? 그런데 사용자가 입력하는 값은 실제로 입력을 받기 전에는 어떤 숫자인지 알 방법조차 없습니다. 따라서 좀 전에 그랬던 것처럼 중괄호와 숫자를 이용해서 배열을 선언할 수는 없겠네요. 이럴 때는 다음과 같은 코드를 사용하여 정수형 배열을 선언합니다.

```
int[] userInput = new int[6];
```

아까와는 다르게 {}와 **숫자** 대신 new int[6]을 사용했군요. 이것은 여섯 개의 정수를 넣을 수 있는 배열을 만든다는 뜻입니다. 그렇다면 키보드 입력을 받은 코드를 첫 번째 수로 저장하는 코드는 어떻게 될까요? 이것도 매우 간단합니다.

```
userInput[0] = int.Parse(Console.ReadLine());
```

그럼 지금까지 배운 내용을 바탕으로 [코드 7-1]을 다음 쪽의 [코드 7-2]와 같이 수정하겠습니다.

```
1   using System;
2
3   namespace DoorLock_6Num
4   {
5     class Program
6     {
7       static void Main(string[] args)
8       {
9         int[] passcodeNumbers = { 6, 2, 1, 9, 4, 7 };
10        int[] userInput = new int[6];
11
12        Console.WriteLine("첫 번째 숫자를 넣어주세요.");
13        userInput[0] = int.Parse(Console.ReadLine());
14        Console.WriteLine("두 번째 숫자를 넣어주세요.");
15        userInput[1] = int.Parse(Console.ReadLine());
16        Console.WriteLine("세 번째 숫자를 넣어주세요.");
17        userInput[2] = int.Parse(Console.ReadLine());
18        Console.WriteLine("네 번째 숫자를 넣어주세요.");
19        userInput[3] = int.Parse(Console.ReadLine());
20        Console.WriteLine("다섯 번째 숫자를 넣어주세요.");
21        userInput[4] = int.Parse(Console.ReadLine());
22        Console.WriteLine("여섯 번째 숫자를 넣어주세요.");
23        userInput[5] = int.Parse(Console.ReadLine());
24
25        if (userInput[0] == passcodeNumbers[0] && userInput[1] ==
    passcodeNumbers[1] && userInput[2] == passcodeNumbers[2] && userInput[3] ==
    passcodeNumbers[3] && userInput[4] == passcodeNumbers[4] && userInput[5] ==
    passcodeNumbers[5])
26        {
27          Console.WriteLine("문이 열렸습니다.");
28        }
29        else
30        {
31          Console.WriteLine("비밀번호가 틀렸습니다.");
32        }
33      }
34    }
35  }
```

이 코드가 제대로 동작하는지 한번 테스트해봐야겠죠? 프로그램을 실행하고 6, 2, 1, 9, 4, 7을 입력해봅시다.

코드 7-2 실행. 6, 2, 1, 9, 4, 7을 입력한 결과

```
첫 번째 숫자를 넣어주세요.
6
두 번째 숫자를 넣어주세요.
2
세 번째 숫자를 넣어주세요.
1
네 번째 숫자를 넣어주세요.
9
다섯 번째 숫자를 넣어주세요.
4
여섯 번째 숫자를 넣어주세요.
7
문이 열렸습니다.
계속하려면 아무 키나 누르십시오...
```

숫자를 제대로 입력하니까 **"문이 열렸습니다."**가 출력되었습니다. 그럼 숫자가 틀렸을 경우도 테스트해봐야겠죠? 이번에는 6, 2, 1, 9, 4, 8을 입력해봅시다.

코드 7-2 실행. 6, 2, 1, 9, 4, 8을 입력한 결과

```
첫 번째 숫자를 넣어주세요.
6
두 번째 숫자를 넣어주세요.
2
세 번째 숫지를 넣어주세요.
1
네 번째 숫자를 넣어주세요.
9
다섯 번째 숫자를 넣어주세요.
4
여섯 번째 숫자를 넣어주세요.
8
비밀번호가 틀렸습니다.
계속하려면 아무 키나 누르십시오...
```

원하는 대로 "비밀번호가 틀렸습니다."가 출력됩니다. 코드가 잘 동작하는군요. 게다가 9~14번 줄까지 있던 변수 선언이 두 줄로 끝나 뿌듯하네요. 이러면 비밀번호가 열 자리로 늘어도 변수 선언을 길게 할 필요가 없습니다. 숫자를 입력받는 부분은 여전히 길지만 이 문제는 다음 장에서 고쳐볼 테니 조금만 참아주세요.

다양한 종류의 배열 만들기

그 대신 조금 더 복잡한 프로그램을 하나 만들어보겠습니다. 정수형 변수(int)뿐만 아니라 문자열형(string)과 실수형(double)도 모두 배열로 만들어볼 수 있는 프로그램으로요. 그리고 앞서 여섯 개의 정수를 넣을 수 있는 배열을 만들 때 new int[6]을 사용한다고 했었죠? 여기서 대괄호 안에 사용했던 6이란 숫자, 즉 배열 안에 들어갈 값의 개수도 사용자가 직접 정하게 해주면 어떨까요?

이런 것을 모두 할 수 있는 프로그램을 생각해보니 학생 명부 관리 프로그램이 괜찮아보입니다. 우선 키보드로부터 총학생 수를 입력받고 그 수만큼 학생 배열을 만들게 하죠. 그리고 그중 1명의 정보를 입력받아보면 어떨까요?

꽤 괜찮게 들리는 프로그램이니 일단 프로젝트부터 생성하고 바로 코딩을 시작하겠습니다. 프로젝트 파일을 저장할 위치는 C:\Projects\intro\07, 프로젝트 이름은 StudentList로 해주세요. 프로젝트를 새로 만들었다면 [코드 7-3]의 코드를 넣어주세요.

```
1   using System;
2
3   namespace StudentList
4   {
5     class Program
6     {
7       static void Main(string[] args)
8       {
9         Console.WriteLine("학생 숫자를 입력하세요.");
10        int studentCount = int.Parse(Console.ReadLine());
11
12        int[] ages = new int[studentCount];
13        string[] names = new string[studentCount];
14        double[] heights = new double[studentCount];
15
16        Console.WriteLine("몇 번째 학생의 정보를 추가할까요?");
17        int studentNumber = int.Parse(Console.ReadLine());
18
19        Console.WriteLine("나이를 입력하세요.");
20        ages[studentNumber] = int.Parse(Console.ReadLine());
21
22        Console.WriteLine("이름을 입력하세요.");
23        names[studentNumber] = Console.ReadLine();
24
25        Console.WriteLine("키를 입력하세요.");
26        heights[studentNumber] = double.Parse(Console.ReadLine());
27
28        Console.Write(studentNumber);
29        Console.WriteLine("번째 학생");
30        Console.Write("이름: ");
31        Console.WriteLine(names[studentNumber]);
32        Console.Write("나이: ");
33        Console.WriteLine(ages[studentNumber]);
34        Console.Write("키: ");
35        Console.WriteLine(heights[studentNumber]);
36      }
37    }
38  }
```

프로그램을 실행하고 학생 숫자를 10, 추가할 학생의 순서를 5, 나이를 19, 이름을 **홍길동**, 키를 180으로 넣으면 다음과 같은 결과가 나옵니다.

📠 **코드 7-3 실행.** 10, 5, 19, 홍길동, 180을 넣은 결과

```
학생 숫자를 입력하세요.
10
몇 번째 학생의 정보를 추가할까요?
5
나이를 입력하세요.
19
이름을 입력하세요.
홍길동
키를 입력하세요.
180
5번째 학생
이름: 홍길동
나이: 19
키: 180
계속하려면 아무 키나 누르십시오...
```

자, 그럼 코드를 자세히 살펴봅시다. 우선 9~10번 줄입니다.

```
9        Console.WriteLine("학생 숫자를 입력하세요.");
10       int studentCount = int.Parse(Console.ReadLine());
```

디지털 도어락에서 입력을 받을 때와 별다를 게 없죠? "학생 숫자를 입력하세요."라는 문자열을 출력하고 학생 숫자를 입력받아서 **studentCount** 변수에 기억해두는 게 전부입니다. 그다음은 12~14번 줄입니다.

```
12       int[] ages = new int[studentCount];
13       string[] names = new string[studentCount];
14       double[] heights = new double[studentCount];
```

12~14번 줄은 입력받은 studentCount의 크기, 그러니까 열 개의 값(앞서 학생 숫자를 10이라 입력했기에 열 개입니다)을 넣을 수 있는 배열을 만드는 코드입니다. 그것도 세 개씩이나요. ages 배열은 나이를 기억해야 하니 정수형으로, names 배열은 이름을 기억해야 하니 문자열형으로, heights 배열은 키를 기억해야 하니 실수형으로 만들었습니다.

배열을 만드는 방법에서 [코드 7-2]¹⁷²ᵖ와 다른 점이라면 [코드 7-2]에서는 상수를 사용하여 배열을 만들었지만(new int[6]) 여기서는 변수를 사용하여 만들었다는 것(new int[studentCount])이죠.

이제 16~17번 줄을 보겠습니다.

```
16        Console.WriteLine("몇 번째 학생의 정보를 추가할까요?");
17        int studentNumber = int.Parse(Console.ReadLine());
```

이 두 줄은 몇 번째 학생의 정보를 입력할지 물어보는 코드입니다. 이 값이 배열에서 학생의 정보를 기억할 위치로 그 위치를 studentNumber 변수에 저장해두고 프로그램이 끝날 때까지 계속 쓸 것입니다.

그다음은 19~26번 줄입니다.

```
19        Console.WriteLine("나이를 입력하세요.");
20        ages[studentNumber] = int.Parse(Console.ReadLine());
21
22        Console.WriteLine("이름을 입력하세요.");
23        names[studentNumber] = Console.ReadLine();
24
25        Console.WriteLine("키를 입력하세요.");
26        heights[studentNumber] = double.Parse(Console.ReadLine());
```

19~26번 줄은 사용자로부터 해당 학생의 정보를 입력받는 코드입니다. 나이를 입력받아서 ages 배열에, 이름은 names 배열에, 키는 heights 배열에 저장하는 게 보이죠? 그리고 배열 안에서 저장할 위치는 모두 방금 전에 입력을 받았던 studentNumber입니다.

이렇게 학생의 정보까지 받았다면 마지막으로 할 일은 화면에 학생정보를 출력하는 것입니다. 다음의 28~35번 줄을 봐주세요.

```
28          Console.Write(studentNumber);
29          Console.WriteLine("번째 학생");
30          Console.Write("이름: ");
31          Console.WriteLine(names[studentNumber]);
32          Console.Write("나이: ");
33          Console.WriteLine(ages[studentNumber]);
34          Console.Write("키: ");
35          Console.WriteLine(heights[studentNumber]);
```

이 코드는 조금 전에 정보를 저장했던 배열 위치의 값을 불러와 화면에 보여주고 있습니다. 특별히 어려운 내용은 없죠?

흠... 그런데 뭔가 꺼림칙한 것이 하나 있습니다. 우리는 실제로 배열의 다섯 번째에 학생정보를 저장한 것일까요? 아까도 말했지만,

배열을 쓸 때 주의할 점 한 가지! 배열에서 첫 번째 값을 나타내는 위치는 0입니다. 따라서 다섯 번째 학생의 정보를 넣고 싶다면 그보다 하나 작은 4를 위치로 사용해야 합니다. 그렇다면 10명의 학생을 집어넣을 배열을 만들었다면 마지막 학생의 위치는 몇일까요? 네, 10보다 하나 작은 9가 됩니다. 초보자들이 자주 실수하는 부분이니 잘 기억해주세요.

안전하게 배열을 사용하려면?

그런데 이 프로그램은 배열 속 위치를 사용자로부터 입력받습니다. 따라서 위치가 배열의 범위를 넘어설 수도 있겠네요. 예를 들어 학생 수가 10명인데 스무 번째 학생의 정보를 입력하려는 게 가능하다는 거죠. 뭐, 사람이 살다 보면 실수를 할 때도 있고, 장난으로 이상한 숫자를 넣는 경우도 있으니 이런 일은 종종 생깁니다. 이럴 경우, 프로그램이 잘못 작동하는 것을 막으려면 이런 값을 허용하면 안 되겠죠? 어라? 생각해보니 6장에서 배운 조건문을 이용하면 될 거 같은데요? 그러면 배열 범위를 벗어난 위치를 입력했는지 검사하고 올바른 위치가 아닌 경우 올바른 위치를 입력하라고 출력해주는 코드를 추가해보겠습니다.

코드 7-4 배열 범위 검사를 추가한 코드

```
1   using System;
2
3   namespace StudentList
4   {
5     class Program
6     {
7       static void Main(string[] args)
8       {
9         Console.WriteLine("학생 숫자를 입력하세요.");
10        int studentCount = int.Parse(Console.ReadLine());
11
12        int[] ages = new int[studentCount];
13        string[] names = new string[studentCount];
14        double[] heights = new double[studentCount];
15
16        Console.WriteLine("몇 번째 학생의 정보를 추가할까요?");
17        int studentNumber = int.Parse(Console.ReadLine());
18
19        if (studentNumber >= 0 && studentNumber <= studentCount - 1)
20        {
21          Console.WriteLine("나이를 입력하세요.");
22          ages[studentNumber] = int.Parse(Console.ReadLine());
23
```

```
24        Console.WriteLine("이름을 입력하세요.");
25        names[studentNumber] = Console.ReadLine();
26
27        Console.WriteLine("키를 입력하세요.");
28        heights[studentNumber] = double.Parse(Console.ReadLine());
29
30        Console.Write(studentNumber);
31        Console.WriteLine("번째 학생");
32        Console.Write("이름: ");
33        Console.WriteLine(names[studentNumber]);
34        Console.Write("나이: ");
35        Console.WriteLine(ages[studentNumber]);
36        Console.Write("키: ");
37        Console.WriteLine(heights[studentNumber]);
38      }
39      else
40      {
41        Console.Write("0에서 ");
42        Console.Write(studentCount - 1);
43        Console.WriteLine("사이의 숫자를 입력하세요.");
44      }
45    }
46  }
47 }
```

바탕색이 있는 코드가 새로 추가된 코드입니다. 순서대로 살펴보죠. 우선 19~20번 줄입니다.

```
19        if (studentNumber >= 0 && studentNumber <= studentCount - 1)
20        {
```

studentNumber가 0 이상이고 **studentCount** -1 이하인지 비교합니다. 참이면 바로 그 아래 {} 안에 있는 코드를 실행해 학생의 이름, 나이, 키를 입력받습니다. 그다음엔 화면에 출력을 합니다. 이건 이전에도 봤던 코드니 다시 설명 안 해도 되겠죠?

그다음으로 추가된 코드는 38~44번 줄입니다.

```
38          }
39      else
40      {
41        Console.Write("0에서 ");
42        Console.Write(studentCount - 1);
43        Console.WriteLine(" 사이의 숫자를 입력하세요.");
44      }
```

19번 줄의 조건식이 거짓이면 else 뒤의 {}, 그러니까 41번 줄부터 43번 줄이 실행됩니다. 41~43번 줄은 특별한 내용은 아닙니다. 그저 studentCount의 값이 10이라면 "0에서 9 사이의 숫자를 입력하세요."라는 문자열을 출력하는 것이 전부입니다.

그럼 새로 추가된 조건문이 잘 작동하는지 보기 위해 프로그램 실행 후 10, 10을 입력해보세요.

코드 7-4 실행. 10, 10을 입력한 결과
```
학생 숫자를 입력하세요.
10
몇 번째 학생의 정보를 추가할까요?
10
0에서 9 사이의 숫자를 입력하세요.
계속하려면 아무 키나 누르십시오...
```

오! 우리가 원하는 대로 10을 입력하면 "0에서 9 사이의 숫자를 입력하세요."라는 문자열이 출력되네요.

03 컨테이너

이제 배열을 사용하는 방법은 대충 다 배웠습니다. 확실히 다수의 데이터를 한군데 모아 놓기에 편리하죠? 이렇게 데이터를 한군데 모아 놓을 수 있는 저장소를 컨테이너^{container}라고 부릅니다.

컨테이너는 '담다'라는 뜻의 동사 contain에 '사람', '행위자'를 뜻하는 접미사 −er을 붙여서 만든 단어입니다. 즉, 무언가를 담고 있는 물체를 말합니다. 컨테이너라고 하면 배에 겹겹이 쌓아 선적하는 네모난 철제 상자가 생각나죠? 그

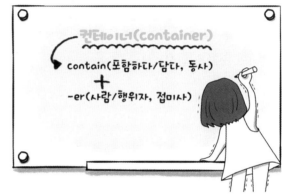

속에 여러 가지 물건을 담을 수 있어서 컨테이너라고 부릅니다.

프로그래밍에서 컨테이너의 개념도 비슷합니다. 다수의 데이터를 담을 수 있는 저장소를 컨테이너라고 부르죠. 컨테이너를 굳이 번역하자면 그릇이나 용기로 번역할 수 있지만 보통 컨테이너라고 부르기 때문에 이 책에서도 컨테이너라는 용어를 사용하겠습니다.

배열 외에 리스트^{List}와 딕셔너리^{Dictionary}라는 컨테이너도 있습니다. 간단히 다룰 예정인데, 좀 더 깊이 있는 내용이 궁금하다면 다른 C# 책을 보길 바랍니다.

배열도 괜찮은 것 같은데 왜 다른 컨테이너들이 있는 걸까요? 리스트와 딕셔너리를 이야기하기 전에 앞서 배열의 한계를 이야기해야 할 것 같습니다. 배열의 첫 번째 한계는 배열의 크기를 프로그램 실행 중에 바꿀 수 없다는 점입니다. 하지만 리스트를 쓰면 이런 문제를

해결할 수 있습니다. 리스트는 언제라도 그 속에 들어가는 데이터의 개수를 변경할 수 있거든요.

배열의 또 다른 한계로는 위치를 지정할 때 정수만 사용할 수 있다는 점입니다. '이게 왜 한계지?'하고 생각할 수 있을 것 같으니 조금 더 자세히 설명하겠습니다. 우리가 [코드 7-3]에서 만든 학생 명부 관리 프로그램에서 첫 번째 학생의 이름을 불러올 때는 names[0]을 사용했죠.[175쪽] 여기서 0이 바로 인덱스index라고 불립니다.

인덱스라는 단어가 좀 낯설죠? 가끔 기술서적의 젤 뒤쪽을 보면 찾아보기란 섹션이 있습니다. 여기에는 그 책에서 중요한 단어와 그 단어가 등장하는 지면의 쪽수가 나와 있습니다. 어떤 책에서는 찾아보기라는 단어 대신 색인을 쓰기도 합니다. 프로그래밍에서는 영어 단어를 그대로 사용하여 그냥 인덱스라고 말합니다. 이 책은 인덱스가 없습니다.

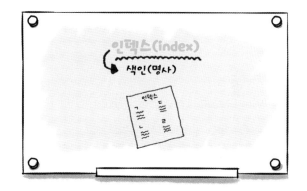

프로그래밍에서의 인덱스도 책의 찾아보기와 비슷한 개념입니다. [코드 7-2]에서 사용했던 passcodeNumbers 배열을 예로 들면, passcodeNumbers[0]에서 0은 실제 값이 들어 있는 위치를 알려주는 인덱스일 뿐이고 실제 값인 6은 passcodeNumbers[0]이란 코드를 통해 가져올 수 있답니다.

여기서 passcodeNumbers의 인덱스와 실제 값을 표로 나타내면 다음과 같습니다.

인덱스	0	1	2	3	4	5
실제 값	6	2	1	9	4	7

그림 7-1 [코드 7-2]에서 사용한 passcodeNumbers 배열의 인덱스와 실제 값

그런데 0, 1, 2 같은 숫자가 아니라 문자열 같은 단어를 인덱스로 사용하려면 어떻게 해야할까요? 특히 이 장에서 만들었던 학생 명부 프로그램에서 학생 번호(예: 0, 1, 2)가 아니라학생 이름(예: "홍길동", "이영희")을 인덱스로 쓸 수 있다면 좋을 것 같습니다. 이럴 때사용하는 게 딕셔너리란 컨테이너입니다.

딕셔너리를 사용해서 앞서 만들었던 학생 명부 프로그램에서의 이름을 인덱스로 사용한다면 나이를 저장하는 딕셔너리의 인덱스와 값의 관계가 다음과 같아질 겁니다.

인덱스	"홍길동"	"김철수"	"이영희"
실제 값	19	25	23

그림 7-2 딕셔너리에서 인덱스(이름)와 실제 값(나이)

이 외에도 따른 컨테이너들이 있지만 그건 이 책으로 프로그래밍의 기본을 다 배우고 난 뒤에 다른 C# 책을 읽어보면서 배워보세요.

숫자야구

자, 그럼 배열을 숫자야구에 적용해볼까요? 숫자야구에서 배열을 쓸 만한 곳은 어디일까요? 수비수가 고른 숫자와 공격수가 고른 숫자를 배열로 바꾸면 될 것 같습니다. 그렇다면 다음과 같이 코드를 바꿔주세요.

코드 7-5 숫자야구 코드

```
1   using System;
2
3   namespace UltimateBaseball
4   {
5     class Program
6     {
7       static void Main(string[] args)
8       {
9         Console.WriteLine("+------------------------------------------------+");
10        Console.WriteLine("¦              궁극의 숫자야구 게임                ¦");
11        Console.WriteLine("+------------------------------------------------+");
12        Console.WriteLine("¦ 컴퓨터가 수비수가 되어 세 자릿수를 하나 골랐습니다. ¦");
13        Console.WriteLine("¦ 각 숫자는 0~9중에 하나며 중복되는 숫자는 없습니다.  ¦");
14        Console.WriteLine("¦ 모든 숫자와 위치를 맞히면 승리합니다.            ¦");
15        Console.WriteLine("¦ 숫자와 순서가 둘 다 맞으면 스트라이크입니다.      ¦");
16        Console.WriteLine("¦ 숫자만 맞고 순서가 틀리면 볼입니다.             ¦");
17        Console.WriteLine("¦ 숫자가 틀리면 아웃입니다.                      ¦");
18        Console.WriteLine("+------------------------------------------------+");
19
20        Console.WriteLine("> 수비수가 고른 숫자");
21        int[] numbers = { 3, 1, 9 };
22        Console.WriteLine(numbers[0]);
23        Console.WriteLine(numbers[1]);
24        Console.WriteLine(numbers[2]);
25
```

```
26        int[] guesses = new int[3];
27        Console.WriteLine("> 첫 번째 숫자를 입력하세요.");
28        guesses[0] = int.Parse(Console.ReadLine());
29        Console.WriteLine("> 두 번째 숫자를 입력하세요.");
30        guesses[1] = int.Parse(Console.ReadLine());
31        Console.WriteLine("> 세 번째 숫자를 입력하세요.");
32        guesses[2] = int.Parse(Console.ReadLine());
33
34        Console.WriteLine("> 공격수가 고른 숫자");
35        Console.WriteLine(guesses[0]);
36        Console.WriteLine(guesses[1]);
37        Console.WriteLine(guesses[2]);
38
39        if (guesses[0] == guesses[1] || guesses[0] == guesses[2] || guesses[1]
   == guesses[2])
40        {
41          Console.WriteLine("같은 숫자를 입력하면 안 됩니다.");
42        }
43        else
44        {
45          int strikeCount = 0;
46          int ballCount = 0;
47
48          if (guesses[0] == numbers[0])
49          {
50            strikeCount = strikeCount + 1;
51          }
52          else if (guesses[0] == numbers[1] || guesses[0] == numbers[2])
53          {
54            ballCount = ballCount + 1;
55          }
56
57          if (guesses[1] == numbers[1])
58          {
59            strikeCount = strikeCount + 1;
60          }
61          else if (guesses[1] == numbers[0] || guesses[1] == numbers[2])
62          {
```

```
63          ballCount = ballCount + 1;
64        }
65
66        if (guesses[2] == numbers[2])
67        {
68          strikeCount = strikeCount + 1;
69        }
70        else if (guesses[2] == numbers[0] || guesses[2] == numbers[1])
71        {
72          ballCount = ballCount + 1;
73        }
74
75        Console.Write("스트라이크: ");
76        Console.WriteLine(strikeCount);
77        Console.Write("볼: ");
78        Console.WriteLine(ballCount);
79        Console.Write("아웃: ");
80        Console.WriteLine(3 - strikeCount - ballCount);
81      }
82    }
83  }
84 }
```

그럼 수정한 코드를 하나씩 살펴보겠습니다. 우선 21번 줄입니다.

```
21        int[] numbers = { 3, 1, 9 };
```

21번 줄은 정수형 배열 numbers를 만들어 원래 있었던 number1, number2, number3 변수를 대신합니다. 그다음은 22~24번 줄입니다.

```
22        Console.WriteLine(numbers[0]);
23        Console.WriteLine(numbers[1]);
24        Console.WriteLine(numbers[2]);
```

22~24번 줄은 number1, number2, number3이었던 부분을 numbers[0], numbers[1], numbers[2]를 사용하도록 수정했을 뿐 크게 달라진 점은 없습니다.

다음은 공격수가 입력하는 세 자릿수를 저장할 배열을 만드는 코드입니다. 26번 줄이군요.

```
26          int[] guesses = new int[3];
```

이렇게 배열을 만들어 guess1, guess2, guess3 변수를 대신해버렸으니 키보드에서 받아온 값을 대입할 때도 배열을 사용해야겠죠? 28, 30, 32번 줄이 그런 일을 합니다.

```
28          guesses[0] = int.Parse(Console.ReadLine());
```

```
30          guesses[1] = int.Parse(Console.ReadLine());
```

```
32          guesses[2] = int.Parse(Console.ReadLine());
```

이렇게 입력받은 값을 guesses 배열에 저장했으니 guess1, guess2, guess3을 사용하던 코드들을 guesses[0], guesses[1], guesses[2]를 사용하도록 전부 바꿔야겠군요. 우선 35~39번 줄입니다.

```
35          Console.WriteLine(guesses[0]);
36          Console.WriteLine(guesses[1]);
37          Console.WriteLine(guesses[2]);
38
39          if (guesses[0] == guesses[1] || guesses[0] == guesses[2] || guesses[1]
     == guesses[2])
```

공격수가 추측한 숫자를 화면에 출력하는 코드와 수비수의 세 자릿수 중에 중복되는 게 있는지 확인하는 코드군요. 그런데 그 외에도 스트라이크, 볼, 아웃을 판명하는 코드도 있었습니다. 다음 코드를 보세요.

```
48          if (guesses[0] == numbers[0])
```

```
52          else if (guesses[0] == numbers[1] || guesses[0] == numbers[2])
```

```
57          if (guesses[1] == numbers[1])
```

```
61          else if (guesses[1] == numbers[0] || guesses[1] == numbers[2])
```

```
66          if (guesses[2] == numbers[2])
```

```
70          else if (guesses[2] == numbers[0] || guesses[2] == numbers[1])
```

이제 코드도 다 검토했으니 프로그램을 실행하고 1, 2, 3을 입력해보겠습니다.

코드 7-5 실행. 1, 2, 3을 입력한 결과

```
+--------------------------------------------------+
|                 궁극의 숫자야구 게임                 |
+--------------------------------------------------+
| 컴퓨터가 수비수가 되어 세 자릿수를 하나 골랐습니다.    |
| 각 숫자는 0~9중에 하나며 중복되는 숫자는 없습니다.     |
| 모든 숫자와 위치를 맞히면 승리합니다.                 |
| 숫자와 순서가 둘 다 맞으면 스트라이크입니다.           |
| 숫자만 맞고 순서가 틀리면 볼입니다.                   |
| 숫자가 틀리면 아웃입니다.                            |
+--------------------------------------------------+
> 수비수가 고른 숫자
3
1
9
> 첫 번째 숫자를 입력하세요.
1
> 두 번째 숫자를 입력하세요.
2
> 세 번째 숫자를 입력하세요.
3
> 공격수가 고른 숫자
1
2
3
스트라이크: 0
볼: 2
아웃: 1
계속하려면 아무 키나 누르십시오...
```

아무 문제 없이 잘 동작하는군요. 배열로 바꿨는데도 결과가 6장 때와 똑같죠? 아무것도 고장 내지 않았다는 점에서는 매우 기쁜 일이지만 새로 배운 내용을 추가했는데도 정작 눈에 띄게 바뀐 점이 없다는 건 좀 실망스럽네요. 하지만 아직 이른 실망은 금물! 곧바로 8장을 배워보면 눈에 확 뜨이는 변화가 있을 겁니다. 그러면 이번 장에서 배운 내용을 정리하고 다음 장으로 넘어가겠습니다.

chapter 7에서 배운 내용

* 같은 종류의 변수를 여러 개 만들 때 배열을 씁니다.
* 인덱스는 배열 안에 들어 있는 값의 위치를 나타냅니다.
* 배열 이외에도 리스트[List], 딕셔너리[Dictionary]같은 컨테이너가 있습니다.

이번 장에서 배운 내용을 복습하는 의미에서 간단한 문제를 몇 개 풀어보겠습니다. 언제나 그렇듯 기초문제의 풀이는 부록에 실려 있습니다.

7-1 배열을 사용해서 다음 코드를 바꾸세요.

```
1   using System;
2
3   namespace BasicProblem0701
4   {
5     class Program
6     {
7       static void Main(string[] args)
8       {
9         double weight1 = double.Parse(Console.ReadLine());
10        double weight2 = double.Parse(Console.ReadLine());
11        double weight3 = double.Parse(Console.ReadLine());
12
13        Console.Write("첫 번째 무게:   ");
14        Console.WriteLine(weight1);
15        Console.Write("두 번째 무게:   ");
16        Console.WriteLine(weight2);
17        Console.Write("세 번째 무게:   ");
18        Console.WriteLine(weight3);
19      }
20    }
21  }
```

배열을 사용해서 다음 코드를 바꾸세요.

```
1   using System;
2
3   namespace BasicProblem0702
4   {
5     class Program
6     {
7       static void Main(string[] args)
8       {
9         string studentName1 = "홍길동";
10        string studentName2 = "김철수";
11        string studentName3 = "이영희";
12
13        Console.WriteLine(studentName1);
14        Console.WriteLine(studentName2);
15        Console.WriteLine(studentName3);
16      }
17    }
18  }
```

다음 코드에 버그가 있습니다. 찾아서 수정하세요.

```
1   using System;
2
3   namespace BasicProblem0703
4   {
5     class Program
6     {
7       static void Main(string[] args)
8       {
9         int scores = { 90, 85, 73, 100 };
10
11        Console.WriteLine(scores[0]);
12        Console.WriteLine(scores[1]);
13        Console.WriteLine(scores[2]);
14        Console.WriteLine(scores[3]);
15      }
16    }
17  }
```

다음 코드에서 ❶ , ❷ , ❸ 에 어떤 코드를 넣어야 할까요?

```
1   using System;
2
3   namespace BasicProblem0704
4   {
5     class Program
6     {
7       static void Main(string[] args)
8       {
9         string[] subjects = { "국어", "영어", "수학" };
10                      ❶
```

```
11
12          Console.Write(subjects[0]);
13          Console.WriteLine(" 점수를 입력하세요.");
14          scores[0] = int.Parse(Console.ReadLine());
15
16          Console.Write(subjects[1]);
17          Console.WriteLine(" 점수를 입력하세요.");
18          scores[1] = int.Parse(Console.ReadLine());
19
20          Console.Write(subjects[2]);
21          Console.WriteLine(" 점수를 입력하세요.");
22                          ❷
23
24          Console.Write(subjects[0]);
25          Console.Write(" 점수: ");
26          Console.WriteLine(scores[0]);
27
28                          ❸
29          Console.Write(" 점수: ");
30          Console.WriteLine(scores[1]);
31
32          Console.Write(subjects[2]);
33          Console.Write(" 점수: ");
34          Console.WriteLine(scores[2]);
35      }
36    }
37  }
```

심화문제

심화문제는 따로 풀이를 제공하지 않습니다. 각자의 방법대로 문제를 해결해보세요. 질문은 저자의 블로그를 이용해주세요(들어가기 전에 5쪽을 참조하세요).

7-1 학생 명부 프로그램에 몸무게도 넣고 싶습니다. [코드 7-4]를 수정해서 weights 배열을 추가하고 몸무게를 입력받으세요.

7-2 국어, 영어, 수학, 과학, 사회 점수를 입력받아서 총점과 평균을 구하는 프로그램을 작성하세요.

(**힌트**: 점수에 배열을 사용하세요.)

chapter 8

같은 코드를 여러 번 실행하려면,
반복문 while

chapter8에서는

8장의 키워드는 반복문입니다. 8장에서 배울 내용은 다음과 같습니다.

+ 반복문이 필요한 이유
+ while문
+ 반복문 빠져나오기

7장에서 배열을 배우고 디지털 도어락 프로그램에서 배열을 활용하게끔 코드를 수정했습니다. 변수 여러 개를 배열 하나에 넣으니 변수 선언이 좀 편해졌죠? 하지만 조금 더 고쳐야 할 부분이 보입니다. 가장 불편한 점은 비밀번호를 한 번 틀리면 다시 입력할 수 없다는 점이죠. 하지만 여러분의 집에서 사용하는 디지털 도어락은 그렇지 않죠? 비밀번호를 잘못 입력해도 다시 입력할 기회를 줍니다. 그러면 비밀번호를 제대로 입력할 때까지 계속 입력받도록 프로그램을 바꾸려면 어떻게 해야 할까요?

같은 코드를 여러 번 실행하고 싶어요

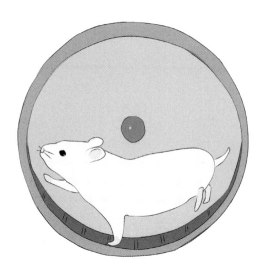

보통 집에서 사용하는 디지털 도어락은 비밀번호를 한 번 잘못 입력했다고 해서 그대로 종료하진 않습니다. 보통 세 번 정도는 기회를 줍니다. 그 세 번마저 다 실패할지라도 1~2분 뒤에 다시 시도할 기회를 주죠. 하지만 이런 기능을 다 만들려면 복잡할 거 같으니 올바른 비밀번호를 입력할 때까지 계속해서 기회를 주는 코드를 작성해보겠습니다. 그런데 그 전에, 먼저 비밀번호를 틀렸을 때 한 번 더 물어보는 코드를 작성하겠습니다.

일단 비주얼 스튜디오를 실행해서 새 프로젝트를 만듭니다. 프로젝트 파일을 저장할 위치는 C:\Projects\intro\08, 프로젝트 이름은 DoorLock_6Num_While입니다. 그리고 7장에서 만든 DoorLock_6Num 프로젝트의 코드를 복사해옵니다. 그리고 [코드 8-1]의 32~53번 줄을 추가합시다.

```csharp
1   using System;
2
3   namespace DoorLock_6Num_While
4   {
5     class Program
6     {
7       static void Main(string[] args)
8       {
9         int[] passcodeNumbers = { 6, 2, 1, 9, 4, 7 };
10        int[] userInput = new int[6];
11
12        Console.WriteLine("첫 번째 숫자를 넣어주세요.");
13        userInput[0] = int.Parse(Console.ReadLine());
14        Console.WriteLine("두 번째 숫자를 넣어주세요.");
15        userInput[1] = int.Parse(Console.ReadLine());
16        Console.WriteLine("세 번째 숫자를 넣어주세요.");
17        userInput[2] = int.Parse(Console.ReadLine());
18        Console.WriteLine("네 번째 숫자를 넣어주세요.");
19        userInput[3] = int.Parse(Console.ReadLine());
20        Console.WriteLine("다섯 번째 숫자를 넣어주세요.");
21        userInput[4] = int.Parse(Console.ReadLine());
22        Console.WriteLine("여섯 번째 숫자를 넣어주세요.");
23        userInput[5] = int.Parse(Console.ReadLine());
24
25        if (userInput[0] == passcodeNumbers[0] && userInput[1] ==
      passcodeNumbers[1] && userInput[2] == passcodeNumbers[2] && userInput[3] ==
      passcodeNumbers[3] && userInput[4] == passcodeNumbers[4] && userInput[5] ==
      passcodeNumbers[5])
26        {
27          Console.WriteLine("문이 열렸습니다.");
28        }
29        else
30        {
31          Console.WriteLine("비밀번호가 틀렸습니다.");
32
33          Console.WriteLine("첫 번째 숫자를 넣어주세요.");
```

```
34          userInput[0] = int.Parse(Console.ReadLine());
35          Console.WriteLine("두 번째 숫자를 넣어주세요.");
36          userInput[1] = int.Parse(Console.ReadLine());
37          Console.WriteLine("세 번째 숫자를 넣어주세요.");
38          userInput[2] = int.Parse(Console.ReadLine());
39          Console.WriteLine("네 번째 숫자를 넣어주세요.");
40          userInput[3] = int.Parse(Console.ReadLine());
41          Console.WriteLine("다섯 번째 숫자를 넣어주세요.");
42          userInput[4] = int.Parse(Console.ReadLine());
43          Console.WriteLine("여섯 번째 숫자를 넣어주세요.");
44          userInput[5] = int.Parse(Console.ReadLine());
45
46          if (userInput[0] == passcodeNumbers[0] && userInput[1] ==
   passcodeNumbers[1] && userInput[2] == passcodeNumbers[2] && userInput[3] ==
   passcodeNumbers[3] && userInput[4] == passcodeNumbers[4] && userInput[5] ==
   passcodeNumbers[5])
47          {
48            Console.WriteLine("문이 열렸습니다.");
49          }
50          else
51          {
52            Console.WriteLine("비밀번호가 틀렸습니다.");
53          }
54        }
55      }
56    }
57  }
```

먼저 프로그램이 제대로 작동하는지 확인합시다. 일부러 비밀번호를 잘못 넣어볼까요? 프로그램을 실행하고 1, 2, 3, 4, 5, 6을 입력하세요. **"비밀번호가 틀렸습니다."**란 메시지가 출력되죠? 그럼 이번에는 6, 2, 1, 9, 4, 7을 입력해봅시다.

```
첫 번째 숫자를 넣어주세요.
1
두 번째 숫자를 넣어주세요.
2
세 번째 숫자를 넣어주세요.
3
네 번째 숫자를 넣어주세요.
4
다섯 번째 숫자를 넣어주세요.
5
여섯 번째 숫자를 넣어주세요.
6
비밀번호가 틀렸습니다.
첫 번째 숫자를 넣어주세요.
6
두 번째 숫자를 넣어주세요.
2
세 번째 숫자를 넣어주세요.
1
네 번째 숫자를 넣어주세요.
9
다섯 번째 숫자를 넣어주세요.
4
여섯 번째 숫자를 넣어주세요.
7
문이 열렸습니다.
계속하려면 아무 키나 누르십시오...
```

한 번 틀려도 다시 입력할 수 있는 프로그램이 나왔군요. 완벽하지는 않지만 우리가 원하는 결과에 좀 더 가까워진 느낌입니다. 그럼 새로 추가된 코드를 살펴봅시다.

먼저 33~44번 줄입니다.

```
33          Console.WriteLine("첫 번째 숫자를 넣어주세요.");
34          userInput[0] = int.Parse(Console.ReadLine());
35          Console.WriteLine("두 번째 숫자를 넣어주세요.");
36          userInput[1] = int.Parse(Console.ReadLine());
37          Console.WriteLine("세 번째 숫자를 넣어주세요.");
38          userInput[2] = int.Parse(Console.ReadLine());
39          Console.WriteLine("네 번째 숫자를 넣어주세요.");
40          userInput[3] = int.Parse(Console.ReadLine());
41          Console.WriteLine("다섯 번째 숫자를 넣어주세요.");
42          userInput[4] = int.Parse(Console.ReadLine());
43          Console.WriteLine("여섯 번째 숫자를 넣어주세요.");
44          userInput[5] = int.Parse(Console.ReadLine());
```

사용자로부터 여섯 개의 숫자를 입력받는 코드입니다. 이미 5장에서 다 배운 내용이라 특별히 어려운 부분은 없습니다.

그다음은 46~49번 줄입니다.

```
46          if (userInput[0] == passcodeNumbers[0] && userInput[1] ==
    passcodeNumbers[1] && userInput[2] == passcodeNumbers[2] && userInput[3] ==
    passcodeNumbers[3] && userInput[4] == passcodeNumbers[4] && userInput[5] ==
    passcodeNumbers[5])
47          {
48            Console.WriteLine("문이 열렸습니다.");
49          }
```

입력받은 숫자와 비밀번호를 비교해서 모두 같으면 **"문이 열렸습니다."**를 화면에 출력합니다. 이것도 전부 앞에서 배운 내용이니까 어려울 게 없을 겁니다.

마지막으로 50~53번 줄입니다.

```
50          else
51          {
52              Console.WriteLine("비밀번호가 틀렸습니다.");
53          }
```

입력받은 숫자와 비밀번호가 다르면 **"비밀번호가 틀렸습니다."**를 화면에 출력합니다.

추가한 코드를 전부 확인했습니다. 기시감이 드나요? 추가한 코드를 자세히 보니 12~31번 줄하고 똑같습니다. 어차피 한 번 더 입력받는 똑같은 기능을 구현하는 거니 그냥 앞의 코드를 복사해서 붙여넣기를 했습니다. 하지만 이렇게 하니 코드 길이가 거의 두 배로 늘었습니다. 여기서 또 한 번 더 비밀번호를 입력할 수 있게 하려면 코드 길이가 거의 세 배로 늘겠군요.

세 번까지는 괜찮다고요? 그렇다면 비밀번호를 맞출 때까지 계속해서 입력을 받는다면 어떨까요? 코드의 길이가 끝이 나지 않겠네요. 어이쿠, 이건 뭔가 제대로 된 방법이 아닌 것 같습니다.

그러면 어떻게 해야 할까요? 이렇게 무식하게(?) 같은 코드를 계속 붙여넣는 대신에 비밀번호가 틀렸을 때 12번 줄로 돌아가서 똑같은 코드를 다시 실행할 수 있다면 좋지 않을까요? 이럴 때 필요한 게 바로 반복문입니다.

~하는 동안

프로그래밍 언어가 지원하는 반복문에도 여러 가지 종류가 있지만 이 장에서는 while문에 대해서만 알아보겠습니다.* 먼저 while의 뜻부터 알아보죠.

while은 '~하는 동안'이라는 뜻을 가진 접속사입니다. "나는 떡을 써는 동안 너는 글을 쓰거라."라는 말에서 '떡을 써는 동안'이란 부분이 영어로 하면 while을 쓰는 절이죠. 프로그래밍에서 쓰는 while문도 동일합니다. 어떤 조건이 참인 동안 특정한 코드를 실행하는 거죠.

어? 이렇게 말하고 나니 조건문인 if문하고 별로 다른 점이 없죠? if문도 어떤 조건이 참일 때 실행하는 코드가 있는 거니까요. 그렇기 때문에 if문과 while문을 사용하는 방법도 거의 동일합니다. if문에서 그랬듯이 while 다음에 소괄호를 열고 조건식을 씁니다. 그리고 바로 그 아래에 중괄호를 열어 조건이 참일 때 실행될 코드를 넣어줍니다.

기본형	실생활

``
while(조건식)
{
    조건을 만족할 때만 실행
}
``
	``
	while (나는 떡을 썬다)
	{
	    너는 글을 쓴다
	}
	``

---

* 다음 장에서는 또 다른 반복문인 for문에 대해 배워봅니다.

사용법은 비슷하지만 while문과 if문은 차이점이 있답니다. if문은 중괄호 안의 코드를 한 번만 실행하지만, while문은 조건식이 참인 동안 반복해서 중괄호 안의 코드를 실행합니다. 음, 구구절절 말로 설명하니 이해가 잘 안 되죠? 코드를 보면 좀 더 이해하기 쉬울 겁니다.

그럼 while문을 이용하도록 디지털 도어락 프로그램을 수정해봅시다. [코드 8-2]를 우리 코드에 적용합니다.

코드 8-2 while을 사용하도록 수정한 디지털 도어락 프로그램

```
1    using System;
2
3    namespace DoorLock_6Num_While
4    {
5      class Program
6      {
7        static void Main(string[] args)
8        {
9          int[] passcodeNumbers = { 6, 2, 1, 9, 4, 7 };
10         int[] userInput = new int[6];
11
12         while (userInput[0] != passcodeNumbers[0] || userInput[1] !=
     passcodeNumbers[1] || userInput[2] != passcodeNumbers[2] || userInput[3] !=
     passcodeNumbers[3] || userInput[4] != passcodeNumbers[4] || userInput[5] !=
     passcodeNumbers[5])
13         {
14           Console.WriteLine("첫 번째 숫자를 넣어주세요.");
15           userInput[0] = int.Parse(Console.ReadLine());
16           Console.WriteLine("두 번째 숫자를 넣어주세요.");
17           userInput[1] = int.Parse(Console.ReadLine());
18           Console.WriteLine("세 번째 숫자를 넣어주세요.");
19           userInput[2] = int.Parse(Console.ReadLine());
20           Console.WriteLine("네 번째 숫자를 넣어주세요.");
21           userInput[3] = int.Parse(Console.ReadLine());
22           Console.WriteLine("다섯 번째 숫자를 넣어주세요.");
23           userInput[4] = int.Parse(Console.ReadLine());
```

```
24          Console.WriteLine("여섯 번째 숫자를 넣어주세요.");
25          userInput[5] = int.Parse(Console.ReadLine());
26
27          if (userInput[0] == passcodeNumbers[0] && userInput[1] ==
     passcodeNumbers[1] && userInput[2] == passcodeNumbers[2] && userInput[3] ==
     passcodeNumbers[3] && userInput[4] == passcodeNumbers[4] && userInput[5] ==
     passcodeNumbers[5])
28          {
29              Console.WriteLine("문이 열렸습니다.");
30          }
31          else
32          {
33              Console.WriteLine("비밀번호가 틀렸습니다.");
34          }
35        }
36      }
37    }
38  }
```

14~34번 줄은 코드는 똑같으나 들여쓰기에 변화가 생겼습니다. 이 점을 유의해서 수정하세요.

새로 추가된 코드를 살펴보기 전에 우선 프로그램이 제대로 작동하는지 확인해보죠. 일부러 틀린 비밀번호를 두 번 넣어본 뒤에 올바른 비밀번호를 넣겠습니다.

첫 번째 숫자를 넣어주세요.
1
두 번째 숫자를 넣어주세요.
2
세 번째 숫자를 넣어주세요.
3
네 번째 숫자를 넣어주세요.
4
다섯 번째 숫자를 넣어주세요.
5
여섯 번째 숫자를 넣어주세요.
6
비밀번호가 틀렸습니다.
첫 번째 숫자를 넣어주세요.
5
두 번째 숫자를 넣어주세요.
4
세 번째 숫자를 넣어주세요.
3
네 번째 숫자를 넣어주세요.
2
다섯 번째 숫자를 넣어주세요.
1
여섯 번째 숫자를 넣어주세요.
6
비밀번호가 틀렸습니다.
첫 번째 숫자를 넣어주세요.
6
두 번째 숫자를 넣어주세요.
2
세 번째 숫자를 넣어주세요.
1
네 번째 숫자를 넣어주세요.
9
다섯 번째 숫자를 넣어주세요.
4
여섯 번째 숫자를 넣어주세요.
7
문이 열렸습니다.
계속하려면 아무 키나 누르십시오...

오! 프로그램이 원하는 대로 작동하는군요. 잘못된 비밀번호가 들어오면 **"비밀번호가 틀렸습니다."**란 메시지를 출력하면서 다시 비밀번호를 입력하라고 합니다. 당연히 비밀번호를 맞히면 **"문이 열렸습니다."**를 출력하고 프로그램 실행을 끝냅니다.

프로그램이 잘 작동하는 것도 확인했으니 이제 추가된 코드를 하나하나 살펴보죠. 먼저 12번, 13번, 35번 줄입니다.

```
12      while (userInput[0] != passcodeNumbers[0] || userInput[1] !=
    passcodeNumbers[1] || userInput[2] != passcodeNumbers[2] || userInput[3] !=
    passcodeNumbers[3] || userInput[4] != passcodeNumbers[4] || userInput[5] !=
    passcodeNumbers[5])
13      {

35      }
```

좀 전에도 말했지만 while은 ( ) 안의 조건식이 참이면 {} 사이의 코드를 실행합니다. 즉, 우리 코드에서는 저 긴 조건식이 참이면 14~34번 줄에 있는 코드가 실행됩니다. if와 다른 점은 while은 {} 안의 코드를 실행한 다음에 다시 ( ) 안의 조건식을 다시 검사한다는 거죠. 따라서 while 안에 있는 조건식이 계속 참이라면 끊임없이 {} 사이의 코드를 실행합니다. 잘 이해가 안 될 수 있으니 순서도로 다시 한번 정리해보겠습니다.

[그림 8-1]을 볼까요? 12번 줄의 조건식, 즉 while문이 참이면 14~34번 줄의 코드를 실행한 뒤에 다시 12번 줄로 돌아가서 조건식을 확인합니다. 조건이 참일 때는 35번 줄로 가지 않습니다.

코드를 잘못 작성해서 while문이 언제나 참인 코드를 작성하면 이 while문에서 평생 헤어나오지 못하는 버그가 생기기도 하지요. 반대로 while문을 한 번도 돌지 못하고 다음 코드로 가버리는 경우도 생길 수 있습니다.

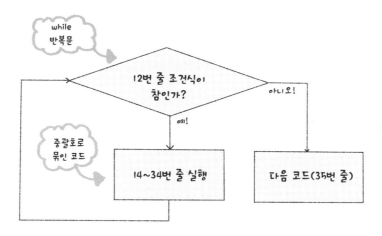

그림 8-1 [코드 8-2]의 while문 순서도

우리 코드의 목적은 여섯 자리의 비밀번호가 모두 맞아야 하는 것이니, ||^{논리합연산자}를 사용해서 조건식 여러 개를 연결했습니다. 각각의 조건식은 비밀번호를 한 자리씩 비교합니다. ||로 연결했으니까 비밀번호가 하나라도 다르면 전체 조건식이 참이 됩니다. 반대로 비밀번호가 전부 같으면 거짓이죠.

이제 while 사용법도 배웠으니 좀 더 복잡한 프로그램에 적용해볼까요? 7장에서 만들었던 학생 명부 프로그램에 적용해보겠습니다. 이 프로그램에서 마음에 안 드는 부분이 있었습니다. 뭐였을까요? 그건 바로 프로그램을 시작할 때 사용자 마음대로 학생 수를 결정하라고 해놓고는 정작 학생정보를 입력할 때는 딱 1명의 정보만 허용했던 점입니다. 하지만 이제는 while문도 배웠으니 모든 학생의 정보를 입력받을 수 있겠죠?

그럼 말이 나온 김에 한번 해보죠. 우선 프로젝트를 새로 생성합니다. 프로젝트 파일을 저장할 위치는 C:\Projects\intro\08, 프로젝트 이름은 StudentList_While로 해주세요. 그다음 7장의 StudentList 프로젝트의 Program.cs의 9~44번 줄을 복사해서 새로운 프로젝트의 Program.cs에 붙여넣고 다음 쪽의 [코드 8-3]과 같이 코드를 수정합니다. 코드에서 바탕색이 있는 부분이 새로 수정한 코드입니다.

```
1    using System;
2
3    namespace StudentList_While
4    {
5      class Program
6      {
7        static void Main(string[] args)
8        {
9          Console.WriteLine("학생 숫자를 입력하세요.");
10         int studentCount = int.Parse(Console.ReadLine());
11
12         int[] ages = new int[studentCount];
13         string[] names = new string[studentCount];
14         double[] heights = new double[studentCount];
15
16         int studentNumber = 0;
17         while (studentNumber < studentCount)
18         {
19           Console.Write(studentNumber);
20           Console.WriteLine("번째 학생의 정보를 입력할 차례입니다.");
21
22           Console.WriteLine("나이를 입력하세요.");
23           ages[studentNumber] = int.Parse(Console.ReadLine());
24
25           Console.WriteLine("이름을 입력하세요.");
26           names[studentNumber] = Console.ReadLine();
27
28           Console.WriteLine("키를 입력하세요.");
29           heights[studentNumber] = double.Parse(Console.ReadLine());
30
31           studentNumber = studentNumber + 1;
32         }
33
34         Console.WriteLine("---------------------------------");
35         Console.WriteLine("입력된 학생정보를 출력할 차례입니다.");
36
```

```
37          studentNumber = 0;
38          while (studentNumber < studentCount)
39          {
40            Console.Write(studentNumber);
41            Console.WriteLine(" 번째 학생");
42            Console.Write("이름: ");
43            Console.WriteLine(names[studentNumber]);
44            Console.Write("나이: ");
45            Console.WriteLine(ages[studentNumber]);
46            Console.Write("키: ");
47            Console.WriteLine(heights[studentNumber]);
48
49            studentNumber = studentNumber + 1;
50          }
51        }
52      }
53  }
```

우선 프로그램을 실행해보겠습니다. 7장에서는 학생 수를 10명으로 정했지만 10명의 정보를 전부 입력하는 건 너무 귀찮으니 3명만 입력하겠습니다.

```
학생 숫자를 입력하세요.
3
0번째 학생의 정보를 입력할 차례입니다.
나이를 입력하세요.
12
이름을 입력하세요.
홍길동
키를 입력하세요.
135
1번째 학생의 정보를 입력할 차례입니다.
나이를 입력하세요.
21
이름을 입력하세요.
김철수
키를 입력하세요.
178
2번째 학생의 정보를 입력할 차례입니다.
나이를 입력하세요.
19
이름을 입력하세요.
이영희
키를 입력하세요.
183
--------------------------------------
입력된 학생정보를 출력할 차례입니다.
0번째 학생
이름: 홍길동
나이: 12
키: 135
1번째 학생
이름: 김철수
나이: 21
키: 178
2번째 학생
이름: 이영희
나이: 19
키: 183
계속하려면 아무 키나 누르십시오...
```

우리가 원하던 대로 학생 3명의 이름과 나이 그리고 키를 입력받았죠? 그 뒤에는 학생정보를 순서대로 화면에 출력했습니다. 그럼 프로그램이 잘 작동하는 것도 확인했으니 이제 코드를 한 줄씩 살펴보겠습니다.

먼저 16번 줄입니다.

```
16        int studentNumber = 0;
```

정수형 변수 studentNumber를 선언하고 상수 0을 대입합니다. 여기서 studentNumber는 몇 번째 학생의 정보를 입력받을 차례인지 알려주는 역할을 합니다. 즉, 학생정보를 담고 있는 배열의 인덱스이죠. 배열에 들어 있는 값을 읽거나 쓸 때 인덱스를 사용한다고 했던 거 기억나죠? 그리고 첫 번째 값에 접근할 때는 [0]을 쓴다고 했습니다. 그래서 stundetNumber를 0으로 대입하면 첫 번째 학생의 정보를 받을 차례라는 뜻입니다.

다음은 17번 줄입니다.

```
17        while (studentNumber < studentCount)
```

studentNumber가 studentCount보다 작을 동안 while문 아래에 오는 {} 사이의 코드를 실행하는 코드입니다. 무슨 암호 같은 소리냐고요? 이 while문은 모든 학생의 정보를 입력받을 때까지 {} 사이의 코드를 실행해야 합니다. 그럼 모든 학생의 정보를 다 입력받았는지 어떻게 알 수 있을까요?

좀 전에 studentNumber가 몇 번째 학생의 정보를 입력받을 차례인지 알려준다고 했습니다. studentCount는 학생 명부에 들어갈 총학생 수이고요. 그럼 studentNumber가 studentCount보다 작으면 아직 학생 명부에 입력해야 할 학생정보가 남아 있다는 말이겠죠? 따라서 studentNumber가 studentCount보다 작은 동안만 while문의 조건식이 참이 되는 겁니다.

그런데 왜 비교연산자를 <= 대신 <를 썼을까요? 앞에서도 말했듯이 배열의 인덱스가 1이 아닌 0부터 시작하기 때문입니다(네, 컴퓨터는 0부터 인식합니다). 그러므로 학생 3명의 정보를 받으려면 studentNumber에 유효한 인덱스는 1, 2, 3이 아니라 0, 1, 2인 거죠. 자, 총학생 수를 의미하는 studentCount는 3이었죠? 따라서 예제 코드에서 studentNumber가 studentCount와 같을 때에도 while문의 { } 안의 코드를 실행하게 되면 총 4명의 학생정보를 받는 겁니다.

그림 8-2 3명의 학생의 정보를 받기 위해 필요한 인덱스 0, 1, 2

이제 19~20번 줄을 살펴보겠습니다.

```
19          Console.Write(studentNumber);
20          Console.WriteLine("번째 학생의 정보를 입력할 차례입니다.");
```

특별한 건 없죠? 그냥 이제 몇 번째 학생의 정보를 입력할 차례인지 알려주는 문자열을 출력할 뿐입니다.

다음은 31번 줄입니다.

```
31          studentNumber = studentNumber + 1;
```

studentNumber를 1만큼 증가시키는 코드입니다. 이러면 정보를 입력받을 학생의 인덱스를 1만큼 증가시키는 거니 결국 다음 학생의 정보를 입력받는 것과 다름 없는 거죠.

16~32번 줄까지의 코드를 정리하면 다음과 같습니다.

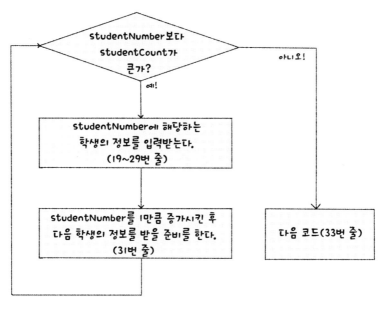

그림 8-3 학생정보를 studentCount 수만큼 입력받는 조건문(while)

[그림 8-3]은 학생정보를 입력받은 코드의 전부입니다. 그러면 이제 입력받은 학생정보를 화면에 출력해주는 코드를 살펴보죠. 먼저 37번 줄을 보겠습니다.

```
37        studentNumber = 0;
```

사용자로부터 입력받은 학생정보를 순서대로 출력해야 하니 인덱스를 다시 0으로 돌립니다. 배열에서 첫 번째 학생의 인덱스는 1이 아니라 0이라는 사실, 계속 강조하고 있으니 꼭 기억하세요. 처음 프로그래밍을 시작할 때 많이 틀리는 부분이에요.

그다음은 38번 줄입니다.

```
38          while (studentNumber < studentCount)
```

17번 줄과 똑같죠? 입력과 출력 모두 학생 수만큼 해야 하니 결국 모든 학생정보를 처음부터 끝까지 훑어야 합니다. 따라서 while문 안에 들어가는 조건도 똑같습니다.

그럼 마지막으로 49번 줄입니다.

```
49          studentNumber = studentNumber + 1;
```

역시 31번 줄과 마찬가지로 배열의 인덱스를 의미하는 studentNumber를 1만큼 증가시킵니다. 다음 학생의 정보를 출력하기 위해 준비를 합니다.

결국 첫 번째 while문과 두 번째 while문의 기본 구조는 똑같고 while문 안에서 어떤 일을 하는지만 다릅니다.

03 반복문 빠져나오기

디지털 도어락 프로그램을 보니 마음에 들지 않는 부분이 있습니다. while문 안의 조건식이 너무 깁니다. while문은 조건식이 참이면 계속 반복한다고 했습니다. 우린 6장에서 참과 거짓을 저장하는 논리 자료형(bool)을 배웠습니다. 그리고 논리 자료형(bool)에 들어가는 값은 참과 거짓을 각각 의미하는 true와 false이 있다고 배웠습니다. 이 true를 while문에 쓸 수 있지 않을까요? 이렇게 말입니다. DoorLock_6Num_While 프로젝트를 열고 다음 코드에서 바탕색이 있는 코드를 추가합니다.

코드 8-4 while(true)를 적용한 코드

```
1   using System;
2
3   namespace DoorLock_6Num_While
4   {
5     class Program
6     {
7       static void Main(string[] args)
8       {
9         int[] passcodeNumbers = { 6, 2, 1, 9, 4, 7 };
10        int[] userInput = new int[6];
11
12        while (true)
13        {
14          Console.WriteLine("첫 번째 숫자를 넣어주세요.");
15          userInput[0] = int.Parse(Console.ReadLine());
16          Console.WriteLine("두 번째 숫자를 넣어주세요.");
17          userInput[1] = int.Parse(Console.ReadLine());
18          Console.WriteLine("세 번째 숫자를 넣어주세요.");
19          userInput[2] = int.Parse(Console.ReadLine());
```

```
20          Console.WriteLine("네 번째 숫자를 넣어주세요.");
21          userInput[3] = int.Parse(Console.ReadLine());
22          Console.WriteLine("다섯 번째 숫자를 넣어주세요.");
23          userInput[4] = int.Parse(Console.ReadLine());
24          Console.WriteLine("여섯 번째 숫자를 넣어주세요.");
25          userInput[5] = int.Parse(Console.ReadLine());
26
27          if (userInput[0] == passcodeNumbers[0] && userInput[1] ==
     passcodeNumbers[1] && userInput[2] == passcodeNumbers[2] && userInput[3] ==
     passcodeNumbers[3] && userInput[4] == passcodeNumbers[4] && userInput[5] ==
     passcodeNumbers[5])
28          {
29            Console.WriteLine("문이 열렸습니다.");
30          }
31          else
32          {
33            Console.WriteLine("비밀번호가 틀렸습니다.");
34          }
35        }
36      }
37    }
38  }
```

그럼 먼저 코드를 실행해보죠. 틀린 비밀번호를 한 번 넣고 맞는 비밀번호를 넣겠습니다.

첫 번째 숫자를 넣어주세요.

1

두 번째 숫자를 넣어주세요.

2

세 번째 숫자를 넣어주세요.

3

네 번째 숫자를 넣어주세요.

4

다섯 번째 숫자를 넣어주세요.

5

여섯 번째 숫자를 넣어주세요.

6

비밀번호가 틀렸습니다.

첫 번째 숫자를 넣어주세요.

6

두 번째 숫자를 넣어주세요.

2

세 번째 숫자를 넣어주세요.

1

네 번째 숫자를 넣어주세요.

9

다섯 번째 숫자를 넣어주세요.

4

여섯 번째 숫자를 넣어주세요.

7

문이 열렸습니다.

첫 번째 숫사를 넣어주세요.

어라, 맞는 비밀번호를 넣어도 계속 물어보네요? 추가한 코드를 살펴보면서 뭐가 문제인지 알아봅시다. 다음 쪽의 [코드 8-4]의 12번 줄입니다.

while문 안에서 비밀번호를 비교하는 코드가 사라졌습니다. 그 대신 넣은 **true**는 조건식을 언제나 참으로 만드니 그다음에 나오는 { } 안의 코드가 무한히 반복되는 게 당연합니다. 그럼 이런 문제를 어떻게 고쳐야 할까요? 일단 비밀번호가 맞으면 while문을 빠져나오게만 하면 되겠죠?

이런 일을 하는 키워드가 바로 **break**입니다.

먼저 break의 뜻부터 알아보겠습니다. break는 '중단시키다, 끝내다'라는 뜻의 동사입니다. 그래서 자동차에서 속도를 줄일 때 사용하는 페달도 브레이크라고 하죠. 프로그래밍에서 사용하는 **break**도 비슷한 역할을 합니다. **while**문 안에서 **break**를 쓰면 즉시

while문을 끝낼 수 있습니다. 간단한 예를 하나 볼까요?

```
// count의 값이 3이 되면 반복문을 나가는 코드

int count = 0;
while (true)
{
  Console.Write(count);
  Console.WriteLine("번째 출력");
  count = count + 1;
  if (count == 3)
  {
    break;
  }
}
```

while문 조건이 true입니다. 무한히 반복될 것 같은 코드죠? 하지만 count가 3이 되면 곧바로 break;를 실행하니 count가 3이 되자마자 이 while문은 끝난답니다.

그럼 지금 배운 내용을 이용해서 [코드 8-4]를 수정해보겠습니다. DoorLock_6Num_While 프로젝트를 열고 [코드 8-5]의 바탕색이 있는 코드를 추가합니다.

코드 8-5 break를 사용하도록 수정한 디지털 도어락 프로그램

```
1   using System;
2
3   namespace DoorLock_6Num_While
4   {
5     class Program
6     {
7       static void Main(string[] args)
8       {
9         int[] passcodeNumbers = { 6, 2, 1, 9, 4, 7 };
10        int[] userInput = new int[6];
11
12        while (true)
13        {
14          Console.WriteLine("첫 번째 숫자를 넣어주세요.");
15          userInput[0] = int.Parse(Console.ReadLine());
16          Console.WriteLine("두 번째 숫자를 넣어주세요.");
17          userInput[1] = int.Parse(Console.ReadLine());
18          Console.WriteLine("세 번째 숫자를 넣어주세요.");
19          userInput[2] = int.Parse(Console.ReadLine());
20          Console.WriteLine("네 번째 숫자를 넣어주세요.");
21          userInput[3] = int.Parse(Console.ReadLine());
22          Console.WriteLine("다섯 번째 숫자를 넣어주세요.");
23          userInput[4] = int.Parse(Console.ReadLine());
24          Console.WriteLine("여섯 번째 숫자를 넣어주세요.");
25          userInput[5] = int.Parse(Console.ReadLine());
26
```

```
27          if (userInput[0] == passcodeNumbers[0] && userInput[1] ==
   passcodeNumbers[1] && userInput[2] == passcodeNumbers[2] && userInput[3] ==
   passcodeNumbers[3] && userInput[4] == passcodeNumbers[4] && userInput[5] ==
   passcodeNumbers[5])
28          {
29            Console.WriteLine("문이 열렸습니다.");
30            break;
31          }
32          else
33          {
34            Console.WriteLine("비밀번호가 틀렸습니다.");
35          }
36        }
37      }
38    }
39  }
```

이제 수정한 코드가 제대로 작동하는지 확인해봅시다. 틀린 비밀번호를 두 번 입력하고 세 번째에서는 올바른 비밀번호를 입력하죠.

```
첫 번째 숫자를 넣어주세요.
1
두 번째 숫자를 넣어주세요.
2
세 번째 숫자를 넣어주세요.
3
네 번째 숫자를 넣어주세요.
4
다섯 번째 숫자를 넣어주세요.
5
여섯 번째 숫자를 넣어주세요.
6
비밀번호가 틀렸습니다.
첫 번째 숫자를 넣어주세요.
5
두 번째 숫자를 넣어주세요.
4
세 번째 숫자를 넣어주세요.
3
네 번째 숫자를 넣어주세요.
2
다섯 번째 숫자를 넣어주세요.
1
여섯 번째 숫자를 넣어주세요.
6
비밀번호가 틀렸습니다.
첫 번째 숫자를 넣어주세요.
6
두 번째 숫자를 넣어주세요.
2
세 번째 숫자를 넣어주세요.
1
네 번째 숫자를 넣어주세요.
9
다섯 번째 숫자를 넣어주세요.
4
여섯 번째 숫자를 넣어주세요.
7
문이 열렸습니다.
계속하려면 아무 키나 누르십시오...
```

이제서야 코드가 잘 동작하는군요. 그럼 추가한 코드를 살펴보죠. 30번 줄, 한 줄만 추가했지만 좀 더 이해를 돕기 위해 위아래 몇 줄도 같이 포함시켰습니다.

[코드 8-5]의 27~31번 줄입니다.

```
27          if (userInput[0] == passcodeNumbers[0] && userInput[1] ==
    passcodeNumbers[1] && userInput[2] == passcodeNumbers[2] && userInput[3] ==
    passcodeNumbers[3] && userInput[4] == passcodeNumbers[4] && userInput[5] ==
    passcodeNumbers[5])
28          {
29            Console.WriteLine("문이 열렸습니다.");
30            break;
31          }
```

if문 안의 조건을 모두 만족하면, 즉 모든 비밀번호가 같으면 "문이 열렸습니다."를 출력합니다. 문이 열렸으면 바로 while문에서 빠져나가야겠죠? 그래서 30번 줄에 break를 넣었습니다. while문을 빠져나오면 다른 명령어가 없으니 프로그램은 종료됩니다. 이게 원하는 결과입니다. 이전처럼 쓸데없이 입력받는 코드를 반복하지도 않았고 올바른 비밀번호를 입력받자마자 프로그램을 종료했습니다.

break 외에도 while문에 넣을 수 있는 키워드로 continue가 있습니다. break가 while문에서 나가는 역할을 했다면 continue는 즉시 while문 첫 줄부터 다시 실행합니다. break보단 사용할 일이 적으니 간단한 예만 살펴보고 넘어가겠습니다. 그냥 이런 명령이 있다는 정도만 기억하세요.

```
// continue 사용 예제

int count = 0;
while (true)
{
  count = count + 1;
  if (count == 3)
  {
    continue;
  }
  Console.Write(count);
  Console.WriteLine(" 번째 출력");
}
```

비슷한 예입니다. 이 예제는 무한 반복하는 코드입니다. 실제로 프로그램에 사용하기에는 문제가 있는 코드입니다. 실행하면 "0번째 출력"부터 "2번째 출력"까지는 화면에 출력하고 "3번째 출력"은 화면에 출력하지 않습니다. 왜냐하면 count가 3이면 continue를 호출해 그 아래 있는 출력 코드는 무시하고 바로 while(true)로 이동하기 때문입니다.

그럼 이 장에서 배운 while문을 숫자야구에 적용해보겠습니다. 어디에 적용할까요? 디지털 도어락 프로그램에서 했듯이 세 자릿수를 모두 맞출 때까지 계속 기회를 주면 숫자야구 게임의 규칙에 딱 들어맞겠군요. 프로젝트를 열고 다음과 같이 코드를 수정합니다.

코드 8-6 숫자야구 코드

```
1    using System;
2
3    namespace UltimateBaseball
4    {
5      class Program
6      {
7      static void Main(string[] args)
8        {
9          Console.WriteLine("+------------------------------------------------+");
10         Console.WriteLine("¦                궁극의 숫자야구 게임              ¦");
11         Console.WriteLine("+------------------------------------------------+");
12         Console.WriteLine("¦ 컴퓨터가 수비수가 되어 세 자릿수를 하나 골랐습니다. ¦");
13         Console.WriteLine("¦ 각 숫자는 0~9중에 하나며 중복되는 숫자는 없습니다.  ¦");
14         Console.WriteLine("¦ 모든 숫자와 위치를 맞히면 승리합니다.              ¦");
15         Console.WriteLine("¦ 숫자와 순서가 둘 다 맞으면 스트라이크입니다.        ¦");
16         Console.WriteLine("¦ 숫자만 맞고 순서가 틀리면 볼입니다.               ¦");
17         Console.WriteLine("¦ 숫자가 틀리면 아웃입니다.                        ¦");
18         Console.WriteLine("+------------------------------------------------+");
19
20         Console.WriteLine("> 수비수가 고른 숫자");
21         int[] numbers = { 3, 1, 9 };
22         Console.WriteLine(numbers[0]);
23         Console.WriteLine(numbers[1]);
24         Console.WriteLine(numbers[2]);
25
```

> 7장의 숫자야구 프로젝트에서 else { ... } 구문에 해당하는 43, 44, 81번 줄을 삭제하고 수정하세요.

```
26          int[] guesses = new int[3];
27
28      while (true)
29      {
30        Console.WriteLine("> 첫 번째 숫자를 입력하세요.");
31        guesses[0] = int.Parse(Console.ReadLine());
32        Console.WriteLine("> 두 번째 숫자를 입력하세요.");
33        guesses[1] = int.Parse(Console.ReadLine());
34        Console.WriteLine("> 세 번째 숫자를 입력하세요.");
35        guesses[2] = int.Parse(Console.ReadLine());
36
37        Console.WriteLine("> 공격수가 고른 숫자");
38        Console.WriteLine(guesses[0]);
39        Console.WriteLine(guesses[1]);
40        Console.WriteLine(guesses[2]);
41
42        if (guesses[0] == guesses[1] || guesses[0] == guesses[2] || guesses[1]
    == guesses[2])
43          {
44            Console.WriteLine("같은 숫자를 입력하면 안 됩니다.");
45            continue;
46          }
47
48        int strikeCount = 0;
49        int ballCount = 0;
50
51        if (guesses[0] == numbers[0])
52        {
53          strikeCount = strikeCount + 1;
54        }
55        else if (guesses[0] == numbers[1] || guesses[0] == numbers[2])
56        {
57          ballCount = ballCount + 1;
58        }
59
60        if (guesses[1] == numbers[1])
61        {
62          strikeCount = strikeCount + 1;
```

```
63              }
64              else if (guesses[1] == numbers[0] || guesses[1] == numbers[2])
65              {
66                ballCount = ballCount + 1;
67              }
68
69              if (guesses[2] == numbers[2])
70              {
71                strikeCount = strikeCount + 1;
72              }
73              else if (guesses[2] == numbers[0] || guesses[2] == numbers[1])
74              {
75                ballCount = ballCount + 1;
76              }
77
78              Console.Write("스트라이크:  ");
79              Console.WriteLine(strikeCount);
80              Console.Write("볼:  ");
81              Console.WriteLine(ballCount);
82              Console.Write("아웃:  ");
83              Console.WriteLine(3 - strikeCount - ballCount);
84
85              if (guesses[0] == numbers[0] && guesses[1] == numbers[1] &&
        guesses[2] == numbers[2])
86              {
87                Console.WriteLine("정답입니다!");
88                break;
89              }
90          }
91        }
92      }
93    }
```

먼저 우리가 원하는 대로 코드가 동작하는지 확인하겠습니다. 세 번 만에 정답을 맞히도록
처음에는 1, 1, 3을, 두 번째는 4, 5, 6을 입력하고, 세 번째 기회에 이르러서야 수비수가 고
른 숫자와 같은 3, 1, 9를 입력하겠습니다.

```
+-----------------------------------------------------+
|                궁극의 숫자야구 게임                   |
+-----------------------------------------------------+
| 컴퓨터가 수비수가 되어 세 자릿수를 하나 골랐습니다.    |
| 각 숫자는 0~9중에 하나며 중복되는 숫자는 없습니다.     |
| 모든 숫자와 위치를 맞히면 승리합니다.                 |
| 숫자와 순서가 둘 다 맞으면 스트라이크입니다.           |
| 숫자만 맞고 순서가 틀리면 볼입니다.                   |
| 숫자가 틀리면 아웃입니다.                            |
+-----------------------------------------------------+
> 수비수가 고른 숫자
3
1
9
> 첫 번째 숫자를 입력하세요.
1
> 두 번째 숫자를 입력하세요.
1
> 세 번째 숫자를 입력하세요.
3
> 공격수가 고른 숫자
1
1
3
같은 숫자를 입력하면 안 됩니다.
> 첫 번째 숫자를 입력하세요.
4
> 두 번째 숫자를 입력하세요.
5
> 세 번째 숫자를 입력하세요.
6
> 공격수가 고른 숫자
4
5
6
스트라이크: 0
볼: 0
아웃: 3
> 첫 번째 숫자를 입력하세요.
3
> 두 번째 숫자를 입력하세요.
1
> 세 번째 숫자를 입력하세요.
9
> 공격수가 고른 숫자
3
1
9
스트라이크: 3
볼: 0
아웃: 0
정답입니다!
계속하려면 아무 키나 누르십시오...
```

우리가 원하던 대로 코드가 동작합니다. 정답을 맞힐 때까지 계속 사용자의 입력을 받는군요! 코드가 제대로 동작하는 것도 확인했으니 추가한 코드를 하나하나 살펴보겠습니다.

먼저 28번 줄입니다.

```
28          while (true)
```

이 조건식은 항상 참이라서 while 뒤에 나오는 {} 안쪽의 코드, 그러니까 29번 줄부터 85번 줄까지의 코드를 무한 반복합니다.

다음은 45번 줄입니다.

```
45              continue;
```

이 코드는 공격수가 고른 숫자가 같은 숫자를 입력하면 "같은 숫자를 입력하면 안 됩니다."를 출력한 다음 실행됩니다. 아까도 설명했지만 continue를 사용하면 while문의 맨 처음, 그러니까 28번 줄로 이동합니다. 이렇게 하니 굳이 else를 쓰고 중괄호를 열 필요가 없어서 코드 읽기가 훨씬 편하군요.

다음은 85~89번 줄입니다.

```
85              if (guesses[0] == numbers[0] && guesses[1] == numbers[1] &&
        guesses[2] == numbers[2])
86              {
87                Console.WriteLine("정답입니다!");
88                break;
89              }
```

먼저 85번 줄을 보죠. 수비수가 고른 숫자와 공격수가 고른 숫자를 비교해서 모두 같으면 87번 줄과 88번 줄을 실행합니다. 87번 줄은 "정답입니다!"를 화면에 출력합니다. 그리고 정답이 나왔으니 더 이상 숫자를 맞히라고 할 필요가 없겠죠? 따라서 88번 줄의 break를 실행해서 while문을 빠져나갑니다.

이렇게 정답을 맞힐 때까지 사용자가 입력할 수 있게 수정하니 우리가 처음에 생각했던 숫자야구 게임에 거의 근접했습니다. 부족한 부분이라면 수비수가 언제나 똑같은 숫자만 고른다는 정도군요? 이 부분은 10장에서 수정하겠습니다. 그러면 이번 장에서 배운 내용을 정리한 뒤 다음 장으로 넘어가겠습니다.

chapter 8에서 배운 내용

* 같은 코드를 여러 번 반복할 때 반복문(while, for)을 사용합니다.
* while문은 괄호 안의 조건이 거짓이 되지 않는 한 중괄호 사이의 코드를 반복해서 실행합니다.
* break를 사용하면 while문을 빠져나갈 수 있습니다.
* continue를 사용하면 while문의 처음으로 돌아갈 수 있습니다.

이번 장에서 배운 내용을 복습하는 의미에서 간단한 문제를 몇 개 풀어보겠습니다. 언제나 그렇듯 기초문제의 풀이는 부록에 실려 있습니다.

8-1 다음 코드가 while문을 사용하도록 바꿔보세요.

```
1    using System;
2
3    namespace BasicProblem0801
4    {
5      class Program
6      {
7        static void Main(string[] args)
8        {
9          int[] scores = new int[5];
10         Console.Write(0);
11         Console.WriteLine("번째 과목의 성적을 입력하세요.");
12         scores[0] = int.Parse(Console.ReadLine());
13
14         Console.Write(1);
15         Console.WriteLine("번째 과목의 성적을 입력하세요.");
16         scores[1] = int.Parse(Console.ReadLine());
17
18         Console.Write(2);
19         Console.WriteLine("번째 과목의 성적을 입력하세요.");
20         scores[2] = int.Parse(Console.ReadLine());
21
22         Console.Write(3);
23         Console.WriteLine("번째 과목의 성적을 입력하세요.");
24         scores[3] = int.Parse(Console.ReadLine());
25
26         Console.Write(4);
27         Console.WriteLine("번째 과목의 성적을 입력하세요.");
28         scores[4] = int.Parse(Console.ReadLine());
```

```
29
30        Console.Write("총점은 ");
31        Console.Write(scores[0] + scores[1] + scores[2] + scores[3] +
     scores[4]);
32        Console.WriteLine("점입니다.");
33      }
34    }
35  }
```

8-2 다음 코드에서 ❶ , ❷ , ❸ 에 어떤 코드를 넣어야 할까요?

```
1   using System;
2
3   namespace BasicProblem0802
4   {
5     class Program
6     {
7       static void Main(string[] args)
8       {
9         Console.WriteLine("수업을 몇 과목 들었습니까?");
10        int subjectCount = int.Parse(Console.ReadLine());
11
12        int[] scores = new int[subjectCount];
13        int index = 0;
14        int total = 0;
15
16                      ❶
17        {
18          Console.Write(index);
19          Console.WriteLine("번째 과목의 성적을 입력하세요.");
20          scores[index] = int.Parse(Console.ReadLine());
21          total = total + scores[index];
22                      ❷
```

```
23        }
24
25      Console.Write("평균은 ");
26              ❸
27      Console.WriteLine("점입니다.");
28    }
29  }
30 }
```

8-3 다음 코드에는 세 개의 버그가 있습니다. 전부 찾아서 수정하세요.

```
1  using System;
2
3  namespace BasicProblem0803
4  {
5    class Program
6    {
7      static void Main(string[] args)
8      {
9        Console.WriteLine("몇 명의 친구들에게 사과를 나눠줄까요?");
10        int friendCount = int.Parse(Console.ReadLine());
11
12        int[] appleNumbers = new int[friendCount];
13        int index = 1;
14
15        while (index < friendCount)
16        {
17          Console.Write(index);
18          Console.WriteLine("번째 친구가 가져갈 사과는 몇 개인가요?");
19          appleNumbers[index] = int.Parse(Console.ReadLine());
20          total = total + appleNumbers[index];
21        }
22
```

```
23        Console.Write("친구들에게 ");
24        Console.Write(total);
25        Console.WriteLine("개의 사과를 나눠줬습니다.");
26      }
27    }
28  }
```

8-4 다음 코드에서 11번 줄을 while(userInput != "끝") 대신 while(true)를 사용하게 바꾸세요.

(**힌트**: if와 break를 추가해야 합니다.)

```
1   using System;
2
3   namespace BasicProblem0804
4   {
5     class Program
6     {
7       static void Main(string[] args)
8       {
9         string userInput = "";
10
11        while (userInput != "끝")
12        {
13          Console.WriteLine("아무 글자나 입력하세요. 끝내려면 '끝'을 입력하세요.");
14          userInput = Console.ReadLine();
15          Console.WriteLine(userInput);
16        }
17      }
18    }
19  }
```

심화문제

심화문제는 따로 풀이를 제공하지 않습니다. 각자의 방법대로 문제를 해결해보세요. 질문은 저자의 블로그를 이용해주세요(들어가기 전에 5쪽을 참조하세요).

8-1 [코드 8-5]^{221쪽}에서 비밀번호를 입력하는 부분을 while문을 사용하도록 수정하세요.

(**힌트**: 14~25번 줄까지만 수정하면 됩니다.)

8-2 먼저 총학생 수를 입력받습니다. 그리고 각 학생마다 각각 국어, 영어, 수학 점수를 입력받습니다. 그다음 입력받은 점수를 계산해서 각 학생의 총점과 평균을 구하는 프로그램을 작성하세요.

반복횟수가 정해져 있다면,
반복문 for

9장의 키워드는 반복문입니다. 9장에서 배울 내용은 다음과 같습니다.

+ 반복횟수가 정해져 있는 코드를 for문으로 작성하기
+ for문
+ 이중 for문

8장에서 while문에 대해 배웠죠? 같은 명령어를 여러 번 반복해야 할 때 while문을 사용하면 편리했습니다. 딱 디지털 도어락 프로그램에 적합했죠. 이번 장에서는 while문과 비슷하지만, 조금 다른 용법의 반복문을 배우겠습니다.

while문으로 반복횟수가 정해진 코드 작성

새로운 반복문을 배우기 전에 잠깐 디지털 도어락 프로그램의 [코드 8-5]를 다시 살펴볼까요? 14~25번 줄만 살펴보겠습니다.

```
1    using System;
2
3    namespace DoorLock_6Num_While
4    {
5      class Program
6      {
7        static void Main(string[] args)
8        {
9          int[] passcodeNumbers = { 6, 2, 1, 9, 4, 7 };
10         int[] userInput = new int[6];
11
12         while (true)
13         {
14           Console.WriteLine("첫 번째 숫자를 넣어주세요.");
15           userInput[0] = int.Parse(Console.ReadLine());
16           Console.WriteLine("두 번째 숫자를 넣어주세요.");
17           userInput[1] = int.Parse(Console.ReadLine());
18           Console.WriteLine("세 번째 숫자를 넣어주세요.");
19           userInput[2] = int.Parse(Console.ReadLine());
20           Console.WriteLine("네 번째 숫자를 넣어주세요.");
21           userInput[3] = int.Parse(Console.ReadLine());
22           Console.WriteLine("다섯 번째 숫자를 넣어주세요.");
23           userInput[4] = int.Parse(Console.ReadLine());
24           Console.WriteLine("여섯 번째 숫자를 넣어주세요.");
25           userInput[5] = int.Parse(Console.ReadLine());
26
```

음. 다시 보니 이 부분도 비슷한 코드를 여러 번 반복하고 있습니다. 이 부분이 좀 맘에 걸리는군요.

8장에서는 while문을 사용해서 여러 번 반복되는 코드를 없앴으니 여기서도 while문을 사용해서 이 코드를 고쳐보겠습니다.

우선 비주얼 스튜디오를 실행해서 새 프로젝트를 만듭니다. 9장이니 프로젝트 파일을 저장할 위치는 C:\Projects\intro\09로, 프로젝트 이름은 DoorLock_6Num_For로 하겠습니다.

8장에서 만든 DoorLock_6Num_While 프로젝트의 코드를 복사해서 새 프로젝트에 붙여넣은 뒤 14~25번 줄까지의 코드를 삭제합시다.

삭제할 코드 14~25번 줄

```
14        Console.WriteLine("첫 번째 숫자를 넣어주세요.");
15        userInput[0] = int.Parse(Console.ReadLine());
16        Console.WriteLine("두 번째 숫자를 넣어주세요.");
17        userInput[1] = int.Parse(Console.ReadLine());
18        Console.WriteLine("세 번째 숫자를 넣어주세요.");
19        userInput[2] = int.Parse(Console.ReadLine());
20        Console.WriteLine("네 번째 숫자를 넣어주세요.");
21        userInput[3] = int.Parse(Console.ReadLine());
22        Console.WriteLine("다섯 번째 숫자를 넣어주세요.");
23        userInput[4] = int.Parse(Console.ReadLine());
24        Console.WriteLine("여섯 번째 숫자를 넣어주세요.");
25        userInput[5] = int.Parse(Console.ReadLine());
```

이제 [코드 9-1]에서 바탕색이 있는 코드를 추가해서 프로그램을 완성합시다.

```
1   using System;
2
3   namespace DoorLock_6Num_For
4   {
5     class Program
6     {
7       static void Main(string[] args)
8       {
9         int[] passcodeNumbers = { 6, 2, 1, 9, 4, 7 };
10
11        int passcodeLength = 6;
12        int[] userInput = new int[passcodeLength];
13
14        while (true)
15        {
16          int passcodeIndex = 0;
17          while (passcodeIndex < passcodeLength)
18          {
19            Console.Write(passcodeIndex);
20            Console.WriteLine("번째 숫자를 넣어주세요.");
21            userInput[passcodeIndex] = int.Parse(Console.ReadLine());
22            passcodeIndex = passcodeIndex + 1;
23          }
24
25          if (userInput[0] == passcodeNumbers[0] && userInput[1] ==
     passcodeNumbers[1] && userInput[2] == passcodeNumbers[2] && userInput[3] ==
     passcodeNumbers[3] && userInput[4] == passcodeNumbers[4] && userInput[5] ==
     passcodeNumbers[5])
26          {
27            Console.WriteLine("문이 열렸습니다.");
28            break;
29          }
30          else
31          {
32            Console.WriteLine("비밀번호가 틀렸습니다.");
33          }
34        }
35      }
36    }
37  }
```

그럼 먼저 수정한 코드가 잘 동작하는지 확인해보겠습니다. 처음에는 틀린 비밀번호를 넣고 두 번째에 맞는 비밀번호를 넣어주세요.

```
코드 9-1 실행
0번째 숫자를 넣어주세요.
1
1번째 숫자를 넣어주세요.
2
2번째 숫자를 넣어주세요.
3
3번째 숫자를 넣어주세요.
4
4번째 숫자를 넣어주세요.
5
5번째 숫자를 넣어주세요.
6
비밀번호가 틀렸습니다.
0번째 숫자를 넣어주세요.
6
1번째 숫자를 넣어주세요.
2
2번째 숫자를 넣어주세요.
1
3번째 숫자를 넣어주세요.
9
4번째 숫자를 넣어주세요.
4
5번째 숫자를 넣어주세요.
7
문이 열렸습니다.
계속하려면 아무 키나 누르십시오...
```

결과가 제대로 나왔죠? 이제 코드를 살펴봅시다. 먼저 11~12번 줄입니다.

```
11        int passcodeLength = 6;
12        int[] userInput = new int[passcodeLength];
```

11번 줄에서는 정수형 변수 passcodeLength에 6을 저장합니다. 디지털 도어락의 비밀번호 길이를 여섯 자리로 선언한 거죠. 12번 줄은 int[]로 정수형 배열을 선언했습니다. 8장 프로그램과의 차이점은 []^{대괄호} 안의 값이 실제 숫자(6)가 아닌 변수(passcodeLength)라는 점입니다. 배열의 길이는 숫자를 직접 넣어 지정할 수도 있고 변수를 이용하여 지정할 수도 있습니다. 이처럼 변수를 사용하게 되면 사용자 입력에 따라 배열의 크기를 지정할 수도 있는 이점이 있습니다.

다음은 16번 줄입니다.

```
16        int passcodeIndex = 0;
```

정수형 변수 passcodeIndex에 0을 저장합니다. passcodeIndex 변수는 사용자에게 입력받을 비밀번호의 자리입니다. 당연히 첫 번째 숫자부터 받아야 하니 0을 저장했고, 한 자리씩 입력을 받을 때마다 passcodeIndex 변수를 1씩 증가하여 다음 숫자를 입력받을 준비를 할 겁니다. passcodeIndex 변수를 달리 표현하면 userInput 배열의 인덱스입니다.

이제 17번 줄을 보겠습니다.

```
17        while (passcodeIndex < passcodeLength)
```

이 코드는 while문 아래 {}^{중괄호} 사이에 오는 코드를 총 여섯 번 실행하는 반복문입니다. 응? 이 코드를 그냥 읽으면 passcodeIndex 변수의 값이 passcodeLength보다 작은 동안 반복하는 코드인데 왜 여섯 번이 되냐고요? 조금 전에 passcodeIndex는 사용자에게 입력받을 비밀번호의 자리라고 말했습니다. 그리고 passcodeLength 변수에는 비밀번호의 길이인 6이 들어가 있고요. 따라서 현재 입력받을 비밀번호의 자리(passcodeIndex)가 총 비밀번호 길이(passcodeLength)보다 작으면 아직 입력받을 번호가 남아 있는 겁니다. 이렇게 설명하고 나니 8장에서 while문을 배울 때 봤던 [코드 8-3]과 비슷하네요.^{210쪽} 혹시 잘 기억이 나지 않는다면 8장을 복습할 좋은 기회입니다.

> **NOTE** 인덱스는 배열에 값을 저장하거나 저장한 값을 읽을 때 사용합니다. 배열은 한 개 이상의 값을 저장하기 때문에 인덱스가 필요하다는 것 잊지 마세요. 아직 인덱스를 잘 모르겠다면 7장을 다시 한 번 복습해보세요(183쪽).

다음은 19~21번 줄입니다.

```
19        Console.Write(passcodeIndex);
20        Console.WriteLine("번째 숫자를 넣어주세요.");
21        userInput[passcodeIndex] = int.Parse(Console.ReadLine());
```

19~20번 줄은 그냥 화면에 정보를 출력할 뿐입니다. 이번에 입력해야 하는 숫자의 위치를 알려주죠. 그리고 21번 줄은 사용자로부터 입력받은 숫자를 userInput 배열에 넣습니다. 단, passcodeIndex 변수를 인덱스로 쓰니 비밀번호가 입력받은 순서대로 차례대로 배열에 저장됩니다. 이 과정을 달리 표현하면 passcodeIndex 번째 비밀번호 숫자를 입력받아서 userInput 배열에 저장한다고 말할 수도 있겠죠.

혹시라도 아직도 좀 어렵다고 느낀다면 while문이 한 번 실행될 때마다 passcodeIndex 변수가 어떻게 변하는지 그리고 그에 따라 배열의 어느 위치에 입력받은 값을 저장하는지를 순서대로 종이에 적어가면서 따라 해보세요. 그러면 이해가 훨씬 쉬울 겁니다.

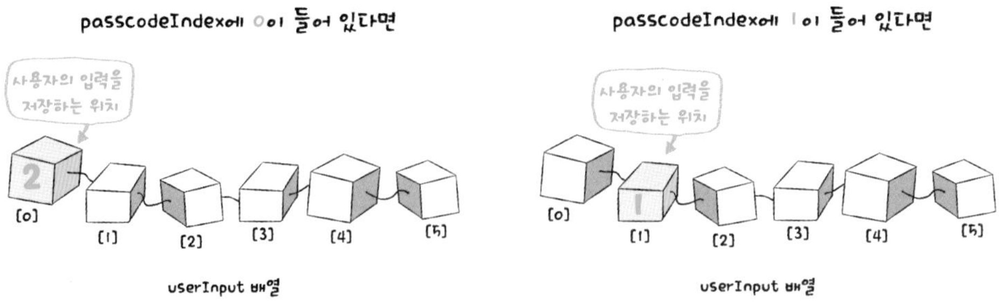

passcodeIndex에 0이 **들어 있다면**   passcodeIndex에 1이 **들어 있다면**

사용자의 입력을
저장하는 위치   사용자의 입력을
저장하는 위치

[0]   [1]   [2]   [3]   [4]   [5]   [0]   [1]   [2]   [3]   [4]   [5]

userInput **배열**   userInput **배열**

그림 9-1 비밀번호의 첫 번째, 두 번째 숫자를 넣는 경우

다음은 22번 줄입니다.

```
22              passcodeIndex = passcodeIndex + 1;
```

passcodeIndex를 1만큼 증가시키는 코드입니다. {} 안의 코드를 모두 실행했으니 이제 다음 숫자를 입력받을 차례겠죠?

음… 그런데 여기까지 코드를 살펴보니 왠지 [코드 8-3]의 16~31번 줄과 비슷해보이네요. 어디가 비슷한지 잘 모르겠다고요? 그럼 이해를 돕기 위해 [코드 8-3]과 [코드 9-1]을 비교해보겠습니다. 코드를 전부 볼 필요는 없으니 비슷한 부분만 따로 추려서 보기로 하지요. 다음은 [코드 8-3]의 16~31번 줄을 추려놓은 코드입니다.

```
16          int studentNumber = 0;
17          while (studentNumber < studentCount)
18          {

31            studentNumber = studentNumber + 1;
32          }
```

총학생 수(studentCount)만큼 while문을 실행하는 코드라는 게 보이나요? 16번 줄에서 studentNumber 변수를 0으로 저장합니다. 그리고 studentNumber가 studentCount보다 작은 동안 {} 사이의 코드를 실행하고 {} 안의 코드를 실행할 때마다 studentNumber를

1씩 증가시킵니다. 이쯤 되면 '아하! 반복문을 돌리는 코드가 똑같군!'이란 생각이 들 법한데 혹시라도 눈치채지 못한 사람을 위해 [코드 9-1]을 다시 한번 추려놓았습니다.

```
16        int passcodeIndex = 0;
17        while (passcodeIndex < passcodeLength)
18        {

22         passcodeIndex = passcodeIndex + 1;
23        }
```

한눈에 봐도 두 개의 코드가 매우 비슷하죠? studentNumber 변수가 passcodeIndex로, studentCount 변수가 passcodeLength로 바뀐 것만 제외하면 완전히 똑같습니다. 이건 반복횟수가 정해져 있는 코드를 while문으로 작성할 때 쓰는 공식 같은 겁니다. 공식이라 "이거 외워두세요!"라고 하고 싶지만 사실 이런 경우에 while문을 쓰는 경우는 드물기에 그럴 순 없겠군요. 그럼 반복횟수가 정해져 있는 코드를 작성할 때 뭐를 쓰냐고요? 이럴 때는 while문 보다는 for문을 사용하는 것이 보통입니다.

먼저 for의 뜻부터 알아보겠습니다.

for는 '~하는 동안'이라는 뜻을 가진 전치사입니다.* 어? while하고 같은 뜻이네요? 네. for는 전치사고 while은 접속사긴 하지만 뜻 자체는 같습니다. 그렇다면 while문을 반복문에 사용했듯이 for문도 반복문에 사용할 수 있겠군요.

사실 while문을 사용하는 코드라면 모두 for문으로 표현이 가능하고, for문을 사용하는 코드는 모두 while문으로 표현이 가능합니다. 하지만 보통 반복해야 하는 횟수가 정해진 코드는 for문을, 그렇지 않은 코드는 while문을 씁니다.

for문과 while문을 서로 바꿔 쓸 수는 있지만 for문의 문법은 while문과는 좀 다릅니다. 사실 지금까지 봐왔던 어떤 문법하고도 좀 다른데 그 이유는 while문을 쓸 때 세 줄로 나눠 썼던 코드를 한 줄로 합쳐야 for문이 완성되기

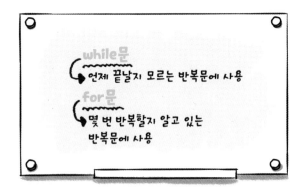

---

* '~를 위한'이란 뜻도 있지만 그건 여기서 사용하는 for의 의미와는 전혀 관련이 없습니다.

때문입니다.

"뭐라고? 어떻게 세 줄을 한 줄로 합치라는 거야?"라는 불평이 들리는 듯하군요. 너무 흥분하지 마시고 우선 다음 문법을 먼저 보세요.

기본형

```
for (①초기화 코드; ②반복 조건식; ④증감문)
{
        ③ 반복할 코드
}
```

약간은 암호 같아 보이는 이 코드를 분석해볼까요? 일단 소괄호 안을 보면 ;^{세미콜론}으로 구분된 세 부분의 코드가 보입니다.

① 초기화 코드는 이 반복문이 실행되기 전에 딱 한 번만 실행됩니다.

② 반복 조건식은 이번에도 반복문을 실행해야 하는지 검사합니다. 반복 조건식이 참이면 그 아래에 오는 중괄호 사이의 ③ 반복할 코드를 실행하고 거짓이면 반복문을 종료합니다.

④ 증감문은 중괄호 사이의 ③ 반복할 코드를 실행한 뒤, 즉 한 번의 반복문 회차가 끝난 뒤에 실행합니다.

그런데 이 세 부분의 코드가 순서대로 실행되는 게 아닙니다. 이걸 제대로 설명하려면 실제 코드를 예로 들어야 할 것 같군요.

```
            ① 초기화 코드        ② 반복 조건식          ④ 증감문
for (int index = 0; index < 3; index++)
{
    Console.Write(index);
    Console.WriteLine("번째 반복입니다.");            ③ 반복할 코드
}
```

그림 9-2 for문의 초기화 코드, 반복 조건식, 증감문

이 코드의 실행 순서는 다음과 같습니다.

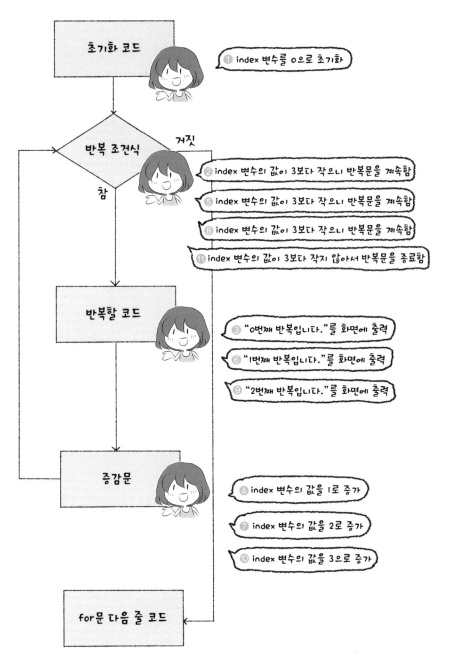

초기화 코드

❶ index 변수를 0으로 초기화

반복 조건식   **거짓**

참

❷ index 변수의 값이 3보다 작으니 반복문을 계속함

❺ index 변수의 값이 3보다 작으니 반복문을 계속함

❽ index 변수의 값이 3보다 작으니 반복문을 계속함

⓫ index 변수의 값이 3보다 작지 않아서 반복문을 종료함

반복할 코드

❸ "0번째 반복입니다."를 화면에 출력

❻ "1번째 반복입니다."를 화면에 출력

❾ "2번째 반복입니다."를 화면에 출력

증감문

❹ index 변수의 값을 1로 증가

❼ index 변수의 값을 2로 증가

❿ index 변수의 값을 3으로 증가

for문 다음 줄 코드

그림 9-3 for문 실행 순서

이렇게 실행되는 순서를 보여주니 좀 이해가 되죠? 어? 그런데 [그림 9-2]의 index++은 처음 보는 코드군요? 이건 별다른 게 아니라 index = index + 1과 동일한 역할을 합니다. 프로그램을 짜다 보면 변수를 1씩 증가시키는 경우가 많아 저런 전용 문법이 생겼습니다.

여기서 자주 헷갈리기 쉬운 부분이 두 군데 있습니다. 첫째, 초기화 코드는 반복문의 첫 회차를 실행하기 전에 딱 한 번만 실행됩니다. 즉, 두 번째 회차부터는 초기화 코드가 실행되지 않습니다. 둘째, 증감문은 중괄호 안의 코드가 실행이 끝난 뒤에 실행됩니다.

이제 좀 이해가 되나요? 아니라고요? 그럼 [코드 9-1]을 for문을 사용하도록 수정해보세요. 코드는 눈으로만 보는 것보다는 직접 짜면서 손가락으로 익혀야 합니다. 직접 해본 다음 [코드 9-2]와 비교해보세요. [코드 9-2]는 [코드 9-1]에서 16~17번 줄, 22번 줄, 25~33번 줄을 삭제하고 바탕색이 있는 부분을 추가한 코드입니다.

코드 9-2 for문을 사용하도록 수정한 디지털 도어락 프로그램

```
1    using System;
2
3    namespace DoorLock_6Num_For
4    {
5      class Program
6      {
7        static void Main(string[] args)
8        {
9          int[] passcodeNumbers = { 6, 2, 1, 9, 4, 7 };
10
11         int passcodeLength= 6;
12         int[] userInput = new int[passcodeLength];
13
14         while (true)
15         {
16           for (int passcodeIndex = 0; passcodeIndex < passcodeLength;
    passcodeIndex++)
```

```
17              {
18                Console.Write(passcodeIndex);
19                Console.WriteLine("번째 숫자를 넣어주세요.");
20                userInput[passcodeIndex] = int.Parse(Console.ReadLine());
21              }
22
23            bool isPasswordCorrect = true;
24            for (int passcodeIndex = 0; passcodeIndex < passcodeLength;
     passcodeIndex++)
25            {
26                if (userInput[passcodeIndex] != passcodeNumbers[passcodeIndex])
27                {
28                  isPasswordCorrect = false;
29                  Console.WriteLine("비밀번호가 틀렸습니다.");
30                  break;
31                }
32            }
33
34            if (isPasswordCorrect)
35            {
36                Console.WriteLine("문이 열렸습니다.");
37                break;
38            }
39          }
40        }
41      }
42  }
```

그럼 수정한 코드가 잘 동작하는지 실행해보겠습니다. [코드 9-1]과 똑같은 비밀번호를 입력했습니다.

0번째 숫자를 넣어주세요.

1

1번째 숫자를 넣어주세요.

2

2번째 숫자를 넣어주세요.

3

3번째 숫자를 넣어주세요.

4

4번째 숫자를 넣어주세요.

5

5번째 숫자를 넣어주세요.

6

비밀번호가 틀렸습니다.

0번째 숫자를 넣어주세요.

6

1번째 숫자를 넣어주세요.

2

2번째 숫자를 넣어주세요.

1

3번째 숫자를 넣어주세요.

9

4번째 숫자를 넣어주세요.

4

5번째 숫자를 넣어주세요.

7

문이 열렸습니다.

계속하려면 아무 키나 누르십시오...

실행 결과가 잘 나왔군요. 그럼 코드를 살펴봅시다. 우선 16번 줄입니다.

```
16          for (int passcodeIndex = 0; passcodeIndex < passcodeLength;
        passcodeIndex++)
```

for문에는 세 개의 코드가 들어 있다고 했죠? 다시 복습을 위해서 잠깐 볼까요?

그림 9-4 [코드 9-2]의 for문의 초기화 코드, 반복 조건식, 증감문

for문의 첫 번째 부분은 초기화 코드인 int passcodeIndex = 0;입니다. 어라? [코드 9-1]에서 우리가 삭제한 16번 줄과 같은 코드군요? for문의 두 번째 부분은 반복 조건식인 passcodeIndex < passcodeLength;입니다. 이건 17번 줄에서 while문 안에서 사용한 조건식과 똑같습니다. for문의 세 번째 부분은 증감문입니다. 여기서는 while문과는 다르게 passcodeIndex++을 사용했습니다. 하지만 조금 전에 설명한 것처럼 이것은 passcodeIndex = passcodeIndex + 1과 같은 코드이니 크게 다르다고 할 수 없겠습니다.*

결국 16번 줄의 for문은 다음의 코드를 한 줄로 압축한 것입니다. 즉, 다음은 for문과 동일한 역할을 하는 [코드 9-1]의 16~23번 줄의 while문입니다.

```
16          int passcodeIndex = 0;
17          while (passcodeIndex < passcodeLength)
18          {

22              passcodeIndex = passcodeIndex + 1;
23          }
```

---

* 변수 뒤에 붙는 **++**를 후위연산자라고 하며 실제로는 passcodeIndex = passcodeIndex + 1과 완전히 같은 코드는 아닙니다. 이 책에서는 이 차이점에 대해서 다루지 않으니 좀 더 자세히 알고 싶으시면 다른 C# 책을 참고하세요.

그런데 어차피 while문과 하는 일은 다르지 않은데 왜 굳이 for문을 사용할까요? 그냥 세 줄짜리 코드를 한 줄로 줄인 게 전부잖아요?

for문을 사용하는 가장 큰 이유는 프로그래머가 코드를 읽기 편하기 때문입니다. for문 딱 한 줄만 읽어도 이 반복문이 총 몇 번 실행될지를 알 수 있죠. 그리고 반복문과 관련된 코드를 한 줄에 모아 놔서 나중에 반복문을 수정할 때도 편리합니다. 딱 한 줄만 수정하면 되니까요. 한마디로 반복할 횟수가 정해져 있는 코드에서 더 편하게 사용하려고 만든 변종이 for문입니다.

이제 23번 줄을 봅시다.

```
23        bool isPasswordCorrect = true;
```

모든 비밀번호가 올바른 경우를 나타내는 논리 자료형(bool) 변수 isPasswordCorrect를 true로 초기화합니다. 어? 그런데 비밀번호를 입력하기 전인데 왜 옳다는 의미인 true를 넣냐고요? 모든 숫자(여섯 자리)가 옳아야 문이 열린다는 말은 비밀번호가 하나라도 틀리면 문을 열 수 없다는 의미기도 합니다. 이걸 달리 말하면 틀린 비밀번호가 하나도 없어야 문이 열린다는 의미지요. 마지막에 말한 방법으로 코드를 짜려고 이 변수를 미리 true로 초기화한 것입니다. 즉, 비밀번호를 한 자리씩 입력받을 때마다 그 값이 틀리면 isPasswordCorrect에 false를 대입하겠다는 의미죠. 당장 이해가 되지 않더라도 걱정하지 마세요. 조금 이따가 다시 한번 설명하겠습니다.

다음은 24번 줄입니다.

```
24        for (int passcodeIndex = 0; passcodeIndex < passcodeLength;
      passcodeIndex++)
```

16번 줄과 똑같죠? 하지만 이번 for문은 디지털 도어락의 비밀번호와 사용자가 입력한 숫자를 하나씩 비교하는 데 사용합니다.

그다음은 26~31번 줄입니다.

```
26          if (userInput[passcodeIndex] != passcodeNumbers[passcodeIndex])
27          {
28            isPasswordCorrect = false;
29            Console.WriteLine("비밀번호가 틀렸습니다.");
30            break;
31          }
```

조금 전에 isPasswordCorrect 변수에 대해 말하다가 다시 설명할 거라고 말했던 코드입니다. isPasswordCorrect 변수를 true로 초기화해서 "앞으로 입력받을 숫자가 하나도 틀리지 않는다면 맞는 비밀번호다"라고 말하려고 했었죠? 따라서 사용자가 입력한 숫자 중에 비밀번호와 틀린 숫자가 하나라도 나오면(26번 줄) 곧바로 isPasswordCorrect 변수를 false로 바꿔줘서 "틀린 숫자가 하나 나왔으니 비밀번호가 틀렸다"라고 말해주는 겁니다. 이미 비밀번호가 틀린 게 확인되었으니 다른 숫자는 더 이상 비교할 필요도 없죠. 그래서 곧바로 "비밀번호가 틀렸습니다."란 문구를 화면에 출력하고 break 키워드로 반복문을 빠져나오는 겁니다.

그와 반대로 비밀번호가 하나도 틀리지 않았다면 28~30번 줄의 코드는 한번도 실행되지 않습니다. 따라서 반복문의 회차가 모두 끝난 뒤에도 isPasswordCorrect 변수는 여전히 true 값을 가지고 있고, 모든 비밀번호가 일치하니 도어락의 문이 열릴 겁니다.

마지막으로 34~38번 줄을 보겠습니다.

```
34          if (isPasswordCorrect)
35          {
36            Console.WriteLine("문이 열렸습니다.");
37            break;
38          }
```

조금 전에도 설명했듯이 사용자가 올바른 비밀번호를 입력했다면 **isPasswordCorrect** 변수의 값이 **true**가 됩니다. 그런 경우 **"문이 열렸습니다."**를 출력하는 코드입니다.

이 정도면 디지털 도어락 프로그램은 충분히 수정해본 것 같습니다. 그럼 이보다 좀 더 복잡한 예제를 만들어볼까요? 8장에서 만들었던 학생 명부 프로그램에 for문을 넣어보고 싶습니다.

우선 프로젝트를 새로 생성합니다. 프로젝트 파일을 저장할 위치는 C:\Projects\intro\09, 프로젝트 이름은 StudentList_For로 해주세요. 그다음에 8장에서 만든 StudentList_While 프로젝트의 코드를 복사해서 붙여넣고 16~17, 31, 37~38, 49번 줄의 코드를 삭제합니다. 이제 다음 쪽의 [코드 9-3]에서 바탕색 있는 코드를 추가합니다.

삭제할 코드. 16~17번 줄

```
16        int studentNumber = 0;
17        while (studentNumber < studentCount)
```

삭제할 코드. 31번 줄

```
31            studentNumber = studentNumber + 1;
```

삭제할 코드. 37~38번 줄

```
37            studentNumber = 0;
38            while (studentNumber < studentCount)
```

삭제할 코드. 49번 줄

```
49            studentNumber = studentNumber + 1;
```

```
1   using System;
2
3   namespace StudentList_For
4   {
5     class Program
6     {
7       static void Main(string[] args)
8       {
9         Console.WriteLine("학생 숫자를 입력하세요.");
10        int studentCount = int.Parse(Console.ReadLine());
11
12        int[] ages = new int[studentCount];
13        string[] names = new string[studentCount];
14        double[] heights = new double[studentCount];
15
16        for (int studentNumber = 0; studentNumber < studentCount; studentNumber++)
17        {
18          Console.Write(studentNumber);
19          Console.WriteLine("번째 학생의 정보를 입력할 차례입니다.");
20
21          Console.WriteLine("나이를 입력하세요.");
22          ages[studentNumber] = int.Parse(Console.ReadLine());
23
24          Console.WriteLine("이름을 입력하세요.");
25          names[studentNumber] = Console.ReadLine();
26
27          Console.WriteLine("키를 입력하세요.");
28          heights[studentNumber] = double.Parse(Console.ReadLine());
29        }
30
31        Console.WriteLine("---------------------------------");
32        Console.WriteLine("입력된 학생정보를 출력할 차례입니다.");
33
34        for (int studentNumber = 0; studentNumber < studentCount; studentNumber++)
35        {
36          Console.Write(studentNumber);
37          Console.WriteLine("번째 학생");
```

```
38
39          Console.Write("이름: ");
40          Console.WriteLine(names[studentNumber]);
41          Console.Write("나이: ");
42          Console.WriteLine(ages[studentNumber]);
43          Console.Write("키: ");
44          Console.WriteLine(heights[studentNumber]);
45        }
46      }
47    }
48  }
```

우선 프로그램을 실행해보겠습니다. 이번에는 학생 2명의 정보만 입력하겠습니다.

코드 9-3 실행

```
학생 숫자를 입력하세요.
2
0번째 학생의 정보를 입력할 차례입니다.
나이를 입력하세요.
18
이름을 입력하세요.
홍길동
키를 입력하세요.
165
1번째 학생의 정보를 입력할 차례입니다.
나이를 입력하세요.
19
이름을 입력하세요.
김철수
키를 입력하세요.
170
-------------------------------------
입력된 학생정보를 출력할 차례입니다.
0번째 학생
이름: 홍길동
나이: 18
키: 165
1번째 학생
이름: 김철수
나이: 19
키: 170
계속하려면 아무 키나 누르십시오...
```

코드가 잘 동작하는 건 확인했으니 코드를 한 줄씩 살펴볼 차례군요. 먼저 16번 줄입니다.

```
16          for (int studentNumber = 0; studentNumber < studentCount; studentNumber++)
```

DoorLock_6Num_For 프로젝트 코드에서 봤던 것처럼 이 for문도 세 부분으로 나뉩니다. 첫 번째 부분은 int studentNumber = 0;입니다. 정수형 변수 studentNumber를 0으로 초기화했군요. 두 번째 부분은 studentNumber < studentCount;입니다. for문의 조건식으로 studentNumber가 studentCount보다 작은 동안 반복하라는 의미입니다. 세 번째 부분은 studentNumber++입니다. 이 코드는 반복문 회차가 한 번 끝날 때마다 실행된다고 했었죠? studentNumber를 1만큼 증가시켜서 다음 학생의 정보를 입력받을 준비를 하는 것입니다.

이쯤 되면 눈치챈 분들도 있겠지만 이 코드 형식이 반복횟수가 정해져 있는 코드를 for문을 사용해서 작성하는 공식입니다. 이 공식은 간단히 이렇게 말할 수 있습니다.

1 인덱스를 저장하는 변수를 0으로 초기화합니다.
2 인덱스를 저장하는 변수가 총 반복횟수보다 작은지 비교합니다.
3 반복문 회차가 끝날 때마다 인덱스를 저장하는 변수를 1만큼 증가시킵니다.

이 공식을 써서 총 열 번 반복해야 하는 코드를 작성하면 다음과 같습니다.

```
// 열 번 반복하는 for문

for (int index = 0; index < 10; index++)
```

그다음은 34번 줄입니다.

```
34          for (int studentNumber = 0; studentNumber < studentCount; studentNumber++)
```

16번 줄과 똑같죠? 조금 전에 설명했던 for문의 공식을 따른 코드일 뿐입니다. 그럼 이 코드가 어떤 코드인지도 알겠죠? 예, 맞습니다. 총학생 수(studentCount)만큼 반복하는 코드입니다.

어라? 더 이상 바뀐 코드가 없네요? 그냥 여러 학생의 정보를 입력받는 코드를 for문으로 바꾼 게 전부이니 for문을 제외한 코드는 거의 바뀐 게 없습니다. 여기서 여러분이 확실히 익히길 바라는 부분은 for문의 공식입니다. 정해진 횟수만큼 코드를 반복할 때, 인덱스를 저장하는 변수를 초기화하는 법과 반복 조건식에 들어갈 비교문을 작성하는 법 그리고 회차가 끝날 때마다 인덱스를 저장하는 변수를 증가시켜주는 법을 잘 기억해두세요. 이건 손에 익어서 언제 어디라도 금방 나오는 코드가 되어야 합니다.

03 이중 for문

이제 for문을 사용하는 방법을 전부 배웠습니다. 그런데 [코드 9-2]를 다시 보면 while문 안에 for문이 들어 있네요. 이런 식으로 반복문 안에 또다른 반복문을 넣을 수 있습니다. 물론 for문 안에 또 다른 for문을 넣을 수도 있습니다.

for문은 몇 번 반복할지 알고 있을 때 사용한다고 했습니다. 그럼 for문 안에 또 다른 for문이 들어가는 경우라면 두 반복문이 전부 몇 번 반복할지 알아야겠죠? 이중 for문의 가장 쉬운 예가 구구단입니다. 구구단은 행이 1부터 9까지 반복되고 각 행마다 열이 1부터 9까지 반복되니까요.

그럼 이중 for문을 사용해서 구구단 프로그램을 작성해볼까요? 비주얼 스튜디오에서 새 프로젝트를 만듭니다. 프로젝트 파일을 저장할 위치는 C:\Projects\intro\09로 정하고 프로젝트 이름은 모 한국드라마를 패러디하는 차원에서 Gugudan으로 넣습니다. 그다음 [코드 9-4]에서 바탕색으로 표시한 코드를 추가해주세요.

```
1   using System;
2
3   namespace Gugudan
4   {
5     class Program
6     {
7       static void Main(string[] args)
8       {
9         for (int i = 2; i <= 9; i++)
10        {
11          Console.Write(i);
12          Console.WriteLine("단");
13          for (int j = 1; j <= 9; j++)
14          {
15            Console.Write(i);
16            Console.Write("x");
17            Console.Write(j);
18            Console.Write(" = ");
19            Console.Write(i * j);
20            Console.Write("  ");
21          }
22          Console.WriteLine();
23        }
24      }
25    }
26  }
```

[코드 9-4]를 입력하면서 이 코드를 실행하면 어떤 실행 결과가 나올지 생각해봅시다. 이 제 우리가 생각한 대로 실행이 될지 프로그램을 한번 실행해보겠습니다.

```
2단
2x1 = 2  2x2 = 4  2x3 = 6  2x4 = 8  2x5 = 10  2x6 = 12  2x7 = 14  2x8 = 16  2x9 = 18
3단
3x1 = 3  3x2 = 6  3x3 = 9  3x4 = 12  3x5 = 15  3x6 = 18  3x7 = 21  3x8 = 24  3x9 = 27
4단
4x1 = 4  4x2 = 8  4x3 = 12  4x4 = 16  4x5 = 20  4x6 = 24  4x7 = 28  4x8 = 32  4x9 = 36
5단
5x1 = 5  5x2 = 10  5x3 = 15  5x4 = 20  5x5 = 25  5x6 = 30  5x7 = 35  5x8 = 40  5x9 = 45
6단
6x1 = 6  6x2 = 12  6x3 = 18  6x4 = 24  6x5 = 30  6x6 = 36  6x7 = 42  6x8 = 48  6x9 = 54
7단
7x1 = 7  7x2 = 14  7x3 = 21  7x4 = 28  7x5 = 35  7x6 = 42  7x7 = 49  7x8 = 56  7x9 = 63
8단
8x1 = 8  8x2 = 16  8x3 = 24  8x4 = 32  8x5 = 40  8x6 = 48  8x7 = 56  8x8 = 64  8x9 = 72
9단
9x1 = 9  9x2 = 18  9x3 = 27  9x4 = 36  9x5 = 45  9x6 = 54  9x7 = 63  9x8 = 72  9x9 = 81
계속하려면 아무 키나 누르십시오...
```

오! 우리가 예상한 대로 구구단을 출력했습니다. 그럼 코드를 자세히 살펴보죠.

먼저 9번 줄입니다.

```
9          for (int i = 2; i <= 9; i++)
```

구구단에서 행을 2부터 9까지 1씩 증가시키면서 반복합니다. 어? 이 코드는 초기화 코드와 반복 조건식이 for문의 공식과 다르네요? 일단 인덱스를 저장하는 변수 i를 0이 아닌 2로 초기화했습니다. 그리고 반복 조건식에서도 < 대신 <=를 쓰는군요? 먼저 초기화 코드에서 2를 쓰는 이유는 구구단은 2단부터 시작하기 때문입니다. 또, 구구단은 9단까지 있으니 <= 로 9가 되는 순간까지 실행하라고 반복 조건식을 정의했습니다.

NOTE **변수 이름 i, j, k**

생각해보니 이 코드에서 또 다른 점이 하나 있군요. 지금까지는 인덱스를 저장하는 변수 이름을 studentNumber처럼 구체적으로 썼는데 여기서는 간단하게 i라고 적었군요. 아직 사용한 적은 없지만, 프로그래머들은 for문을 이중, 삼중으로 구성할 때는 i 다음으로 j나 k를 초기화 코드에서 변수 이름으로 사용합니다. 그런데 대체 왜 i나 j, k를 변수 이름으로 쓰는 거죠?

i, j, k를 변수 이름으로 사용하는 것은 프로그래밍의 관습과 같은 겁니다. 포트란^{Fortran}이라는 프로그래밍 언어에서부터 시작된 관습인데, 포트란에서는 기본적으로 변수 이름이 i~n사이면 정수형 변수로 사용했습니다.

그러면 왜 변수 i부터 n까지만 정수형 변수로 사용했을까요? 재미있게도 바로 index의 첫 두 글자를 따온 겁니다. 이 관습이 지금까지도 남아 있어 반복문에는 i, j, k 등의 변수 이름을 사용합니다. 이건 관습적인 사용이니 상관없지만, 다른 곳에서는 의미를 정확히 알리는 변수 이름을 사용하도록 합시다.

다음은 11~12번 줄입니다.

```
11          Console.Write(i);
12          Console.WriteLine("단");
```

현재 몇 단인지를 화면에 출력하는 간단한 코드입니다.

다음은 13번 줄입니다.

```
13          for (int j = 1; j <= 9; j++)
```

9번 줄과 거의 비슷합니다. i가 j로 바뀌었고 초기화 값은 1입니다. "2 x 1 = 2"처럼 1부터 곱해가기 때문이죠. 이 for문은 i번째 행에서 j번 열을 9번 반복하는 코드입니다.

이제 15~20번 줄을 보겠습니다.

```
15          Console.Write(i);
16          Console.Write("x");
17          Console.Write(j);
18          Console.Write(" = ");
19          Console.Write(i * j);
20          Console.Write("  ");
```

이게 구구단의 핵심 코드입니다. 실제로 행과 열, 그러니까 i와 j를 곱한 결과를 출력하니까요. 그런데 너무 쉬운 코드라서 좀 허무하죠?

마지막으로 22번 줄입니다.

```
22          Console.WriteLine();
```

이 코드는 한 행의 출력을 마쳤으니 새로운 줄을 만들어 다음 행의 출력을 준비하는 코드입니다.

지금까지 이중 for문에 대해서 알아봤습니다. 이중 for문은 구구단과 같이 표 형태의 2차원적인 데이터를 처리할 때 유용하게 쓰입니다. 우리가 흔히 보는 페이스북이나 인스타그램에 올라오는 사진들도 너비와 높이가 있는 2D 데이터죠? 이렇게 이미지를 처리할 때에도 이중 for문을 사용합니다.

숫자야구

자, 그럼 for문을 숫자야구에 적용해볼까요? 분명히 숫자야구에서도 정해진 수만큼 반복되는 코드가 있을 것 같군요. 숫자야구는 세 자릿수를 맞히는 게임이니 세 자릿수를 입력 및 출력 그리고 비교하는 부분이 그런 코드입니다. 그럼 그 코드를 for문을 사용해 고친다면 어떻게 될까요? 아마 다음과 같은 코드가 나올 겁니다.

```
// 세 번 반복하는 for문

for (int i = 0; i < 3; i++)
```

다시 한번 for문의 공식이군요. 수비수가 고른 숫자와 공격수로부터 입력받을 숫자를 저장하기 위해 배열을 사용했던 것 기억나나요? 숫자야구는 세 자릿수를 맞히는 게임이니 이 배열들도 정수 세 개를 저장합니다. 정수 세 개짜리 배열이라... 그러면 인덱스는 0, 1, 2가 되겠군요. 그래서 조금 전의 for문을 사용하면 i가 3보다 작은 동안 for문을 반복하게 되니 여기서 나오는 i값이 0, 1, 2가 됩니다. 딱 우리에게 필요한 인덱스 값이죠. 물론 i < 3 대신 i <= 2라고 코드를 작성할 수도 있습니다. 하지만 i < 3이라 하면 '아, 코드가 딱 3번 반복되는구나'라고 쉽게 생각할 수 있겠죠? 그것이 바로 공식의 힘입니다.

그럼 이제 본격적으로 for문을 사용해서 코드를 수정하겠습니다. 다음 쪽의 [코드 9-5]에서 바탕색으로 표시한 코드가 수정한 부분입니다.

```
1   using System;
2
3   namespace UltimateBaseball
4   {
5     class Program
6     {
7       static void Main(string[] args)
8       {
9         Console.WriteLine("+------------------------------------------------+");
10        Console.WriteLine("¦                궁극의 숫자야구 게임               ¦");
11        Console.WriteLine("+------------------------------------------------+");
12        Console.WriteLine("¦ 컴퓨터가 수비수가 되어 세 자릿수를 하나 골랐습니다. ¦");
13        Console.WriteLine("¦ 각 숫자는 0~9중에 하나며 중복되는 숫자는 없습니다.  ¦");
14        Console.WriteLine("¦ 모든 숫자와 위치를 맞히면 승리합니다.              ¦");
15        Console.WriteLine("¦ 숫자와 순서가 둘 다 맞으면 스트라이크입니다.        ¦");
16        Console.WriteLine("¦ 숫자만 맞고 순서가 틀리면 볼입니다.               ¦");
17        Console.WriteLine("¦ 숫자가 틀리면 아웃입니다.                         ¦");
18        Console.WriteLine("+------------------------------------------------+");
19
20        Console.WriteLine("> 수비수가 고른 숫자");
21        int[] numbers = { 3, 1, 9 };
22
23        for (int i = 0; i < 3; i++)
24        {
25          Console.WriteLine(numbers[i]);
26        }
27
28        int[] guesses = new int[3];
29        string[] inputMessages = { "> 첫 번째 숫자를 입력하세요.", "> 두 번째 숫자를
   입력하세요.", "> 세 번째 숫자를 입력하세요." };
30
31        while (true)
32        {
33          for (int i = 0; i < 3; i++)
34          {
35            Console.WriteLine(inputMessages[i]);
```

```
36              guesses[i] = int.Parse(Console.ReadLine());
37          }
38
39          Console.WriteLine("> 공격수가 고른 숫자");
40
41          for (int i = 0; i < 3; i++)
42          {
43            Console.WriteLine(guesses[i]);
44          }
45
46          if (guesses[0] == guesses[1] ¦¦ guesses[0] == guesses[2] ¦¦ guesses[1]
    == guesses[2])
47          {
48            Console.WriteLine("같은 숫자를 입력하면 안 됩니다.");
49            continue;
50          }
51
52          int strikeCount = 0;
53          int ballCount = 0;
54
55          for (int i = 0; i < 3; i++)
56          {
57            for (int j = 0; j < 3; j++)
58            {
59              if (guesses[i] == numbers[j])
60              {
61                if (i == j)
62                {
63                  strikeCount++;
64                }
65                else
66                {
67                  ballCount++;
68                }
69              }
70            }
71          }
```

```
72
73          Console.Write("스트라이크: ");
74          Console.WriteLine(strikeCount);
75          Console.Write("볼: ");
76          Console.WriteLine(ballCount);
77          Console.Write("아웃: ");
78          Console.WriteLine(3 - strikeCount - ballCount);
79
80          if (strikeCount == 3)
81          {
82            Console.WriteLine("정답입니다!");
83            break;
84          }
85        }
86      }
87    }
88  }
```

먼저 코드를 실행해서 우리가 원하는 대로 동작하는지 확인해보죠. 세 번 만에 정답을 맞히
도록 처음에는 3, 2, 1을, 두 번째는 4, 5, 6을, 세 번째는 3, 1, 9를 입력하겠습니다.

코드 9-5 실행. 처음에는 3, 2, 1을, 두 번째는 4, 5, 6을, 세 번째는 3, 1, 9를 입력한 결과

```
+-----------------------------------------------+
|                궁극의 숫자야구 게임              |
+-----------------------------------------------+
| 컴퓨터가 수비수가 되어 세 자릿수를 하나 골랐습니다.  |
| 각 숫자는 0~9중에 하나며 중복되는 숫자는 없습니다.   |
| 모든 숫자와 위치를 맞히면 승리합니다.             |
| 숫자와 순서가 둘 다 맞으면 스트라이크입니다.        |
| 숫자만 맞고 순서가 틀리면 볼입니다.              |
| 숫자가 틀리면 아웃입니다.                      |
+-----------------------------------------------+
> 수비수가 고른 숫자
3
1
9
```

> 첫 번째 숫자를 입력하세요.
3
> 두 번째 숫자를 입력하세요.
2
> 세 번째 숫자를 입력하세요.
1
> 공격수가 고른 숫자
3
2
1
스트라이크: 1
볼: 1
아웃: 1
> 첫 번째 숫자를 입력하세요.
4
> 두 번째 숫자를 입력하세요.
5
> 세 번째 숫자를 입력하세요.
6
> 공격수가 고른 숫자
4
5
6
스트라이크: 0
볼: 0
아웃: 3
> 첫 번째 숫자를 입력하세요.
3
> 두 번째 숫자를 입력하세요.
1
> 세 번째 숫자를 입력하세요.
9
> 공격수가 고른 숫자
3
1
9
스트라이크: 3
볼: 0
아웃: 0
정답입니다!
계속하려면 아무 키나 누르십시오...

프로그램이 잘 동작하는 걸 확인했으니 이제 코드를 자세히 살펴보겠습니다. 먼저 23~26번 줄입니다.

```
23        for (int i = 0; i < 3; i++)
24        {
25          Console.WriteLine(numbers[i]);
26        }
```

수비수가 고른 숫자를 출력하는 코드입니다. 이젠 굳이 설명하지 않아도 for문이 어떻게 작동하지는 다들 알 거라 믿습니다. 다음은 29번 줄입니다.

```
29        string[] inputMessages = { "> 첫 번째 숫자를 입력하세요.", "> 두 번째 숫자를
            입력하세요.", "> 세 번째 숫자를 입력하세요." };
```

화면에 보여줄 숫자 입력 안내문을 배열로 만든 게 전부입니다. 회차마다 몇 번째 숫자를 입력해야 하는지 알려주면 좋겠죠? 다음은 33~37번 줄입니다.

```
33        for (int i = 0; i < 3; i++)
34        {
35          Console.WriteLine(inputMessages[i]);
36          guesses[i] = int.Parse(Console.ReadLine());
37        }
```

공격수에게 숫자를 입력받는 코드입니다. for문에 대한 설명은 생략하기로 하고 {} 안의 코드만 보겠습니다. 35번 줄은 조금 전에 만들었던 숫자 입력 안내문을 출력합니다. i 값에 따라 출력하는 문자열이 달라진다는 정도만 알면 됩니다. 36번 줄은 사용자의 키보드 입력을 받아서 guesses 배열에 넣어줍니다. 역시 i 값에 따라 숫자를 저장하는 위치가 달라지죠? 다음은 41~44번 줄까지입니다.

```
41        for (int i = 0; i < 3; i++)
42        {
43          Console.WriteLine(guesses[i]);
44        }
```

역시 똑같은 for문 공식이니 그 부분은 생략하고 43번 줄이 공격수가 입력한 숫자를 출력한다는 정도만 알면 되겠네요.

이제 55번 줄을 봅니다.

```
55          for (int i = 0; i < 3; i++)
```

여기도 똑같습니다. 여기서 i는 공격수의 숫자를 저장하는 guesses 배열의 인덱스로 사용합니다.

다음은 57~70번 줄입니다. 59~69번 줄은 생략했습니다.

```
57          for (int j = 0; j < 3; j++)
58          {

70          }
```

또 for문이 나왔는데 이건 이중 for문입니다. 초기화 코드에서 사용한 변수가 j란 것만 봐도 이중 for문이란걸 알 수 있죠. j 변수는 수비수의 숫자를 저장한 numbers 배열의 인덱스로 사용합니다. 마지막으로 59~69번 줄까지입니다.

```
59          if (guesses[i] == numbers[j])
60          {
61            if (i == j)
62            {
63              strikeCount++;
64            }
65            else
66            {
67              ballCount++;
68            }
69          }
```

먼저 59번 줄에서 공격수가 고른 숫자와 수비수가 고른 숫자가 같은지 확인합니다. 이 값이 같다면 스트라이크나 볼이겠죠. 그러면 스트라이크와 볼은 어떻게 구분하죠? 숫자의 자리가 같은 경우가 스트라이크, 다른 경우가 볼입니다. 음... 숫자의 자리? 어라? i와 j 변수가 각각 공격수와 수비수의 숫자 자리를 가리키는 인덱스잖아요? 그러면 이 둘을 비교하는 것만으로도 스트라이크와 볼을 구분할 수 있습니다. 따라서 61번 줄에서는 i와 j를 비교한 뒤 같으면 스트라이크의 카운트를, 다르면 볼의 카운트를 증가합니다.

이 정도면 숫자야구에 for문을 다 넣어본 것 같습니다. 다시 한번 코드를 보니 어떤가요? for문을 사용하니 코드가 훨씬 깔끔해졌죠? 물론 실행 결과는 8장과 똑같습니다만, 이렇게 깔끔하게 코드를 짜놓으면 시간이 지난 뒤에 코드를 다시 봐도 이해가 쉽습니다. 당연히 내가 이해하기 쉬운 코드는 다른 사람이 이해하기도 쉽고요. 이렇듯 결과는 같지만 이해하기 쉬운 코드로 잘 짜는 것이 훌륭한 프로그래머의 자질 중 하나입니다.

이제 이 책도 거의 다 끝나갑니다. 다음 장에서 주사위를 굴려서 임의의 수를 고르는 방법을 배우고 나면 숫자야구 게임도 드디어 완성되겠군요.

chapter9에서 배운 내용

* 정해진 수만큼 코드를 반복할 때 for문을 사용합니다.
* 이중 for문은 for문 안에 다른 for문이 들어가는 코드입니다.
* 이중 for문은 2D 데이터(예: 표, 사진) 등을 처리하는 데 유용합니다.

기초문제

이번 장에서 배운 내용을 복습하는 의미에서 간단한 문제를 몇 개 풀어보겠습니다. 언제나 그렇듯 기초문제의 풀이는 부록에 실려 있습니다.

9-1 다음 코드를 while문 대신 for문을 사용하도록 수정하세요.

```
1   using System;
2
3   namespace BasicProblem0901
4   {
5     class Program
6     {
7       static void Main(string[] args)
8       {
9         Console.WriteLine("몇 명의 친구들에게 사과를 나눠줄까요?");
10        int friendCount = int.Parse(Console.ReadLine());
11
12        int[] appleNumbers = new int[friendCount];
13        int index = 0;
14
15        while (index < friendCount)
16        {
17          Console.Write(index);
18          Consolc.WriteLine("번째 친구가 가져갈 사과는 몇 개인가요?");
19          appleNumbers[index] = int.Parse(Console.ReadLine());
20          index = index + 1;
21        }
22
23        index = 0;
24
25        while (index < friendCount)
26        {
27          Console.Write(index);
```

```
28            Console.Write("번째 친구가 가져간 사과의 개수는 ");
29            Console.Write(appleNumbers[index]);
30            Console.WriteLine("개입니다.");
31            index = index + 1;
32         }
33      }
34    }
35  }
```

9-2 다음 코드에서 반복되는 코드를 for문을 사용해서 수정하세요.

```
1   using System;
2
3   namespace BasicProblem0902
4   {
5     class Program
6     {
7       static void Main(string[] args)
8       {
9         int[] scores = new int[5];
10        Console.Write(0);
11        Console.WriteLine("번째 과목의 성적을 입력하세요.");
12        scores[0] = int.Parse(Console.ReadLine());
13
14        Console.Write(1);
15        Console.WriteLine("번째 과목의 성적을 입력하세요.");
16        scores[1] = int.Parse(Console.ReadLine());
17
18        Console.Write(2);
19        Console.WriteLine("번째 과목의 성적을 입력하세요.");
20        scores[2] = int.Parse(Console.ReadLine());
21
22        Console.Write(3);
```

```
23        Console.WriteLine("번째 과목의 성적을 입력하세요.");
24        scores[3] = int.Parse(Console.ReadLine());
25
26        Console.Write(4);
27        Console.WriteLine("번째 과목의 성적을 입력하세요.");
28        scores[4] = int.Parse(Console.ReadLine());
29
30        Console.Write("총점은 ");
31        Console.Write(scores[0] + scores[1] + scores[2] + scores[3] +
    scores[4]);
32        Console.WriteLine("점입니다.");
33      }
34    }
35  }
```

9-3 짝수단 (2단, 4단, 6단, 8단)만 출력하도록 [코드 9–4]^{261쪽}를 수정하세요.

(**힌트**: 9번 줄을 수정하세요.)

심화문제

심화문제는 따로 풀이를 제공하지 않습니다. 각자의 방법대로 문제를 해결해보세요. 질문은 저자의 블로그를 이용해주세요(들어가기 전에 5쪽을 참조하세요).

9-1 [코드 9-2]를 수정해서 비밀번호를 다섯 번만 입력할 수 있게 바꾸세요.

(**힌트**: while문 대신 for문을 쓰세요.)

9-2 3학년에 다섯 개의 반이 있고 한 반의 학생은 10명입니다. 각 반의 학생들의 성적을 입력받아서 반별로 평균을 구하세요.

(**힌트**: 이중 for문을 쓰세요.)

chapter 10

언제나 똑같으면 재미가 없으니,
랜덤

chapter10에서는 -

10장의 키워드는 랜덤입니다. 10장에서 배울 내용은 다음과 같습니다.

+ 랜덤의 필요성
+ 랜덤의 의미
+ 랜덤의 사용법

우리가 지금까지 만들어 온 숫자야구 게임을 생각해봅시다. 이제 친구를 불러서 플레이해봐도 괜찮을 정도입니다. 친구는 수비수인 컴퓨터가 고른 숫자가 무엇인지 모를 테니 한 판 정도는 즐겁게 게임을 할 수 있겠죠. 하지만 우리는 그럴 수가 없습니다. 이미 수비수가 고른 숫자를 알고 있으니까요. 우리도 게임을 즐기려면 프로그램을 실행할 때마다 수비수가 고르는 숫자가 달라져야겠죠? 자, 이제 모두가 즐길 수 있게 바꿔봅시다.

01 게임: 예측을 못 해야 재미있어요

앞서 말했듯이 숫자야구 게임은 게임을 실행할 때마다 숫자가 바뀌어야 재미있게 게임을 즐길 수 있습니다. 이처럼 예측 불가능한 숫자가 필요한 또 다른 예는 뭐가 있을까요? 로또 번호가 그렇겠죠? 만약에 로또 1등 번호를 매주 정해주는 직종이 있다면 그것은 꿈의 직장일 겁니다. 그 자리에 있는 사람은 매주 1등에 당첨되어서 억만장자가 될 테니까요. 다행히(?) 그런 직업은 없습니다. 로또 당첨 번호를 정할 때는 로또 번호 생성기를 사용합니다. 물론 로또 번호 생성기를 만든 프로그래머조차도 어떤 숫자가 나올지 몰라야만 공평하겠죠. 이럴 때 사용하는 것이 랜덤입니다.

02 랜덤

먼저 랜덤^{random}의 뜻부터 알아보겠습니다.

random은 '무작위의'라는 뜻의 형용사입니다. 무작위라... 자주 들어본 말은 아니죠? 일어날 수 있는 모든 일이 같은 확률로 발생한다는 뜻입니다. 그래도 잘 이해가 안 되죠?

가장 쉽게 접하는 무작위의 예는 주사위입니다. 다들 주사위 던지는 게임을 해봤겠죠? 주사위를 던지면 1부터 6까지의 숫자가 나옵니다. 주사위를 조작하지 않는 이상 각 숫자가 나올 확률은 전부 $\frac{1}{6}$로 같습니다. 이럴 때 주사위를 던지면 무작위로 1부터 6까지의 숫자가 나온다고 합니다. 이제 좀 감이 잡히나요?

프로그램에서의 랜덤도 비슷합니다. 하지만 컴퓨터가 주사위를 던질 수는 없으니 그 대신 Random 클래스를 사용합니다. 먼저 사용 예를 보시죠.

```
// Random 클래스 사용 예

Random random = new Random();
int number1 = random.Next(1, 7);
int number2 = random.Next(1, 7);
```

첫 번째 줄은 랜덤 번호 생성기를 만드는 코드입니다. 여기서 Random은 클래스라고 합니다. 클래스는 이 책에서 다루는 범위에서 벗어나기 때문에 여러분은 Random random = new Random();이란 코드로 랜덤 생성기를 만들어 random 변수에 대입한다고만 기억해주세요.

NOTE 2장에서 우린 함수를 '특정 기능을 수행하는 코드 묶음'이라고 했습니다. 클래스는 이러한 함수를 모아둔 곳이라고 생각하세요.

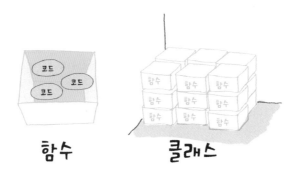

그림 10-1 코드와 함수와 클래스

클래스를 설명하기에 부족한 문장이지만, 이 이상의 설명은 이 책에서 다루는 범위에서 벗어나기 때문에 이 정도로만 설명하겠습니다. 클래스에 대한 더 자세한 내용이 알고 싶다면 다른 C# 책을 읽어보세요.

두 번째 줄은 `int number = random.Next(1, 7);`입니다. 정수형 변수 number를 선언하는 것까지는 알겠는데 `random.Next(1, 7);`이 뭔지 모르겠다고요? 일단 random 변수가 랜덤 번호 생성기라는 건 알고 있습니다. 이 생성기에서 무작위의 정수를 만들 때 사용하는 함수가 Next()입니다. 먼저 Next의 뜻부터 알아보겠습니다.

다들 알고 있듯이 Next는 '다음의'라는 뜻을 가진 형용사입니다. 그런데 랜덤 번호 생성기에서 무작위의 정수를 만드는 함수 이름이 왜 Next일까요? 이걸 자세히 설명하려면 랜덤 번호 생성기의 작동원리까지 설명해야 하는데 그건 이 책의 범위를 넘어서는 것 같으

니 간단히 "새로운 숫자 하나 더 내놔봐!"라고 명령을 내린다는 정도로 기억해둡시다.

그런데 무작위의 정수를 만들 때 너무 크거나 작은 숫자가 나오면 곤란하겠죠? 따라서 무작위로 만드는 정수의 최솟값^{min}과 최댓값^{max}을 정해줘야 합니다. 주사위만 하더라도 1~6이라는 범위가 있으니까요. random.Next(1, 7)에서 1과 7이 바로 이 범위입니다. Next(1, 7)이면 1 이상이고 7 미만인 숫자가 나옵니다. 그러니까 1부터 6까지의 정수가 나오죠. Next() 함수에서 min과 max를 넣으면 min 이상 max 미만의 숫자가 나온다는 점을 기억해주세요.

그런데 279쪽 코드의 세 번째 줄은 두 번째 줄과 똑같은 코드네요? 절대 오타가 아닙니다. Next() 함수를 호출할 때마다 새로운 숫자가 나온다는 사실을 보여주기 위해 한 번 더 보여준 코드입니다. 이 코드에서 number1과 number2는 보통 다른 값이 된다는 사실을 기억해주세요.*

그럼 실제 코드에서 랜덤을 사용해보겠습니다. 말은 안되지만 디지털 도어락 프로그램에서 사용하는 비밀번호를 랜덤으로 골라보겠습니다.

---

* 하지만 두 번 다 무작위로 뽑았기에 number1과 number2가 같은 값이 될 확률도 있습니다.

먼저 비주얼 스튜디오를 켜서 새 프로젝트를 만듭니다. 프로젝트 파일을 저장할 위치는 C:\Projects\intro\10, 프로젝트 이름은 DoorLock_6Num_Random입니다. 코드를 처음부터 작성하기는 귀찮으니 9장에서 만든 DoorLock_6Num_For의 코드를 복사해 새로운 프로젝트에 붙여넣은 다음 9~10번 줄을 삭제하고 다음 코드를 보며 바탕색은 추가하고 [코드 9-2]와 다른 부분은 수정합시다.

코드 10-1 [코드 9-2]에서 비밀번호를 랜덤으로 정하도록 수정한 코드

```
1    using System;
2
3    namespace DoorLock_6Num_Random
4    {
5      class Program
6      {
7        static void Main(string[] args)
8        {
9          Random random = new Random();
10
11         int passcodeLength = 6;
12
13         int[] passcodeNumbers = new int[passcodeLength];
14
15         Console.WriteLine("비밀번호: ");
16         for (int i = 0; i < passcodeLength; i++)
17         {
18           passcodeNumbers[i] = random.Next(0, 10);
19           Console.Write(passcodeNumbers[i]);
20           Console.Write(" ");
21         }
22         Console.WriteLine();
23
24         int[] userInput = new int[passcodeLength];
25
26         while (true)
27         {
```

```
28        for (int passcodeIndex = 0; passcodeIndex < passcodeLength;
   passcodeIndex++)
29        {
30          Console.Write(passcodeIndex);
31          Console.WriteLine("번째 숫자를 넣어주세요.");
32          userInput[passcodeIndex] = int.Parse(Console.ReadLine());
33        }
34
35        bool isCorrectPassword = true;
36        for (int passcodeIndex = 0; passcodeIndex < passcodeLength;
   passcodeIndex++)
37        {
38          if (userInput[passcodeIndex] != passcodeNumbers[passcodeIndex])
39          {
40            isCorrectPassword = false;
41            Console.WriteLine("비밀번호가 틀렸습니다.");
42            break;
43          }
44        }
45
46        if (isCorrectPassword)
47        {
48          Console.WriteLine("문이 열렸습니다.");
49          break;
50        }
51      }
52    }
53  }
54 }
```

자, 그럼 수정한 프로그램을 실행해보겠습니다. 여기서 중요한 건 실행할 때마다 비밀번호
가 바뀌는지 확인하는 거니까 두 번 실행하면서 비밀번호가 바뀌는지 확인해보죠.

```
비밀번호:
4 6 7 5 5 8
0번째 숫자를 넣어주세요.
4
1번째 숫자를 넣어주세요.
6
2번째 숫자를 넣어주세요.
7
3번째 숫자를 넣어주세요.
5
4번째 숫자를 넣어주세요.
5
5번째 숫자를 넣어주세요.
8
문이 열렸습니다.
계속하려면 아무 키나 누르십시오...
```

```
비밀번호:
3 2 5 2 7 7
0번째 숫자를 넣어주세요.
3
1번째 숫자를 넣어주세요.
2
2번째 숫자를 넣어주세요.
5
3번째 숫자를 넣어주세요.
2
4번째 숫자를 넣어주세요.
7
5번째 숫자를 넣어주세요.
7
문이 열렸습니다.
계속하려면 아무 키나 누르십시오...
```

두 번 실행했는데 두 번 다 결과가 다르게 나왔습니다. 잠깐, 직접 실행해보니 여러분의 비밀번호가 책과 다르다고요? 당연한 결과입니다. 그게 바로 랜덤을 쓰는 이유니까요! 랜덤은 매번 실행할 때마다 결과가 다릅니다. 책과 다른 게 당연한 겁니다.

그럼 원하는 대로 결과가 나오는 것도 확인했으니 코드를 자세히 살펴봅시다.

먼저 9번 줄입니다.

```
9          Random random = new Random();
```

아까 설명한 것처럼 랜덤 번호 생성기 random을 만든 게 전부입니다.

다음 코드는 11~13번 줄입니다.

```
11         int passcodeLength = 6;
12
13         int[] passcodeNumbers = new int[passcodeLength];
```

먼저 11번 줄입니다. 정수형 변수 passcodeLength를 6으로 초기화합니다. 이건 비밀번호의 자릿수입니다. 13번 줄은 여섯 개의 정수를 넣을 passcodeNumbers 배열을 만드는 코드입니다. 이제 15~22번 줄을 보겠습니다.

```
15         Console.WriteLine("비밀번호: ");
16         for (int i = 0; i < passcodeLength; i++)
17         {
18           passcodeNumbers[i] = random.Next(0, 10);
19           Console.Write(passcodeNumbers[i]);
20           Console.Write(" ");
21         }
22         Console.WriteLine();
```

먼저 15번 줄은 "비밀번호: "라는 문구를 출력할 뿐 특별한 것이 없습니다. 그다음은 16번 줄인데 비밀번호 자릿수만큼 for문을 반복하는 공식을 쓰고 있군요.

이제 18번 줄을 봅시다. 랜덤 번호 생성기에서 0~9 사이의 정수 하나를 무작위로 뽑습니다. 그리고 그 값을 passcodeNumbers 배열의 i번째 값에 저장합니다. 이렇게 for문을 여섯 번 반복하면 passcodeNumbers에 여섯 자리 비밀번호가 다 저장되겠죠?

19~20번 줄은 방금 무작위로 고른 숫자를 화면에 출력해주는 코드입니다. 디지털 도어락이 자체 비밀번호를 말해주는 건 말이 안 되지만 무작위로 뽑은 여섯 자리 숫자를 맞추는 건 더 불가능해보여서 그냥 추가해둔 코드입니다. 어차피 디지털 도어락의 비밀번호가 랜덤으로 바뀌는 거 자체가 말이 안 되니까요. 22번 줄은 그냥 줄바꿈을 하는 코드이니 넘어가겠습니다.

이제 랜덤을 어떻게 쓰는지 감이 잡히나요? 그런데 아까도 말했듯이 디지털 도어락에서 랜덤을 쓰는 건 정말 이상하군요. 자기 집 디지털 도어락의 비밀번호를 모른다는 게 말이 안 되잖아요? 그럼 좀 더 그럴듯해 보이는 곳에 랜덤을 사용합시다. 이 장을 시작할 때 언급했던 로또 번호 생성기를 만들어보면 어떨까요?

random.Next(min, max)를 사용하면 min 이상 max 미만의 숫자가 나온다고 말했습니다. 로또를 해본 독자라면 알겠지만 로또 번호의 유효한 범위는 1~45입니다. 그럼 random.Next(1, 46);이라고 코드를 작성하면 되겠군요. 그럼 이걸 염두에 두고 로또 번호 생성기 프로그램을 만들기 시작하겠습니다.

우선 비주얼 스튜디오에서 새 프로젝트를 만듭니다. 프로젝트 파일을 저장할 위치는 C:\Projects\intro\10, 프로젝트 이름은 LottoNumberGenerator로 하겠습니다.

코드 10-2 로또 번호를 고르는 프로그램

```
1    using System;
2
3    namespace LottoNumberGenerator
4    {
5      class Program
6      {
7        static void Main(string[] args)
```

```
 8      {
 9        int lottoLength = 6;
10        int[] lottoNumbers = new int[lottoLength];
11
12        Random random = new Random();
13
14        int lottoNumberIndex = 0;
15        while (lottoNumberIndex < lottoLength)
16        {
17          lottoNumbers[lottoNumberIndex] = random.Next(1, 46);
18
19          bool hasDuplicate = false;
20          for (int i = 0; i < lottoNumberIndex; i++)
21          {
22            if (lottoNumbers[lottoNumberIndex] == lottoNumbers[i])
23            {
24              hasDuplicate = true;
25              break;
26            }
27          }
28
29          if (!hasDuplicate)
30          {
31            lottoNumberIndex++;
32          }
33        }
34
35        Console.Write("로또 번호: ");
36        for (int i = 0; i < lottoLength; i++)
37        {
38          Console.Write(lottoNumbers[i]);
39          Console.Write(", ");
40        }
41        Console.WriteLine();
42      }
43    }
44  }
```

그럼 [코드 10-2]를 실행해보겠습니다. 정말 예측 불가능한 로또 번호가 나오는지 보기 위해 두 번은 실행해야 할 것 같군요.

코드 10-2 실행. 첫 번째 실행 결과

```
로또 번호: 34, 30, 16, 40, 21, 7,
계속하려면 아무 키나 누르십시오...
```

코드 10-2 실행. 두 번째 실행 결과

```
로또 번호: 18, 10, 1, 20, 17, 23,
계속하려면 아무 키나 누르십시오...
```

확실히 실행할 때마다 로또 번호가 달라지는 것을 볼 수 있군요. 그럼 이제 코드를 한 줄씩 살펴보겠습니다.

먼저 9번 줄입니다.

```
9        int lottoLength = 6;
```

로또 번호는 여섯 개를 고르니까 lottoLength 변수를 6으로 초기화했습니다.

다음은 10번 줄입니다.

```
10       int[] lottoNumbers = new int[lottoLength];
```

정수 여섯 개를 저장할 lottorNumbers 배열을 만듭니다. 이 배열은 무작위로 뽑은 로또 번호를 차례대로 저장할 것입니다.

다음은 12번 줄입니다.

```
12       Random random = new Random();
```

이미 예전에도 본 코드입니다. 랜덤 번호 생성기를 만듭니다.

다음은 14~15번 줄입니다.

```
14        int lottoNumberIndex = 0;
15        while (lottoNumberIndex < lottoLength)
```

로또 번호 여섯 개를 다 뽑을 때까지 쓰는 반복문입니다. 로또 번호는 여섯 개인데 왜 for문을 사용하지 않고 while문을 사용했을까요? 그건 랜덤 생성기에서 중복된 번호를 고르면 다시 번호를 뽑아야 하기 때문입니다. 즉, 무조건 반복문을 여섯 번 돌리는 게 아니라 중첩되지 않는 로또 번호 여섯 개를 다 뽑을 때까지 반복문을 돌려야 하기에 for문보다는 while문이 적합합니다.

다음은 17번 줄입니다.

```
17        lottoNumbers[lottoNumberIndex] = random.Next(1, 46);
```

1~45 사이의 숫자 중에 무작위로 하나를 골라서 lottoNumberIndex 번째 로또 번호로 기억하는 코드입니다. random.Next(1, 46)에서 나오는 숫자의 범위가 1 이상 46 미만이란 거 기억하시죠? 그러니까 1부터 45까지의 숫자 중의 하나가 뽑힙니다.

다음은 19번 줄입니다.

```
19        bool hasDuplicate = false;
```

19번 줄에서는 17번 줄에서 고른 로또 번호가 그 전에 고른 번호와 같은 경우를 나타내는 논리 자료형(bool) 변수 hasDuplicate를 false로 초기화합니다. 근데 로또 번호를 고르고 확인도 안 했는데, 왜 같은 번호가 없다는 의미인 false를 넣을까요? 로또 번호는 여섯 개가 모두 달라야 합니다. 따라서 이번에 뽑은 번호가 이전에 뽑았던 번호와 겹치지 않을 때만 그 번호를 사용할 겁니다. 달리 말하면 지금 뽑은 번호가 이전에 뽑았던 번호와 하나라도 같다면 다시 새로 번호를 뽑습니다. 따라서 처음에는 hasDuplicate 변수를 false로 초기화해서 아직 중복되는 번호를 찾은 적이 없다고 말해준 뒤 이전에 뽑은 번호와 비교하면서 하나라도 중복되는 게 있다면 hasDuplicate 변수를 true로 바꿔주면 되는 거죠. 아직 잘 모르겠다고요? 걱정하지 마세요. 조금 이따가 다시 한번 설명하겠습니다.

다음은 20번 줄입니다.

```
20              for (int i = 0; i < lottoNumberIndex; i++)
```

20번 줄을 좀 눈여겨보면 for문을 사용했는데 종료 조건식이 i < lottoNumberIndex입니다. lottoNumberIndex는 현재 뽑을 로또 번호의 위치라고 말했습니다. 첫 번째 번호를 뽑을 때는 lottoNumberIndex가 0이니 이 반복문을 실행하지 않습니다. 하지만 다섯 번째 번호를 뽑을 때는 lottoNumberIndex가 4이니 0, 1, 2, 3 총 네 번 반복문을 실행합니다.

이렇게 i가 lottoNumberIndex 미만인 동안 for문을 반복하게 한 이유는 17번 줄에서 새롭게 뽑은 로또 번호가 전에 골라 놓은 다른 번호와 중복되는 게 있는지 확인하기 위해서입니다. 즉, 이번 회차에 새로 뽑은 번호는 lottoNumbers[lottoNumberIndex]에 들어가 있으니 0부터 lottoNumberIndex-1 위치에 들어가 있는 다른 숫자들과 비교해야겠죠? 따라서 i < lottoNumberIndex일 때까지 반복문을 돌리면서 비교하는 겁니다.

로또 번호를 10, 6, 27, 9, 28을 뽑은 상태라고 가정합시다. 즉, 5회차인 거죠. 28이 앞선 1, 2, 3, 4회차의 숫자와 같아서는 안 되니 for문을 이용해서 lottoNumbers[0]부터 lottoNumbers[3]까지 차례대로 비교하는 겁니다. 이제 이 for문을 이해하셨으리라 믿습니다.

그림을 통해서 다시 한번 확인해보겠습니다.

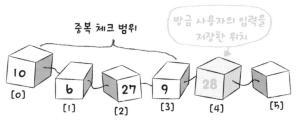

lottoNumberIndex가 4일 때

28이 lottoNumbers[0], lottoNumbers[1], lottoNumbers[2], lottoNumbers[3]에 있는지 확인

그림 10-2 다섯 번째 로또 번호까지 뽑았을 때의 중복 검사

다음은 22~26번 줄입니다.

```
22                 if (lottoNumbers[lottoNumberIndex] == lottoNumbers[i])
23                 {
24                     hasDuplicate = true;
25                     break;
26                 }
```

조금 전에 hasDuplicate 변수에 대해 설명하다가 나중에 다시 설명할거라고 말했던 코드입니다. hasDuplicate 변수를 false로 초기화한 게 "아직 앞에서 고른 로또 번호와 같은 번호를 찾지 못했다"라는 뜻이라고 했죠? 이 코드는 현재 고른 번호가 이전의 i번째에서 골랐던 번호와 같은지 확인한 뒤, 만약 그렇다면 hasDuplicate 변수의 값을 true로 바꿔주는 코드입니다. 그리고 중복된 번호를 찾았다면 더 비교할 필요가 없겠죠? 중복된 번호라면 어차피 새로 번호를 뽑아야 하니 더 이상의 비교는 불필요합니다. 이게 25번 줄에서 곧바로 break 키워드를 넣어준 이유입니다.

다음은 29~32번 줄입니다.

```
29          if (!hasDuplicate)
30          {
31            lottoNumberIndex++;
32          }
```

중복된 번호가 없었다면 index를 1만큼 증가시켜 다음 번호를 뽑을 준비를 합니다. 만약 hasDuplicate 변수의 값이 true라면 예전에 뽑은 로또 번호와 중복된다는 의미이니 새 번호를 다시 뽑아야 합니다. 따라서 index를 증가시키지 않고 현재 위치에서 다시 한번 로또 번호를 고르게 합니다.

마지막으로 35~41번 줄을 보겠습니다.

```
35          Console.Write("로또 번호: ");
36          for (int i = 0; i < lottoLength; i++)
37          {
38            Console.Write(lottoNumbers[i]);
39            Console.Write(",");
40          }
41          Console.WriteLine();
```

그냥 지금까지 뽑은 로또 번호들을 순서대로 화면에 출력하는 코드입니다. 특별한 건 없으니 설명은 생략하겠습니다.

여기까지 살펴봤듯이 생각보다 많은 프로그램이 예측 불가능성을 필요로 합니다. 따라서 랜덤을 쓸 곳도 많죠. 하지만 정작 랜덤을 사용하는 방법은 여기서 살펴본 것처럼 매우 간단합니다. 이것을 어디에 이용하느냐 정도가 추가로 생각해볼 만한 문제죠. 그러면 랜덤에 대해서도 충분히 알아본 것 같으니 이제 마지막으로 숫자야구 게임을 한 번 더 고친 뒤 이 책을 마무리하겠습니다.

자, 그럼 랜덤을 숫자야구에 적용해봅시다. 이 장의 처음에서도 얘기했지만 수비수가 무슨 숫자를 골랐는지 전혀 알 수 없어야 숫자야구 게임이 완성됩니다. 그럼 수비수가 랜덤하게 숫자를 고르도록 코드를 바꾸도록 하지요. 숫자야구 프로젝트를 연 뒤 20~22번 줄을 삭제하고 다음과 같이 코드를 수정하세요. 새로 바뀐 코드는 바탕색을 넣어놓았습니다.

코드 10-3 숫자야구 코드

```
1   using System;
2
3   namespace UltimateBaseball
4   {
5     class Program
6     {
7       static void Main(string[] args)
8       {
9         Console.WriteLine("+------------------------------------------------+");
10        Console.WriteLine("¦            궁극의 숫자야구 게임                  ¦");
11        Console.WriteLine("+------------------------------------------------+");
12        Console.WriteLine("¦ 컴퓨터가 수비수가 되어 세 자릿수를 하나 골랐습니다. ¦");
13        Console.WriteLine("¦ 각 숫자는 0~9중에 하나며 중복되는 숫자는 없습니다.  ¦");
14        Console.WriteLine("¦ 모든 숫자와 위치를 맞히면 승리합니다.              ¦");
15        Console.WriteLine("¦ 숫자와 순서가 둘 다 맞으면 스트라이크입니다.        ¦");
16        Console.WriteLine("¦ 숫자만 맞고 순서가 틀리면 볼입니다.               ¦");
17        Console.WriteLine("¦ 숫자가 틀리면 아웃입니다.                        ¦");
18        Console.WriteLine("+------------------------------------------------+");
19
20        Random random = new Random();
21
22        int[] numbers = new int[3];
```

```
23        int index = 0;
24        while (index < 3)
25        {
26          numbers[index] = random.Next(0, 10);
27
28          bool hasDuplicate = false;
29          for (int i = 0; i < index; i++)
30          {
31            if (numbers[index] == numbers[i])
32            {
33              hasDuplicate = true;
34              break;
35            }
36          }
37
38          if (!hasDuplicate)
39          {
40            index++;
41          }
42        }
43
44        Console.WriteLine("> 수비수가 고른 숫자");
45        for (int i = 0; i < 3; i++)
46        {
47          Console.WriteLine(numbers[i]);
48        }
49
50        int[] guesses = new int[3];
51        string[] inputMessages = { "> 첫 번째 숫자를 입력하세요.", "> 두 번째 숫자를
     입력하세요.", "> 세 번째 숫자를 입력하세요." };
52
53        while (true)
54        {
55          for (int i = 0; i < 3; i++)
56          {
57            Console.WriteLine(inputMessages[i]);
58            guesses[i] = int.Parse(Console.ReadLine());
```

```
59        }

60

61        Console.WriteLine("> 공격수가 고른 숫자");

62

63        for (int i = 0; i < 3; i++)

64        {

65          Console.WriteLine(guesses[i]);

66        }

67

68        if (guesses[0] == guesses[1] || guesses[0] == guesses[2] || guesses[1]
   == guesses[2])

69        {

70          Console.WriteLine("같은 숫자를 입력하면 안 됩니다.");

71          continue;

72        }

73

74        int strikeCount = 0;

75        int ballCount = 0;

76

77        for (int i = 0; i < 3; i++)

78        {

79          for (int j = 0; j < 3; j++)

80          {

81            if (guesses[i] == numbers[j])

82            {

83              if (i == j)

84              {

85                strikeCount++;

86              }

87              else

88              {

89                ballCount++;

90              }

91            }

92          }

93        }
```

```
94
95          Console.Write("스트라이크: ");
96          Console.WriteLine(strikeCount);
97          Console.Write("볼: ");
98          Console.WriteLine(ballCount);
99          Console.Write("아웃: ");
100         Console.WriteLine(3 - strikeCount - ballCount);
101
102         if (strikeCount == 3)
103         {
104           Console.WriteLine("정답입니다!");
105           break;
106         }
107       }
108     }
109   }
110 }
```

이제 숫자야구 프로그램이 잘 동작하는지 실행해보겠습니다. 숫자가 정말 랜덤으로 나오는지 확인하기 위해서 두 번 실행합니다.

```
+-------------------------------------------------+
|                  궁극의 숫자야구 게임             |
+-------------------------------------------------+
| 컴퓨터가 수비수가 되어 세 자릿수를 하나 골랐습니다.  |
| 각 숫자는 0~9중에 하나며 중복되는 숫자는 없습니다.   |
| 모든 숫자와 위치를 맞히면 승리합니다.              |
| 숫자와 순서가 둘 다 맞으면 스트라이크입니다.        |
| 숫자만 맞고 순서가 틀리면 볼입니다.               |
| 숫자가 틀리면 아웃입니다.                        |
+-------------------------------------------------+
> 수비수가 고른 숫자
9
1
0
> 첫 번째 숫자를 입력하세요.
9
> 두 번째 숫자를 입력하세요.
1
> 세 번째 숫자를 입력하세요.
0
> 공격수가 고른 숫자
9
1
0
스트라이크: 3
볼: 0
아웃: 0
정답입니다!
계속하려면 아무 키나 누르십시오...
```

```
+--------------------------------------------+
|               궁극의 숫자야구 게임            |
+--------------------------------------------+
| 컴퓨터가 수비수가 되어 세 자릿수를 하나 골랐습니다. |
| 각 숫자는 0~9중에 하나며 중복되는 숫자는 없습니다. |
| 모든 숫자와 위치를 맞히면 승리합니다.            |
| 숫자와 순서가 둘 다 맞으면 스트라이크입니다.       |
| 숫자만 맞고 순서가 틀리면 볼입니다.             |
| 숫자가 틀리면 아웃입니다.                      |
+--------------------------------------------+
> 수비수가 고른 숫자
4
8
2
> 첫 번째 숫자를 입력하세요.
4
> 두 번째 숫자를 입력하세요.
8
> 세 번째 숫자를 입력하세요.
2
> 공격수가 고른 숫자
4
8
2
스트라이크: 3
볼: 0
아웃: 0
정답입니다!
계속하려면 아무 키나 누르십시오...
```

두 번 실행한 결과가 다르게 나왔습니다. 숫자야구 게임에 적합한 결과죠? 이제 추가한 코드를 살펴보겠습니다.

먼저 20번 줄입니다.

```
20          Random random = new Random();
```

랜덤 번호 생성기를 만듭니다. 이번 장에서 계속 봐왔던 코드니 따로 설명할 필요는 없겠죠?

다음은 22번 줄입니다.

```
22          int[] numbers = new int[3];
```

정수 세 개를 저장할 numbers 배열을 선언합니다. 여기에 수비수가 고른 숫자를 넣을 겁니다. 원래는 상수 세 개를 곧바로 넣었지만, 이제는 랜덤 생성기에서 세 자리 숫자를 뽑기 위해 코드를 수정한 것입니다.

이제 23~24번 줄을 봅시다.

```
23          int index = 0;
24          while (index < 3)
```

조금 전 로또 번호를 뽑을 때 봤던 코드와 거의 똑같군요. 중복된 숫자를 뽑으면 안 되니까 for문 대신 while문을 사용했습니다. 다시 말하지만 반복 회수가 명확하게 정해졌을 때는 for문을, 몇 번 반복할지 명확하지 않으면 while문을 사용합니다.

다음은 26번 줄입니다.

```
26          numbers[index] = random.Next(0, 10);
```

0~9 사이의 숫자를 하나 무작위로 뽑아 numbers 배열의 index 번째 값으로 저장하는 코드입니다. random.Next(0, 10)이면 0 이상 10 미만의 정수가 나오죠? 그러니까 무작위로 뽑는 숫자의 범위는 0~9가 되는 겁니다.

다음은 28~36번 줄입니다.

```
28          bool hasDuplicate = false;
29          for (int i = 0; i < index; i++)
30          {
31            if (numbers[index] == numbers[i])
32            {
33              hasDuplicate = true;
34              break;
35            }
36          }
```

이 코드는 로또 번호 생성기 프로그램에서 봤던 코드와 비슷하군요. hasDuplicate 변수를 false로 초기화하여 아직 중복되는 숫자를 찾은 적이 없다고 말해줍니다. 그리고 for문을 돌리면서 중복된 숫자를 찾으려 하죠.

for문의 범위가 0 이상 index 미만인 이유는 전에 뽑았던 숫자들과 현재 뽑은 숫자를 비교하기 위해서라고 말했었죠? 그리고 중복된 숫자를 하나라도 찾으면 hasDuplicate 변수의 값을 true로 바꿔서 그 사실을 기억해둡니다. 이 변수를 사용하는 곳은 38~41번 줄입니다.

```
38          if (!hasDuplicate)
39          {
40            index++;
41          }
```

이 코드도 로또 번호 생성기 프로그램에서 봤던 코드와 비슷하군요. 중복되는 번호가 없었다면 index 변수를 1만큼 증가시켜 다음 번호를 뽑을 준비를 하고, 중복되는 번호가 있었다면 index 변수의 값을 증가시키지 않아 같은 위치에 들어갈 번호를 한 번 더 뽑게 합니다. 마지막으로 44~48번 줄입니다.

```
44          Console.WriteLine("> 수비수가 고른 숫자");
45          for (int i = 0; i < 3; i++)
46          {
47            Console.WriteLine(numbers[i]);
48          }
```

그냥 "> 수비수가 고른 숫자"를 출력하는 코드일 뿐입니다. 디버깅을 위해 존재하는 코드죠. 하지만 이제 프로그램이 잘 동작하는 것도 확인했으니 더 이상 이 코드는 필요 없겠죠?

44~49번 줄을 다 지워주세요. 그러면 다음과 같은 코드가 완성됩니다.

코드 10-4 완성된 숫자야구 코드

```
1    using System;
2
3    namespace UltimateBaseball
4    {
5      class Program
6      {
7        static void Main(string[] args)
8        {
9          Console.WriteLine("+-------------------------------------------------+");
10         Console.WriteLine("|              궁극의 숫자야구 게임              |");
11         Console.WriteLine("+-------------------------------------------------+");
12         Console.WriteLine("| 컴퓨터가 수비수가 되어 세 자릿수를 하나 골랐습니다. |");
13         Console.WriteLine("| 각 숫자는 0~9중에 하나며 중복되는 숫자는 없습니다.  |");
14         Console.WriteLine("| 모든 숫자와 위치를 맞히면 승리합니다.              |");
15         Console.WriteLine("| 숫자와 순서가 둘 다 맞으면 스트라이크입니다.       |");
16         Console.WriteLine("| 숫자만 맞고 순서가 틀리면 볼입니다.               |");
17         Console.WriteLine("| 숫자가 틀리면 아웃입니다.                         |");
18         Console.WriteLine("+-------------------------------------------------+");
19
20         Random random = new Random();
21
22         int[] numbers = new int[3];
23         int index = 0;
24         while (index < 3)
25         {
26           numbers[index] = random.Next(0, 10);
27
28           bool hasDuplicate = false;
29           for (int i = 0; i < index; i++)
30           {
```

```
31        if (numbers[index] == numbers[i])
32        {
33          hasDuplicate = true;
34          break;
35        }
36      }
37
38      if (!hasDuplicate)
39      {
40        index++;
41      }
42    }
43
44    int[] guesses = new int[3];
45    string[] inputMessages = { "> 첫 번째 숫자를 입력하세요.", "> 두 번째 숫자를
   입력하세요.", "> 세 번째 숫자를 입력하세요." };
46
47    while (true)
48    {
49      for (int i = 0; i < 3; i++)
50      {
51        Console.WriteLine(inputMessages[i]);
52        guesses[i] = int.Parse(Console.ReadLine());
53      }
54
55      Console.WriteLine("> 공격수가 고른 숫자");
56
57      for (int i = 0; i < 3; i++)
58      {
59        Console.WriteLine(guesses[i]);
60      }
61
62      if (guesses[0] == guesses[1] || guesses[0] == guesses[2] || guesses[1]
   == guesses[2])
63      {
64        Console.WriteLine("같은 숫자를 입력하면 안 됩니다.");
65        continue;
66      }
```

```
67
68              int strikeCount = 0;
69              int ballCount = 0;
70
71          for (int i = 0; i < 3; i++)
72          {
73            for (int j = 0; j < 3; j++)
74            {
75              if (guesses[i] == numbers[j])
76              {
77                if (i == j)
78                {
79                  strikeCount++;
80                }
81                else
82                {
83                  ballCount++;
84                }
85              }
86            }
87          }
88
89          Console.Write("스트라이크: ");
90          Console.WriteLine(strikeCount);
91          Console.Write("볼: ");
92          Console.WriteLine(ballCount);
93          Console.Write("아웃: ");
94          Console.WriteLine(3 - strikeCount - ballCount);
95
96          if (strikeCount == 3)
97          {
98            Console.WriteLine("정답입니다!");
99            break;
100          }
101        }
102      }
103    }
104 }
```

그럼 [코드 10-4]를 실행해보겠습니다.

코드 10-4 실행

```
+---------------------------------------------+
|                궁극의 숫자야구 게임              |
+---------------------------------------------+
| 컴퓨터가 수비수가 되어 세 자릿수를 하나 골랐습니다.     |
| 각 숫자는 0~9중에 하나며 중복되는 숫자는 없습니다.     |
| 모든 숫자와 위치를 맞히면 승리합니다.              |
| 숫자와 순서가 둘 다 맞으면 스트라이크입니다.         |
| 숫자만 맞고 순서가 틀리면 볼입니다.               |
| 숫자가 틀리면 아웃입니다.                      |
+---------------------------------------------+

> 첫 번째 숫자를 입력하세요.
6
> 두 번째 숫자를 입력하세요.
3
> 세 번째 숫자를 입력하세요.
2
> 공격수가 고른 숫자
6
3
2
스트라이크: 1
볼: 2
아웃: 0
> 첫 번째 숫자를 입력하세요.
6
> 두 번째 숫자를 입력하세요.
2
> 세 번째 숫자를 입력하세요.
3
> 공격수가 고른 숫자
6
2
3
스트라이크: 3
볼: 0
아웃: 0
정답입니다!
계속하려면 아무 키나 누르십시오...
```

이런! 두 번 만에 정답을 맞혔습니다. 정말 운이 좋군요! 사실 운이 좋아 기쁜 것보단 2장부터 시작해서 조금씩 만들어온 숫자야구 게임이 드디어 완성되었기에 더 감회가 새롭습니다. 이 책에서 배운 내용을 정리할 겸 각 장에서 숫자야구 게임에 추가한 내용을 간단히 정리해보는 건 어떨까요?

먼저 2장에서는 숫자야구 프로젝트를 만들고 숫자야구 게임을 실행하면 맨 처음에 게임 규칙이 나오도록 출력문을 추가했습니다.

3장에서는 상수를 이용해 수비수가 고를 숫자를 정해주고 그 숫자를 화면에 출력했었군요.

4장에서는 변수와 연산에 대해 배워봤죠? 그에 따라 수비수가 한 번 더 숫자를 고르는 코드를 추가했습니다.

5장에서는 키보드 입력을 이용해서 공격수가 숫자를 입력할 수 있게 했습니다. 하지만 입력받은 숫자를 딱히 이용하는 곳은 없었지요.

6장에서는 바로 이 문제를 해결했습니다. 조건문(if, else if)을 이용해서 수비수가 고른 숫자와 공격수가 입력한 숫자를 비교해서 스트라이크, 볼, 아웃 판정을 했습니다.

7장에서는 배열을 배웠습니다. 전에는 수비수가 고른 숫자와 공격수가 입력한 숫자를 각각 세 개의 변수에 저장했는데 이번에는 배열을 이용해서 숫자 관리를 간편하게 바꿨습니다.

8장에서는 반복문 중의 하나인 while문을 배웠습니다. 그에 따라 공격수가 정답을 입력할 때까지 계속 입력을 받는 반복문을 추가했고요.

9장에서는 또 다른 반복문인 for문을 배웠습니다. for문을 이용해서 반복횟수가 정해져 있는 코드를 간략하게 만들었죠. 수비수가 고른 숫자와 공격수가 숫자를 입력하는 부분 그리고 공격수가 입력한 숫자를 출력하는 부분을 모두 수정했습니다. 또 볼과 스트라이크를 계산하는 부분도 수정했죠.

마지막으로 10장에서는 랜덤을 이용해 수비수가 무작위로 숫자를 고르게 바꿨습니다. 이제서야 좀 게임다운 모습이군요.

이렇게 정리하니까 그동안 배운 내용이 꽤 많네요? 이렇듯 지금까지 배운 내용들만 잘 이용하면 간단한 프로그램은 다 만들 수 있습니다. 그렇다고 곧바로 전문 프로그래머가 되는 건 아닙니다. 이 책의 목적은 지금까지 막연히 프로그래밍을 무섭게 느끼던 독자들이 즐겁게 코딩할 수 있는 환경을 만드는 것이었습니다. 즐겁게 코딩을 하다가 어느 순간 '아, 코딩이 정말 재미있구나. 이건 정말 내 적성에 잘 맞는 거 같아'라고 생각이 드는 분들은 그때부터 좀 더 제대로 된 프로그래밍 공부를 하면서 전문 프로그래머의 길을 시작하길 바랍니다.

이제 이 책도 끝입니다. 10장 정리를 끝으로 마무리하겠습니다.

chapter10에서 배운 내용

* 무작위로 숫자를 고를 때 Random 클래스를 사용합니다.
* `random.Next(min, max)`는 min 이상 max 미만의 정수를 무작위로 고릅니다.

이번 장에서 배운 내용을 복습하는 의미에서 간단한 문제를 몇 개 풀어보겠습니다. 언제나 그렇듯 기초문제의 풀이는 부록에 실려 있습니다.

10-1 다음 랜덤에서 나올 수 있는 숫자를 전부 열거하세요.

1. random.Next(3, 10)

2. random.Next(-2, 4)

10-2 5 이상 60 미만의 숫자를 생성하도록 [코드 10-2]²⁸⁶ˢ의 로또 번호 생성기 프로그램을 수정하세요.

10-3 8 이상 50 미만의 숫자를 무작위로 골라서 출력하는 코드입니다. ❶ , ❷ 에 어떤 코드를 넣어야 할까요?

```
1    using System;
2
3    namespace BasicProblem1003
4    {
5      class Program
6      {
7        static void Main(string[] args)
8        {
9          Random random =              ❶           ;
10
11                       ❷
12
13          Console.Write("고른 숫자:    ");
14          Console.WriteLine(randomNumber);
15        }
16      }
17    }
```

심화문제

심화문제는 따로 풀이를 제공하지 않습니다. 각자의 방법대로 문제를 해결해보세요. 질문은 저자의 블로그를 이용해주세요(들어가기 전에 5쪽을 참조하세요).

10-1 숫자 맞추기 게임을 만드세요. 규칙은 다음과 같습니다.

(**힌트**: while문을 쓰세요.)

1 수비수가 1 이상 100 이하의 숫자를 무작위로 고릅니다.

2 공격수가 숫자를 입력합니다.

3 만약 입력한 숫자가 수비수가 고른 숫자보다 크면 "더 작은 숫자입니다."를 출력합니다.

4 만약 입력한 숫자가 수비수가 고른 숫자보다 작으면 "더 큰 숫자입니다."를 출력합니다.

5 만약 입력한 숫자가 수비수가 고른 숫자와 같다면 "정답입니다."를 출력하고 프로그램을 종료합니다.

6 맞출 때까지 2~5를 반복합니다.

10-2 가위바위보 게임을 만드세요. 규칙은 다음과 같습니다.

1 1은 가위, 2는 바위, 3은 보입니다.

2 프로그램에서 1 이상 3 이하인 숫자를 무작위로 고릅니다.

3 사용자가 1, 2, 3중에 하나의 숫자를 고릅니다.

4 사용자가 지면 "졌습니다."를 출력합니다.

5 사용자가 이기면 "이겼습니다."를 출력합니다.

6 비겼다면 "비겼습니다."를 출력합니다.

7 비기면 2~6을 반복합니다.

기초문제 풀이

프로그래밍에 정답은 없습니다. 각자 다른 방식으로 생각해서 원하는 결과를 얻었다면 풀이에 나온 코드와 달라도 상관 없습니다.

Chapter 02

2-1

```
0   using System;
1
2   namespace Question1
3   {
4     class Program
5     {
6       static void Main(string[] args)
7       {
8         Console.WriteLine("Hello C#");
9         Console.Write("10+10 =");
10        Console.WriteLine("20");
11        Console.WriteLine("C#의 세계에 오신 것을 환영합니다.");
12        Console.WriteLine("감사합니다.");
13      }
14    }
15  }
```

2-2

실행 화면
출력문 abcde가나다라마qwerty

```
1    using System;
2
3    namespace ConsoleWrite
4    {
5      class Program
6      {
7        static void Main(string[] args)
8        {
9          Console.Write("출력");
10         Console.Write("문");
11         Console.Write("\" ");
12         Console.Write("기초");
13         Console.WriteLine("문제");
14       }
15     }
16   }
```

Chapter 3

1. 정수형

2. 문자열형

3. 실수형

4. 문자열형

5. 문자열형

실행 화면
이름: 홍길동 나이: 23

```
1  using System;
2
3  namespace Constant
4  {
5    class Program
6    {
7      static void Main(string[] args)
8      {
9        string stringOut = "문자열 출력";
10        Console.WriteLine(stringOut);
11
12        double number1 = 23.31;
13        Console.WriteLine(number1);
14
15        string success = "출력 성공";
16        Console.WriteLine(success);
17      }
18    }
19  }
```

Chapter 4

```
1  using System;
2
3  namespace BasicProblem040101
4  {
5    class Program
6    {
7      static void Main(string[] args)
8      {
9        Console.WriteLine(10 + 5);
10      }
11    }
12  }
```

```
1   using System;
2
3   namespace BasicProblem040102
4   {
5     class Program
6     {
7       static void Main(string[] args)
8       {
9         Console.WriteLine(20 - 10);
10      }
11    }
12  }
```

```
1   using System;
2
3   namespace BasicProblem040103
4   {
5     class Program
6     {
7       static void Main(string[] args)
8       {
9         Console.WriteLine(4 * 7);
10      }
11    }
12  }
```

```
1   using System;
2
3   namespace BasicProblem040104
4   {
5     class Program
```

```
 6    {
 7      static void Main(string[] args)
 8      {
 9        Console.WriteLine(20 / 7);  // 몫
10        Console.WriteLine(20 % 7);  // 나머지
11      }
12    }
13  }
```

4-2

```
 1  using System;
 2
 3  namespace BasicProblem0402
 4  {
 5    class Program
 6    {
 7      static void Main(string[] args)
 8      {
 9        Console.WriteLine("안녕" + "하세요");
10      }
11    }
12  }
```

4-3

C:\ 실행 화면
25
16
1
12
4

```
1  using System;
2
3  namespace BasicProblem0404
4  {
5    class Program
6    {
7      static void Main(string[] args)
8      {
9        int number1 = 4 - 2;
10       number1 = number1 * 16;
11       number1 = number1 + 2;
12
13       Console.WriteLine("(4 - 2) * 16 + 2");
14       Console.WriteLine(number1);
15     }
16   }
17 }
```

Chapter 5

5-1

```
1  using System;
2
3  namespace BasicProblem0501
4  {
5    class Program
6    {
7      static void Main(string[] args)
8      {
9        Console.WriteLine("첫 번째 숫자를 입력하세요.");
10       string userInput1 = Console.ReadLine();
11       int number1 = int.Parse(userInput1);
12       Console.WriteLine("두 번째 숫자를 입력하세요.");
```

```
13        string userInput2 = Console.ReadLine();
14        int number2 = int.Parse(userInput2);
15        Console.Write(number1);
16        Console.Write(" + ");
17        Console.Write(number2);
18        Console.Write(" = ");
19        Console.WriteLine(number1 + number2);
20      }
21    }
22 }
```

5-2

```
1  using System;
2
3  namespace BasicProblem0502
4  {
5    class Program
6    {
7      static void Main(string[] args)
8      {
9        Console.WriteLine("첫 번째 숫자를 입력하세요.");
10       string userInput1 = Console.ReadLine();
11       Console.WriteLine("두 번째 숫자를 입력하세요.");
12       string userInput2 = Console.ReadLine();
13       int number1 = int.Parse(userInput1);
14       int number2 = int.Parse(userInput2);
15
16       Console.WriteLine(number1 - number2);
17      }
18    }
19 }
```

```
1    using System;
2
3    namespace BasicProblem0503
4    {
5      class Program
6      {
7        static void Main(string[] args)
8        {
9          Console.WriteLine("숫자를 입력하세요.");
10         double number = double.Parse(Console.ReadLine());
11         Console.Write("입력한 숫자는:   ");
12         Console.WriteLine(number);
13       }
14     }
15   }
```

Chapter 6

6-1

```
3 <= 5        ▶▶   참
!(5 == 5)     ▶▶   거짓
!(3 < 2)      ▶▶   참
1 > 0         ▶▶   참
```

6-2

C:\. 실행 결과
사과를 적절히 먹었습니다.

```
1   using System;
2
3   namespace BasicProblem0603
4   {
5     class Program
6     {
7       static void Main(string[] args)
8       {
9         Console.WriteLine("등수를 입력하세요.");
10        int rank = int.Parse(Console.ReadLine());
11        Console.WriteLine("점수를 입력하세요.");
12        int score = int.Parse(Console.ReadLine());
13
14        if (rank < 10 || score > 90)
15        {
16          Console.WriteLine("A입니다.");
17        }
18      }
19    }
20  }
```

Chapter 7

```
1   using System;
2
3   namespace BasicProblem0701
4   {
5     class Program
6     {
7       static void Main(string[] args)
8       {
9         double[] weights = new double[3];
10        weights[0] = double.Parse(Console.ReadLine());
```

```
11        weights[1] = double.Parse(Console.ReadLine());
12        weights[2] = double.Parse(Console.ReadLine());
13
14        Console.Write("첫 번째 무게:    ");
15        Console.WriteLine(weights[0]);
16        Console.Write("두 번째 무게:    ");
17        Console.WriteLine(weights[1]);
18        Console.Write("세 번째 무게:    ");
19        Console.WriteLine(weights[2]);
20      }
21    }
22 }
```

7-2

```
1  using System;
2
3  namespace BasicProblem0702
4  {
5    class Program
6    {
7      static void Main(string[] args)
8      {
9        string[] studentNames = { "홍길동", "김철수", "이영희" };
10
11        Console.WriteLine(studentNames[0]);
12        Console.WriteLine(studentNames[1]);
13        Console.WriteLine(studentNames[2]);
14      }
15    }
16 }
```

7-3

```
1  using System;
2
3  namespace BasicProblem0703
4  {
5    class Program
6    {
7      static void Main(string[] args)
8      {
9        int[] scores = { 90, 85, 73, 100 };
10
11       Console.WriteLine(scores[0]);
12       Console.WriteLine(scores[1]);
13       Console.WriteLine(scores[2]);
14       Console.WriteLine(scores[3]);
15     }
16   }
17 }
```

7-4

```
1  using System;
2
3  namespace BasicProblem0704
4  {
5    class Program
6    {
7      static void Main(string[] args)
8      {
9        string[] subjects = { "국어", "영어", "수학" };
10       int[] scores = new int[3];
11
12       Console.Write(subjects[0]);
13       Console.WriteLine(" 점수를 입력하세요.");
14       scores[0] = int.Parse(Console.ReadLine());
15
16       Console.Write(subjects[1]);
```

```
17      Console.WriteLine(" 점수를 입력하세요.");
18      scores[1] = int.Parse(Console.ReadLine());
19
20      Console.Write(subjects[2]);
21      Console.WriteLine(" 점수를 입력하세요.");
22      scores[2] = int.Parse(Console.ReadLine());
23
24      Console.Write(subjects[0]);
25      Console.Write(" 점수: ");
26      Console.WriteLine(scores[0]);
27
28      Console.Write(subjects[1]);
29      Console.Write(" 점수: ");
30      Console.WriteLine(scores[1]);
31
32      Console.Write(subjects[2]);
33      Console.Write(" 점수: ");
34      Console.WriteLine(scores[2]);
35      }
36    }
37  }
```

Chapter 8

8-1

```
1   using System;
2
3   namespace BasicProblem0801
4   {
5     class Program
6     {
7       static void Main(string[] args)
8       {
9         int[] scores = new int[5];
```

```
10        int index = 0;
11
12        while (index < 5)
13        {
14          Console.Write(index);
15          Console.WriteLine("번째 과목의 성적을 입력하세요.");
16          scores[index] = int.Parse(Console.ReadLine());
17          index = index + 1;
18        }
19
20        Console.Write("총점은 ");
21        Console.Write(scores[0] + scores[1] + scores[2] + scores[3] +
   scores[4]);
22        Console.WriteLine("점입니다.");
23      }
24    }
25 }
```

8-2

```
1 using System;
2
3 namespace BasicProblem0802
4 {
5   class Program
6   {
7     static void Main(string[] args)
8     {
9       Console.WriteLine("수업을 몇 과목을 들었습니까?");
10      int subjectCount = int.Parse(Console.ReadLine());
11
12      int[] scores = new int[subjectCount];
13      int index = 0;
14      int total = 0;
15
16      while (index < subjectCount)
17      {
```

```
18        Console.Write(index);
19        Console.WriteLine("번째 과목의 성적을 입력하세요.");
20        scores[index] = int.Parse(Console.ReadLine());
21        total = total + scores[index];
22        index = index + 1;
23      }
24
25      Console.Write("평균은 ");
26      Console.Write(total / subjectCount);
27      Console.WriteLine("점입니다.");
28    }
29  }
30 }
```

8-3

```
1  using System;
2
3  namespace BasicProblem0803
4  {
5    class Program
6    {
7      static void Main(string[] args)
8      {
9        Console.WriteLine("몇 명의 친구들에게 사과를 나눠줄까요?");
10       int friendCount = int.Parse(Console.ReadLine());
11
12       int[] appleNumbers = new int[friendCount];
13       int index = 0;
14       int total = 0;
15
16       while (index < friendCount)
17       {
18         Console.Write(index);
19         Console.WriteLine("번째 친구가 가져갈 사과는 몇 개인가요?");
20         appleNumbers[index] = int.Parse(Console.ReadLine());
```

```
21        total = total + appleNumbers[index];
22        index = index + 1;
23      }
24
25      Console.Write("친구들에게 ");
26      Console.Write(total);
27      Console.WriteLine("개의 사과를 나눠줬습니다.");
28    }
29  }
30 }
```

8-4

```
1  using System;
2
3  namespace BasicProblem0804
4  {
5    class Program
6    {
7      static void Main(string[] args)
8      {
9        string userInput = "";
10
11       while (true)
12       {
13         Console.WriteLine("아무 글자나 입력하세요. 끝내려면 \"끝\"을 입력하세
요.");
14         userInput = Console.ReadLine();
15         Console.WriteLine(userInput);
16         if (userInput == "끝")
17         {
18           break;
19         }
20       }
21     }
22   }
23 }
```

9-1

```csharp
1   using System;
2
3   namespace BasicProblem0901
4   {
5     class Program
6     {
7       static void Main(string[] args)
8       {
9         Console.WriteLine("몇 명의 친구들에게 사과를 나눠줄까요?");
10        int friendCount = int.Parse(Console.ReadLine());
11
12        int[] appleNumbers = new int[friendCount];
13
14        for (int index = 0; index < friendCount; index = index + 1)
15        {
16          Console.Write(index);
17          Console.WriteLine("번째 친구가 가져갈 사과는 몇 개인가요?");
18          appleNumbers[index] = int.Parse(Console.ReadLine());
19        }
20
21        for (int index = 0; index < friendCount; index = index + 1)
22        {
23          Console.Write(index);
24          Console.Write("번째 친구가 가져간 사과의 개수는 ");
25          Console.Write(appleNumbers[index]);
26          Console.WriteLine("개입니다.");
27        }
28      }
29    }
30  }
```

```
1  using System;
2
3  namespace BasicProblem0902
4  {
5    class Program
6    {
7      static void Main(string[] args)
8      {
9        int[] scores = new int[5];
10
11       // 변수 이름이 꼭 i일 필요는 없습니다. 변수 이름은 달라도 상관이 없습니다.
12       for (int i = 0; i < 5; i++)
13       {
14         Console.Write(i);
15         Console.WriteLine("번째 과목의 성적을 입력하세요.");
16         scores[i] = int.Parse(Console.ReadLine());
17       }
18
19       Console.Write("총점은 ");
20       Console.Write(scores[0] + scores[1] + scores[2] + scores[3] +
   scores[4]);
21       Console.WriteLine("점입니다.");
22     }
23   }
24 }
```

```
1   using System;
2
3   namespace Gugudan
4   {
5     class Program
6     {
7       static void Main(string[] args)
8       {
9         for (int i = 2; i <= 8; i = i + 2)
10        {
11          Console.Write(i);
12          Console.WriteLine("단");
13          for (int j = 1; j <= 9; j++)
14          {
15            Console.Write(i);
16            Console.Write("x");
17            Console.Write(j);
18            Console.Write(" = ");
19            Console.Write(i * j);
20            Console.Write("  ");
21          }
22          Console.WriteLine();
23        }
24      }
25    }
26  }
```

Chapter 10

10-1

1. 3, 4, 5, 6, 7, 8, 9

2. −2, −1, 0, 1, 2, 3

```
1   using System;
2
3   namespace BasicProblem1002
4   {
5     class Program
6     {
7       static void Main(string[] args)
8       {
9         int lottoLength = 6;
10        int[] lottoNumbers = new int[lottoLength];
11
12        Random random = new Random();
13
14        int lottoNumberIndex = 0;
15        while (lottoNumberIndex < lottoLength)
16        {
17          lottoNumbers[lottoNumberIndex] = random.Next(5, 60);
18
19          bool hasDuplicate = false;
20          for (int i = 0; i < lottoNumberIndex; i++)
21          {
22            if (lottoNumbers[lottoNumberIndex] == lottoNumbers[i])
23            {
24              hasDuplicate = true;
25              break;
26            }
27          }
28
29          if (!hasDuplicate)
30          {
31            lottoNumberIndex++;
32          }
33        }
34
35        Console.Write("로또 번호: ");
36        for (int i = 0; i < lottoLength; ++i)
37        {
38          Console.Write(lottoNumbers[i]);
39          Console.Write(", ");
40        }
41        Console.WriteLine();
42      }
43    }
44  }
```

```
1   using System;
2
3   namespace BasicProblem1003
4   {
5     class Program
6     {
7       static void Main(string[] args)
8       {
9         Random random = new Random();
10
11        int randomNumber = random.Next(8, 50);
12
13        Console.Write("고른 숫자:   ");
14        Console.WriteLine(randomNumber);
15      }
16    }
17  }
```